跨学科主题学习设计与实施丛书

跨学科主题学习设计与实施

体育与健康

于素梅 / 编著

教育科学出版社
·北京·

本书编写人员

主　编：于素梅

副主编：陈　蔚　司亚莉　董　鹏　王昌友

参　编：郭齐智　张纪胜　张朝辉　徐　敏

　　　　王妙香　宋晓露　蒋海明　张家桐

　　　　唐广训　李飞玉　王伟鸣　赵一峰

　　　　冯　庆　林　丛　严伟良

丛书序

变革育人方式，培育时代新人

义务教育新课程改革自2001年全面启动以来，已经施行了二十多年的时间，它对于全面推动和引领基础教育改革、提升教育教学质量发挥了重要作用，具有历史性意义。随着教育改革的不断深化，重点越来越聚焦在课程、教材、教学、考试评价等一系列关系教育教学质量的关键环节上，聚焦在人才培养模式、育人方式的创新上。

党的二十大报告强调"全面提高人才自主培养质量"，明确提出要落实立德树人根本任务，培养德智体美劳全面发展的社会主义建设者和接班人。在当前和今后一段时期，全面贯彻党的二十大会议精神，以义务教育新课程高质量实施为主要抓手，为党育人、为国育才，是义务教育战线的重要任务。在此，我想给老师们几点建议。

第一，要提高站位看课程。我们要站在全局的角度来看课程，树立正确的课程观。2022年版课程方案和课程标准是党的最新理论成果在教育领域的具体体现，是广大教师实践经验的理论概括，也是借鉴国际先进教育理念的成果，凝聚了广大教育工作者的集体智慧，体现了党和国家对教育的基本要求，也体现了人类文化知识的积累和创新，是一份兼具理论与实践意义的纲领性文件。它在充分继承以往课程改革经验的基础上，明晰了义务教育阶段的育人要求，指出了深化改革的重点，对培养全面发展的人提出了更高要求。课程方案和课程标准是对育人要求的顶层设计和整体规划，不仅包括教育内容，还包括教育理念、教育目标和对教育过程与评价的要求，是一个完整的链条。在日常教育教学活动中，老师们的视野要宽、眼光要远，不仅要研究教材，更要首先研究课程方案和课程标准，整体把握育人的方向与要求。

第二，要正确理解和思悟新课程理念及实施的新要求。面向未来社会发展，基于义务教育培养目标，各课程标准将党的教育方针具体化细化为课程应着力培养的核心素养，强化了课程育人导向；基于核心素养发展要求，遴选重要观念、主题内容和基础知识，精选、设计课程内容，优化了课程内容结构。其中很重要的一个变化是，多门课程设立了跨学科主题学习活动，加强学科间的相互关联，并规定各门课程要拿出不少于10%的课时开展跨学科主题学习。在新课标颁布后教育部开展的多渠道宣传解读和国家级示范培训过程中，我们了解到很多教师对这点很关心、感兴趣，也有不少的困惑。

对此，我们要理解，这是培养面向未来的学习者的必然要求。因为学生的真实生活情境往往是复杂的、多变的、劣构的，更是充满了人工智能技术挑战的，未来社会所需要的是综合型、复合型、创新型人才。由此要求我们的课程必须注重综合性和实践性，所以2022年版课程方案提出要"加强课程综合，注重关联"，"加强课程内容与学生经验、社会生活的联系，强化学科内知识整合，统筹设计综合课程和跨学科主题学习"。

这是应对时代新要求对课程标准所做的与时俱进的修订和完善，反映了育人目标定位的重要变化。教师要注重按学生学习和发展逻辑重新架构课程内容，用大观念、大主题、大任务等整合课程内容，要从教知识走向通过知识去育人，强化素养导向和育人为本的理念，特别是引导学生从"会做题"到"会做事"，通过学习理解学科的本质。跨学科主题学习的提出和实施，有助于打破学科藩篱，实现课程整合，落实学生核心素养培育，促进教师教学方式优化和学校课程协同育人。

第三，要守正创新，融会贯通。老师们要认识到，本次义务教育课程修订不是推倒重来、否定过去，而是充分继承了我国以往课程改革的成功经验。有些课程改革的基本经验，如加强课程综合性、实践性等，不仅要继承，更要发扬。跨学科主题学习概念的提出，就是在传承以往课程改革部分学科优秀经验的基础上，借鉴国际先进理念的融合产物，为以学科育人方式变革来落实核心素养培养、培育时代新人提供了中国路径。所以，老师们要了解课程方案和课程标准的总体精神、核心理念和基本要求，理解其背后的意义、内涵和要求，把握课程的本质。要全面系统地学，深入思考地学，努力做到融会贯通。

第四，要积极实践，总结优秀做法，建构实践模型。这么多年以来，多种新理念不断得到推广，很多新的理念已经根植于教师的心里。但为什么一到课堂上，很多时候还是"涛声依旧"呢？我觉得教师缺的不完全是理念，很重要的是缺少实践，缺少将理念转化落地的操作模式。所以，我们必须重视能够体现以学为主的多样化教学模式的提炼总结，把课堂教学转变过程中所需要的一些规则、方式、方法，包括工具、手段，总结提炼出来，形成各具特色的新型课堂的操作模式，从而让我们倡导的这些新理念真正落地。这也是教育部推进实施的"基础教育课程教学改革深化行动"的重要内容。教育部办公厅在2023年5月印发的《基础教育课程教学改革深化行动方案》将"扩大精品课遴选规模"作为教学方式变革行动的重要组成部分，指出要"总结发现一批教学方式改革成果显著、有效落实育人要求的教育教学案例"，"有组织地持续推进基础教育课程教学深化改革"，"切实加强国家课程方案向地方、学校课程实施规划的转化工作"。

从这个层面上来说，教育科学出版社策划出版的"跨学科主题学习设计与实施丛书"正当其时，直击新课程教学改革重难点，是新课标背景下该主题的先行者。它关注到了教育实践中广大中小学教师的困惑与需求，并从教师的定位出发，做了很好的丛书架构和分册的结构设计，以关键问题的形式解读老师们最关心的问题，并辅以完整的优秀典型案例，为老师们答疑解惑，提供借鉴。

愿跨学科主题学习成为老师们实现新课标新教学、成功到达核心素养培育彼岸的一个渡口。变革育人方式，培育时代新人，让我们一起努力！

田慧生
教育部教材局局长

前言

知识经济时代，人们面临日益复杂的现实世界和日趋激烈的社会竞争，拥有在现实生活情境中解决真实问题的能力比掌握事实性知识更有价值，更能应对日常生活和未来社会的各种挑战。传统育人方式倾向于知识掌握而非人的发展，无法适应复杂社会对人的综合素养的要求，学校作为人才培养的主阵地，该如何培育适应终身发展和社会发展需要的时代新人成为重大课题。面向未来的教育转型，我们需要革新教育教学模式，正如2021年联合国教科文组织发布的《共同重新构想我们的未来：一种新的教育社会契约》报告指出的：课程应强调生态、跨文化和跨学科学习，支持学生获取和生产知识，同时培养他们批判和应用知识的能力。从世界各国的教育趋势来看，结合真实生活情境、打破学科壁垒、构建跨学科知识并以主题方式开展课程设计与实施，已成为培育核心素养的普遍策略。为提升我国教育竞争力，适应世界教育改革趋势，2016年《中国学生发展核心素养》发布，中国教育正在从"学习知识"迈向"发展核心素养"。

以习近平中国特色社会主义思想为指导，为全面贯彻党的教育方针，遵循教育教学规律，落实立德树人根本任务，我国开启了以义务教育课程方案和课程标准修订与实施为标志的深化教育改革新征程。2022年4月，教育部颁布的《义务教育课程方案（2022年版）》中明确提出，围绕发展学生核心素养，精选和设计课程内容，原则上各门课程用不少于10%的课时设计跨学科主题学习；强化学科间的相互关联，增强课程的综合性和实践性，培养学生在真实情境中综合运用知识解决问题的能力。各个学科课程标准以此为遵循提出了基于学科的跨学科主题学习要求，为实践教学提供了有效指导。跨学科主题学习兼顾教学视角的"跨学科性"与教学模式的"主题统筹性"，在坚持学科立场的基础上打破学科界限，围绕特定主题将两门及以上学科的内容进行整合，以中心主题统筹教学目的、内容、资源、方式及评价等要素，在问题情境中，学生通过有目的的行动和反思，形成新的跨学科理解，在追求理解的过程中包裹着批判性思维、创新能力、沟通与合作、社会参与和责任担当等核心素养的培育，从而在意义建构中实现全面发展。跨学科主题学习被广泛证明对学生有益，能够促进学生非认知能力的发展，以及解决问题、演绎推理、综合思维、批判意识等高阶能力的提升，为培育核心素养提供了新的范式。

体育与健康课程跨学科主题学习对发展学生核心素养有独特价值。《义务教育体育与健康课程标准（2022年版）》提出：立足于核心素养，结合课程的目标体系，设置有助于实现体育与德育、智育、美育、劳动教育和国防教育相结合的多学科交叉融合的教学内容。课程标准中提出了"钢铁战士""劳动最光荣""身心共成长""破解运动的'密码'""人与自然和谐美"等五个跨学科主题学习方案，并以"钢铁战士""劳动最光荣"为例设计了两个跨学科主题学习操作案例，为体育教师组织跨学科主题学习活动提供了参考。但是由于在教学实践中体育教师对跨学科主题学习存在理论认知上的偏差，缺乏更加丰富的课程案例作为实践参考，体育与健康课程跨学科主题学习实践活动中存在为跨而跨、跨而不合、肤浅体验、虚假生成等问题，未能充分发挥学科综合育人的价值。因此，开展体育与健康课程跨学科主题学习理论和实践层面的探讨与研究显得非常迫切和必要。

对此，《跨学科主题学习设计与实施 体育与健康》一书的创作与出版，将在一定程度上帮助广大读者尤其是一线教师更加精准地把握体育与健康课程的跨学科主题学习，从理论到实践，从设计到教学，带给教师不同程度的启示。全书编写本着理论性与实用性相结合的原则，既从理论向度厘清体育与健康课程跨学科主题学习的基本原理，为学界开展研究和为体育教师丰富理论储备提供参考，又从实践操作向度编制体育与健康课程跨学科主题学习的实践案例，为体育教师开展教学提供直接借鉴。

全书分为三个部分。第一部分为关键问题解读，主要包括体育与健康课程跨学科主题学习概述，跨学科主题学习设计与实施等基本原理，对体育与健康课程跨学科主题学习的内涵、必要性、特征以及设计的原则、程序、注意事项和实施策略、评价方式、教师应对等进行阐释，厘清跨学科主题学习的基本问题。第二部分和第三部分为典型课例解析。第二部分编制了16个小学课例，包括《动物大冒险》《种植小能手》《少年强则国强》等。第三部分编制了6个初中课例，包括《探究最美抛物线》《越过山丘》《快乐的"循环记"》等。每个课例包含课例名片、主题分析、学习目标、学习规划、教学准备、学习过程、课例点评等七个部分，课例整体呈现出目标明确、内容新颖、设计细致、操作性强的鲜明特征，可以供体育教师直接使用。

新时代党中央站在实现中华民族伟大复兴的战略高度，提出培养担当民族复兴大任的时代新人的要求。教育是国家事权，课程作为教育的核心组成部分，承载着培育有理想、有本领、有担当的时代新人的使命。面对世界发展的多样性和复杂性对人的综合能力提出的要求，以及知识生产方式从单学科语境向跨学科情境模式的转变，跨学科主题学习成为世界教育变革、社会发展创新以及时代新人培育的重要路径。作为跨学科主题学习的学科化实施方式，体育与健康课程跨学科主题学习需要继续深化理论研究，不断丰富实践探索，从而为开展学科综合育人、发展学生核心素养发挥更大作用。

于素梅

中国教育科学研究院研究员、博士生导师

/ 目 录 /

上编　关键问题解读

第一章　跨学科主题学习概述……………………………… 3
问题1　什么是体育与健康课程跨学科主题学习？………………3
问题2　体育与健康课程为何要设置跨学科主题学习？…………5
问题3　体育与健康课程跨学科主题学习有哪些特征？…………9

第二章　跨学科主题学习设计……………………………… 13
问题4　体育与健康课程跨学科主题学习设计的原则是什么？……… 13
问题5　体育与健康课程跨学科主题学习设计的程序是什么？……… 15
问题6　体育与健康课程跨学科主题学习设计需要注意什么？……… 19

第三章　跨学科主题学习实施 ……………………………… 22
问题7　体育与健康课程跨学科主题学习实施策略有哪些？………… 22
问题8　体育与健康课程跨学科主题学习如何评价？………………… 26
问题9　教师如何应对跨学科主题学习带来的挑战？………………… 29

中编　小学典型课例解析

课例1　环保小卫士
——基本运动技能跨学科主题学习 …………………………… 37

课例2　动物大冒险
——基本运动技能跨学科主题学习 …………………………… 44

课例3 小小特种兵
　　——移动性技能跨学科主题学习 ………………………… 52

课例4 烈焰救援
　　——基本运动技能跨学科主题学习 …………………… 61

课例5 应急演练，安全避险
　　——移动性技能跨学科主题学习 ………………………… 71

课例6 种植小能手
　　——基本运动技能跨学科主题学习 …………………… 78

课例7 保护生态，守护森林
　　——基本运动技能跨学科主题学习 …………………… 88

课例8 武林大会
　　——武术专项跨学科主题学习 ………………………… 97

课例9 消防员体验记
　　——体能跨学科主题学习 ………………………………108

课例10 消防特战队
　　——田径专项跨学科主题学习 …………………………122

课例11 "飞"一般的运动
　　——极限飞盘跨学科主题学习 …………………………133

课例12 五十六朵花
　　——竹竿舞跨学科主题学习 ……………………………142

课例13 少年强则国强
　　——武术跨学科主题学习 ………………………………151

课例14　火线支援
　　——篮球跨学科主题学习 …………………………………… 162

课例15　跨越四季的"象形"之旅
　　——武术跨学科主题学习 …………………………………… 172

课例16　探游西湖，定向指引
　　——校园定向运动跨学科主题学习 ………………………… 186

下编　初中典型课例解析

课例17　伟大历程，重走长征路
　　——田径项目跨学科主题学习 ……………………………… 197

课例18　探究最美抛物线
　　——田径投掷类项目跨学科主题学习 ……………………… 204

课例19　越过山丘
　　——足球专项跨学科主题学习 ……………………………… 213

课例20　快乐的"循环记"
　　——篮球专项技术跨学科主题学习 ………………………… 224

课例21　巧用力学原理助力破解双杠学习难题
　　——体操跨学科主题学习 …………………………………… 238

课例22　以劳强体，以劳促能
　　——体能跨学科主题学习 …………………………………… 245

上编

关键问题解读

第一章　跨学科主题学习概述

问题1　什么是体育与健康课程跨学科主题学习？

近年来，随着我国基础教育课程改革的不断深入，跨学科主题学习应运而生并持续推进，既顺应了全球跨学科课程发展的潮流，又体现出我国基础教育课程改革正在由单一学科教学向多学科"深层治理"优化。体育与健康课程是我国基础教育课程的重要组成部分，推进体育与健康课程的"跨学科主题学习"成为回应21世纪教育变革、我国体育课程改革和发展学生核心素养的必然要求。

一、跨学科主题学习是什么？

英国科学家亨弗瑞斯（Humphreys）在1981年最早提出"跨学科学习"的概念，并将其界定为学生广泛地探索与他们生活环境中某些问题相联系的不同科目知识。[1]后续学者将"跨学科学习"界定为，学习者通过整合两个及以上学科的专业知识体系，来实现单一学科内容不能解决的问题或解释的现象，[2]是个人和群体在两个及以上学科领域整合观点和发散思维模式，促进对跨学科问题理解的过程。[3]

跨学科主题学习是跨学科学习的重要实现路径。跨学科主题学习是指运用

---

[1] 许书萌，蔡敏. 美国高校跨学科教学策略研究［J］. 煤炭高等教育，2008（1）：95-97.
[2] Mansilla V B.Learning to Synthesize: The Development of Interdisciplinary Understanding [M]// Frodeman R J, Klein T, Mitcham C (Eds.). The Oxford Handbook of Interdisciplinarity.Oxford: Oxford Universiy Press, 2010: 288-306.
[3] 李克东，李颖. STEM教育跨学科学习活动5EX设计模型［J］. 电化教育研究，2019，40（4）：5-13.

主题（包括项目、任务、课题）形式整合学习内容，将知识关联学生主体经验的综合性学习方式。[1]美国学者拉德克（Lttuca）指出，跨学科主题学习应"培养学生不仅能够从不同的视角看待事物，而且能够形成鉴别、比较、联系、综合等解决复杂问题的能力"[2]。

《义务教育体育与健康课程标准（2022年版）》（以下简称《课标》）虽然未对体育与健康课程跨学科主题学习给出明确定义，但从其给出的跨学科主题学习要求和案例来看，体育与健康课程跨学科主题学习强调以体育与健康课程学习内容为载体和手段，在教学实践中融入其他相关学科的知识与技能，或运用其他相关学科知识与技能来解决体育与健康实践中的问题。[3]

二、体育与健康课程跨学科主题学习的提出

鉴于世界发展的多样性和复杂性特点对传统分科教育提出的挑战，以及知识生产方式从单学科语境向跨学科情境模式转变[4]，"跨学科主题学习"成为体育与健康课程变革的重要路径。

《义务教育课程方案（2022年版）》（以下简称《方案》）对义务教育各门课程的跨学科主题学习提出了明确要求，指出义务教育课程应"加强课程内容的内在联系，突出课程内容结构化，探索主题、项目、任务等内容组织方式。原则上，各门课程用不少于10%的课时设计跨学科主题学习"。

《课标》首次提出"跨学科主题学习"应运用于体育与健康课程，并贯穿整个义务教育阶段。《课标》指出"跨学科融合一直是学生提高运动能力、学习健康知识和传承中华优秀传统体育的重要方式和途径。体育与健康课程应融合多门课程，充分发挥育人功能，促进学生全面发展"。

体育与健康课程的跨学科主题学习应立足于核心素养，结合课程的目标体

---

[1] 郭华. 落实学生发展核心素养 突显学生主体地位：2022年版义务教育课程标准解读[J]. 四川师范大学学报（社会科学版），2022，49（4）：107-115.

[2] 李健，李海东. 数学课程跨学科主题学习项目的设置与启示：基于美国《Big Ideas Math》教科书的分析[J]. 上海教育科研，2022（8）：17-23.

[3] 季浏. 我国《义务教育体育与健康课程标准（2022年版）》解读[J]. 体育科学，2022，42（5）：3-17，67.

[4] 吉本斯，利摩日，诺沃提尼，等. 知识生产的新模式：当代社会科学与研究的动力学[M]. 陈洪捷，沈文钦，等译. 北京：北京大学出版社，2011：1.

系，设置有助于实现体育与德育、智育、美育、劳动教育和国防教育相结合的多学科交叉融合的教学内容。

❓ 问题2　体育与健康课程为何要设置跨学科主题学习？

一、体现素养导向全面育人

2016年，《中国学生发展核心素养》发布，核心素养成为21世纪人才培养的根本指向。学生发展核心素养是指学生应具备的，能够适应终身发展和社会发展需要的必备品格与关键能力，综合表现为人文底蕴、科学精神、学会学习、健康生活、责任担当、实践创新六大素养。在此背景下，各学科课程标准制订了具有学科特点的核心素养体系，中国教育进入发展学生核心素养新阶段。任何真正的复杂问题，仅凭单个学科的观念、知识和方法是无法得到有效解决的，均需要凭借跨学科的理解和方法方能解决，需要不同学科之间建立联系、相互协作。因而，核心素养的培育呼唤整合多学科知识于一体的跨学科主题学习。

在教学情境上，跨学科主题学习的跨学科特性，改变了学科主导下的知识碎片化的学习弊端，超越课本与教室，将学生置于一种真实的社会情境中，体现了对完整知识的复原；在教学目的上，跨学科主题学习关注跨学科视野、横向思维、解决问题的能力、创新创造能力等综合素养，是对分科教学在关注学科知识与能力上的完善，体现了人的全面发展的价值意蕴；在教学内容上，跨学科主题学习突破学科教学逻辑，关注现实社会多元文化背景下的真实问题，是对真实生活与个体经验的回归，重建教育与社会实践的联系；在学习方式上，跨学科主题学习倡导学生在真实情境下通过自主、合作、探究等新型学习方式分析问题、解决问题，强调学生积极主动地进行意义建构，进而发展核心素养，是在教育教学领域对人的全面发展价值导向的践行。

体育与健康课程开展跨学科主题学习是发展核心素养，培养全面发展的人的必然要求。体育与健康课程开展跨学科主题学习是以体育与健康课程为载体，通过学习主题联系其他学科知识，学生在参与涉及多学科知识的学习过程中，发展解决实际问题的能力（即发展核心素养），这个过程也是实现人的全面发展的教育过程。

二、构建结构化的知识体系

传统的学科教学强调根据知识内在性质和逻辑结构组织课程内容，注重科学概念、基本事实、基本原理。[①]其优点是学科体系和知识体系的系统性与逻辑性强，学习者可深入学习特定领域知识。其缺陷也很明显，课程统整之父霍普金斯评价道，过分注重学科内在知识逻辑，导致"工具"（学科）与"目的"（儿童）错置进而造成儿童与学科、直接经验与间接经验、知识与应用疏离。[②]也就是说，分科课程及其教学关注的焦点是知识掌握而非人的能力发展。追求知识的内在逻辑，容易造成学科壁垒与知识围墙，导致学习与生活脱离、知识与应用脱节，使知识无法有效转化为实际运用能力。而跨学科主题学习打破学科教学的知识壁垒，通过建构结构化的知识体系让学生学习"完整的知识"，从而成为发展学生能力的有效手段。

《课标》在"课程内容"部分的"跨学科主题学习"中明确提出"体育与健康课程的跨学科主题学习部分主要立足于核心素养，结合课程的目标体系，设置有助于实现体育与德育、智育、美育、劳动教育和国防教育相结合的多学科交叉融合的教学内容"的指导意见。可见，强调学科知识的整体性、结构化建构成为体育与健康课程的重要任务，跨学科主题学习是实现这一任务的重要载体。

体育与健康课程跨学科主题学习打破了体育学科本位的"纵向知识"体系，关注两个或多个学科的多链交织。在多学科融合的"全科学习"场景中，实现跨学科的知识统整和横向知识的联结；在跨学科的知识统整和横向知识的联结中，促进综合化课程的建构和实施；通过综合化课程的建构和实施，促进学习者形成"跨学科"立场和应对复杂问题的能力。需要明确的是，跨学科教学并非传授跨学科知识，其目的在于构建通用的、综合的、无界的、分享的知识。

---

① 施良方. 课程理论：课程的基础、原理与问题［M］. 北京：教育科学出版社，1996：122，278.
② HOPKINS L T.Integration: Its Meaning and Application［M］. NewYork, NY: D. Appleton-Century, 1937: 32, 40—45.

体育学科可以融合物理、历史、地理、化学、信息科技等学科知识，通过设置学习主题，建构融合不同学科的结构化的知识体系，进而开展跨学科主题学习活动。比如，小学阶段在学习越野跑时，可以为学生拓展一些地理环境和如何识别方向等知识，提高学生的练习兴趣，实现体育学科和地理学科的融合；初中阶段在进行推铅球教学时，可以通过物理学科的抛物线理论，讲解在没有空气阻力的情况下45度角投掷的距离为何最远，实现体育学科与物理学科的融合。

三、呈现课堂变革的新形式

课堂是教学的主阵地。以核心素养为导向，实现课堂育人方式的根本转变，是我国当前基础教育课程改革的重要特征。核心素养是跨越学科领域界线的通用能力，借助各学科领域的概念与方法，注重真实情境、某一生活主题引领、解决真实生活的问题成为发展核心素养的重要手段，情境化、主题式、生活化等新理念也由此成为课堂教学变革的重要趋势。体育与健康课程顺应课堂教学变革的趋势成为必然要求。体育与健康课程开展跨学科主题学习，在一定程度上回应并践行了课堂变革的新理念。

首先，跨学科主题学习将学科知识与学生经验、社会生活在真实情境中深度关联，在不同学科之间建立复杂、多元的联系，聚焦复杂问题的解决，给学生创造了在真实世界中解决复杂问题的学习情境，使学生在解决真实世界问题的过程中，思考、讨论并获取知识、解决问题，最终实现知识迁移，促成学生能力的发展。比如，小学阶段耐久跑教学单元，耐久跑是一项相对枯燥的学习内容，教师可以设置"跟着李白游中国"跨学科学习主题，创设李白游历中国的情境，将耐久跑、地理常识、民俗习惯、文学古诗词等知识整合起来，启发学生交流讨论，共同完成学习任务，进而发展体育与健康、地理、科学、语文等学科要培养的学生核心素养。又如，初中阶段的足球教学，可以通过创设观看卡塔尔世界杯纪录片等情境，引出中国足球未能入围、振兴中国足球的主题；通过设置中国足球有哪些弊病，如何从提升青少年运动技术、优化社区足球场地等方面为振兴中国足球助力等问题情境，引导学生在足球实战中掌握运动技能，在调查研究后提出优化和改进青少年足球运动场地规划与建设的建议。

其次，20世纪80年代以来，随着我国教育领域变革呼声的日益高涨以及新课程改革背景下素质教育的提倡与振兴，主题教学作为课程整合下的一种跨学科教学模式被逐渐运用于教育实践领域。在传统分科教学弊端日益显现的今天，教育界开始关注以学科融合和课程整合为基本特征的主题教学，主题教学成为当下教育改革的一个重要方向。体育与健康课程跨学科主题学习作为主题教学的一种创新变体，是新时代主题教学在体育与健康课程中的创造性运用。《课标》确立了"钢铁战士""劳动最光荣""身心共成长""破解运动的'密码'""人与自然和谐美"五大跨学科主题学习示例，以学习主题为引领，整合跨越不同学科的知识，学生在学习过程中不仅发展了体育学科本位的核心素养，同时获得了地理、信息科技、艺术、科学等学科知识。

最后，教育家怀特海说："教育只有一个主题，那就是多姿多彩的生活。"[1]学生是学校教育生活中的人，也是社会生活中的人，体育与健康课程涉及的跨学科学习必须直面学生的真实生活，即跨学科学习活动要与学生当前和未来的生活发生关联和碰撞，拓展学生对知识的多维感受，增强学生对体育与健康和生活的关系的理解。学习内容要尊重学生的兴趣爱好，关注学生的学习起点，突破体育学科知识体系的约束，与学生日常生活经验联系起来，从其日常生活中遴选学习素材，将其转化为涉及多学科的学习主题，形成融合多学科知识的学习活动，并重视通过"做中学"（即探究学习）发展学生的各种能力。比如，小学阶段投掷轻物教学，可以根据学生喜爱模仿的特点，设置"环保卫士"主题，通过让学生扮演环卫工人收集日常废旧报纸、改造报纸为纸球练习投掷、回收废旧报纸实现垃圾利用以及结合课堂学练创作描绘环卫工人劳动的绘画作品等，整合体育、美育、劳动教育等学科知识，发展学生的投掷能力以及创造美和欣赏美的能力，并使学生养成热爱劳动的习惯，形成美化环境的意识与尊重环卫工人职业的品质。又如，初中生开始逐渐形成人生观、价值观、世界观，在开展篮球、排球、足球、游泳、武术、健身操等项目教学时，可以引导他们思考这些运动项目在家庭、学校和当地社区生活中的作用，研究所在学校和社区开展的体育活动的潜在价值，思考影响他们参与运动和形成运动喜好的因素，思考性别、民族、阶层、家庭或其他因素是如何发生作用的。这些看似司空见惯的话题蕴含着深刻的教育意义，学生通过对不同层面问题的探

---

[1] 怀特海. 教育的目的[M]. 庄莲平，王立中，译. 上海：文汇出版社，2012：11.

讨，多元、深度地培养了自主发展、社会参与等素养。

 问题 3　体育与健康课程跨学科主题学习有哪些特征？

跨学科主题学习作为《课标》中的五大内容之一，其主要目的是通过体育与健康和其他学科的交叉融合，培养学生运用多学科思维和知识，解决体育与健康实践问题的能力。因此，从教学内容、教学设计、教学过程来把握跨学科主题学习的特征是有效开展体育与健康课程跨学科主题学习教学实践的基础和前提。

一、教学内容强调综合性

体育作为德智体美劳"五育"中的"一育"，在跨学科主题学习中强调以体育与健康课程为主干，通过与其他"四育"进行多学科间的对话和合作，引导学生在综合性学习活动中实现对某一问题的多视域探究和解决。

《课标》在"课程性质"中指出，"义务教育体育与健康课程以身体练习为主要手段，以体育与健康知识、技能和方法为主要学习内容，以发展学生核心素养和增进学生身心健康为主要目的，具有基础性、健身性、实践性和综合性等特点，是学校教育的重要组成部分，对促进学生德智体美劳全面发展具有非常重要的价值"。体育与健康课程的开展，虽然以提升学生运动能力、健康行为和体育品德为主要目的，但在体育教学的过程中，融合了以体育德、以体益智、以体健美的综合目标和"成德、益智、健美、助劳"的价值张力。

体育与健康课程包括基本运动技能、体能、健康教育、专项运动技能和跨学科主题学习五大课程内容，"跨学科主题学习"应以体育与健康课程内容为主体，选择与核心素养培育以及目标能力提升相关的其他学科知识，建构"有意义"的跨学科主题。

其一，体育与健康和其他学科的结合。"跨学科主题学习"是在国家规定的既有学科课程基本框架的基础上，实现"体育与健康+X"，即体育学科与语文、数学、历史、艺术等学科的融合。基于对学情的考虑，一二年级体育与健康课程跨学科主题学习须结合数学、科学、语文、道德与法治等相关学科知识；三年级开设英语、信息科技等课程后，可以在体育与健康课程跨学科主题学习中将英语等相关学科融入体育实践。以《课标》跨学科主题学习"劳动最光荣"水平二"争做小劳模"为例，将体育与健康和劳动教育相结合，通过让学生以体育游戏的形式模拟犁地、插秧、施肥、丰收等劳动场景，引导学生在体育活动中体验劳动的艰辛与快乐，增强学生的劳动意识与劳动技能。以《课标》跨学科主题学习"人与自然和谐美"水平四"人与自然和谐共生"为例，可以在户外运动、定向越野等运动项目的学练中，根据实际条件，结合科学、地理等学科，促进学生在掌握运动技能的同时，正确认识人与自然的关系，感知科技的力量。

其二，体育与健康和其他学科知识的结合。将体育学科知识作为基点，寻找与其他学科具体知识之间的连接点，将相关知识改造成以"真实情境"问题为核心的课程组织，使课程要素形成有机联系，以促进学生运动能力、健康行为的发展及对优秀传统文化的传承。以《课标》跨学科主题学习"人与自然和谐美"水平一"美丽的大自然"为例，结合科学、艺术相关知识在体育游戏中创设"美丽的大自然"学习主题，运用动植物等相关知识在发展学生运动技能的同时增进其对大自然的了解，增强学生热爱自然和保护环境的意识。以《课标》跨学科主题学习"身心共成长"水平四"关注健康、爱护身体"为例，结合科学或生物学中人体呼吸、血液循环、免疫系统等相关知识，在体能和运动技能学练中，引导学生更好地了解自己的身体和学习健康知识。

二、教学设计注重情境化

跨学科主题学习以关注生活的情境化场域为鲜明特征，教学设计应依托情境化教育理念，聚焦"生活单元"的"合科学习"，打通课堂学习与社会生活间的界限，构建"体育与健康+X"跨学科主题学习的教学场域。这也正是现代教育革新提倡"深度学习"的展现，即让学生在真实的问题情境和现实挑战中发现知识、学习知识、运用知识，进而建立新旧知识与跨学科知识之间的联系。

《方案》指出，应"加强知识学习与学生经验、现实生活、社会实践之间的联系，注重真实情境的创设，增强学生认识真实世界、解决真实问题的能力"。《课标》明确提出要"创设多种复杂的运动情境。根据学习目标、教学进度等引导学生在对抗练习、体育展示或比赛等真实、复杂的运动情境中获得丰富的运动体验和认知,提高技战术水平和体能水平,培养学生良好的体育精神、体育道德和体育品格"。通过创设"体育与健康+国防教育、历史、地理、语文、音乐、美术、信息科技、英语等"跨学科情境,培养学生在体育活动中综合运用多学科知识与技能的跨学科能力。

以《课标》跨学科主题学习"钢铁战士"水平三"智勇双全小战士"为例,基于体育运动与国防教育在培养学生爱国主义精神和集体主义精神方面的共通之处,在武术、球类等对抗性体育活动中结合英雄事迹、历史战役进行模拟战场战斗、救援救护演练,创设"体育与健康+国防教育、历史等"跨学科情境,让学生在"真实情境"中回归生活。以《课标》跨学科主题学习"钢铁战士"水平四"长途奔袭,火速增援"为例,通过布置应急场景了解边境地形地貌,增进学生对相关历史、地理知识的理解;通过导入"长途奔袭,火速增援"情境,激发学生参与耐久跑的兴趣;通过耐久跑练习,提高学生心肺能力等体能,培养学生坚韧不拔的意志品质;通过模拟营救冲突中受伤的指战员和对其进行处置和运送情境,引导学生学习运动损伤及意外伤害的处置方法。

三、教学过程呈现探究性

跨学科主题学习是以某一特定任务的完成或问题的解决为核心,以学生的探究性学习为显著特点的。在教学设计时应依托探究性学习的本质特征,以探究性任务为教学内容聚合点,构建"体育与健康+X"跨学科主题学习的任务指引。运用跨学科知识和技能去解决"真实情境"问题时,更应关注学生的实践体验,让学生在探究过程中,实现知识与技能的迁移运用,运用跨学科思维锻炼自身分析问题和解决问题的能力。基于探究的问题解决模式,促进学生对深层知识的理解,进而发展学生自主学习能力和实践创新能力。

《课标》指出,要根据体育学习实践性和健康教育实用性的特点,注重教学方式从"以知识与技能为本"向"以学生发展为本"转变,在创设丰富多彩、生动有趣的教学情境中,倡导学生的自主学习、合作学习和探究,激发学生的学习热情,帮助学生理解和掌握知识与技能,提高解决体育与健康实际问题的综合能力。

以《课标》跨学科主题学习"劳动最光荣"水平二中的"吹响劳动的号角"为例，以农作物种植实验和模拟春种秋收的劳动场景为主线，以引导学生探究我国农历二十四节气与农作物种植的相关知识以及感悟生命成长为目标，通过给学生布置开放性任务，引导学生综合运用体育与健康、劳动、科学、生物学、语文、艺术、信息科技等知识，利用网络、图书馆等途径查阅我国农历二十四节气与农作物种植的相关知识并感悟生命成长的内涵。以《课标》跨学科主题学习"破解运动的'密码'"水平三"运动的学问"为例，结合科学等相关知识，引导学生在运动技能学练中通过互动交流或探究活动，透过现象看本质，去更好地了解运动技能的形成、迁移和遗忘规律，培养学生的深度学习能力。

第二章

跨学科主题学习设计

? 问题 4　体育与健康课程跨学科主题学习设计的原则是什么？

一、发展性原则

体育与健康课程跨学科主题学习设计应该以帮助学生发展核心素养为最终目的，体现发展性原则，让学生在参与多学科知识学习的过程中，发展解决实际问题的能力。

以攀爬、钻越、跳跃等移动性技能跨学科主题学习设计为例，可以设置"荒野求生"情境，整合体育与健康、地理、生物学等学科知识，引导学生思考并学会如何在荒野中辨别方位、钻越丛林、跳跃沟壑，启发学生在实际情境中探究"荒野求生"的办法，发展解决实际问题的能力。又如，初中阶段学生处在青春期，面对身体发育可能带来的困扰，想了解体育运动与身体发育的关系，此时可以设置"身体的秘密"学习主题，开展身体成分计算、体型改善、青春期高血压知识学习等体育与健康教育教学，整合体育、生理、医学等知识，启发学生在真实生活情境中正确认识身体，发展解决实际问题的能力。

需要注意的是，体育与健康课程跨学科主题学习要真正体现发展性，应避免各种形式化的设计。如有的教师认为，在课堂上讲解了体育之外的相关知识、在课堂上使用大量的道具、为了扮演相关的角色让学生身着各种衣服等就是跨学科学习，[1]这种设计不是真正的发展性跨学科学习。跨学科学习是一种

---

[1] 于素梅，毛振明. 试论体育新课改过程中出现的偏见与极端化现象[J]. 武汉体育学院学报，2009，43（12）：87-90.

综合性的学习，围绕相关学习主题可以使用相关服装或道具，但不能为了使用而使用，道具使用的最终目的是帮助学生学习不同学科知识从而最终发展综合能力。

二、可操作性原则

体育与健康课程跨学科主题学习涉及不同学科知识、不同教学时空甚至需要不同学科教师的参与，这对跨学科主题学习的可操作性提出了较高的要求。

体育与健康课程跨学科主题学习设计要充分考虑学校的教学资源、教师资源、学生状况、课程安排等因素，根据学校实际情况开展教学设计，否则只有很好的设计但不具备操作性，也无法付诸教学实践。例如，体育教师围绕健康教育设计了"了解身体、珍爱生命"的跨学科主题学习活动，邀请生物学教师、学校医护人员共同参与教学设计与课堂实施等活动，这当然可以发挥其他学科教师和学校工作人员的教学优势，但如果其他学科教师或学校工作人员在课时安排上有冲突，那么设计好的跨学科主题学习活动也无法顺利开展。再比如，设计的跨学科主题学习活动涉及到的非体育学科知识，超出了学生的学科知识范畴和接受能力，学生在学习过程中因学习任务难度过大而无法有效完成学习目标，这也不具备可操作性。

因此，体育教师在设计跨学科主题学习活动时，首先要了解学校教学资源是否完备，教学活动能否有效组织，学生的学科知识储备与接受能力能否完成学习任务，以及学校其他学科教师的教学安排与自己的教学活动是否冲突等，以确保体育与健康课程跨学科主题学习设计能够具有可操作性。

三、差异性原则

在体育与健康课程教学过程中，由于学生的运动兴趣、身体素质、运动技能水平等不同，加之学生在其他学科的学习基础比如认知水平、知识掌握程度也不尽相同，给体育与健康课程跨学科主题学习设计带来了挑战。体育教师开展跨学科主题学习设计时，必须考虑学生的差异性因素，体现差异性原则。

体育与健康课程跨学科主题学习设计应遵循以下原则。一是应根据学生实际情况，设计教学内容。不同年级学生的运动能力、认知水平和知识储备都不尽相同，教师要充分考虑不同年级学生在既有运动能力和学习能力上的差异，设计与其年龄阶段相符合的跨学科主题学习活动。二是一节课内，可以根据学生的特长，给团队成员安排不同的学习任务，如动手操作能力强的学生可以负责制作道具、服装，信息科技强的学生可以负责利用网络搜集学习资料，组织能力强的学生可以担任队长组织团队的练习活动等，让每个学生都能发挥自己的特长。三是评价的时候不能"一刀切"。在跨学科主题学习中，通过完成各种任务，有的学生可能在道具制作等动手操作能力方面有了提升，有的学生可能对历史知识有了更深的体会，有的学生可能对文学古诗词产生了浓厚的学习兴趣，那么在教学评价时，有必要设置个性化的自我评价目标，比如"通过本课学习我有了哪些特别的收获？"等开放性评价任务，尽量让每个学生都能获得有针对性的发展。

问题 5　体育与健康课程跨学科主题学习设计的程序是什么？

一、确定主题

主题是体育与健康课程跨学科主题学习活动开展的基石。主题的设计要灵活多样，一方面应基于体育与健康课程的教学内容，另一方面应结合学生的生活实际。

一是主题的选择必须基于体育与健康课程的教学内容。体育与健康课程跨学科主题学习活动的设计必须结合教学内容或运动项目的特征及其价值合理选择。比如，基本运动能力（水平一）教学内容涉及攀爬、钻越、跳跃等移动性技能教学，这些教学内容在日常生活中有很好的实用价值，在地震、火灾以及日常紧急情况下具有避险、逃生、自救等价值，体育教师可以结合这些价值大胆想象，设置"避险、逃生、自救"等主题。再比如，初中阶段设置诸如"生活中的篮球"主题学习，引导学生探讨不同性别、阶层、人群的篮球参与特征，甚至讨论话题背后的社会公平议题。

二是主题的选择必须结合学生的生活实际。生活为教育提供了大量的课程素材，体育教师要主动从生活中探寻体育与健康课程跨学科主题学习的主题。如围绕五一劳动节，设置"体验劳动者职业美"学习主题，将跑、跳、投等基本运动能力发展与体验职业之美联系起来，体验农民、快递员、环卫工人、科学家等职业，形成具有教育意义的跨学科主题学习。又如，结合水灾、火灾、地震等重大自然灾害，原油泄漏、有害气体排放、雾霾天气频发等社会环保问题，提炼跨学科学习主题。

二、设定目标

目标是体育与健康课程跨学科主题学习活动开展的航标。布鲁姆说，"有效的学习始于准确地知道达到的目标是什么"[①]。体育与健康课程跨学科主题学习目标具有多维性，目标内容体系呈现复杂性，教学目标设定应体现跨学科主题学习的特点。

体育与健康课程的教学目标设计，过去通常依据认知、技能、情感等维度。体育与健康课程跨学科主题学习的目标，可以细化为运动能力、健康行为、体育品德三个方面的核心素养维度，从知识技能学习（指向学以致用）、体能素质锻炼（促进健康并支撑能力形成）、情感品格培养（塑造品格与价值观念）三个目标维度进行设计，既要囊括所涉及的核心素养，又要体现跨学科主题学习的特征。[②]

体育与健康课程跨学科主题学习除了培养学生的运动能力、健康行为和体育品德等核心素养之外，还呈现出其特有的"跨学科素养"目标要求。跨学科素养是指面对超越单一学科范畴的复杂问题时，整合两门或多门学科知识、方法以促进认知发展的能力。[③]在体育与健康课程中"跨学科素养"主要表现为以下几点。①"体育与健康+X"知识和技能的"跨学科理解"：既包

[①] 安德森. 布鲁姆教育目标分类学 [M]. 蒋小平，张琴美，罗晶晶，译. 北京：外语教学与研究出版社，2009：19.
[②] 董鹏，于素梅. 五育融合导向的体育课堂教学：内涵厘定、策略探骊与误区规避 [J]. 体育学研究，2022，36（2）. 103-110.
[③] 孟璨. 跨学科主题学习的何为与可为 [J]. 基础教育课程，2022（11）：4-9.

括"体育与健康+X"单一学科中的基本概念、基础原理等学科知识，也包括"体育与健康+X"跨学科立场上知识的关联、整合建构的大概念等跨学科知识；②"体育与健康+X"知识和技能的"跨学科运用"：包括"体育与健康+X"多学科知识和技能的分析处理、交叉融合等迁移运用；③"体育与健康+X"的"跨学科思维与能力"：在培养掌握和运用体能与运动技能——提高运动能力，学会运用健康与安全的知识和技能——形成健康的生活方式，积极参与体育活动——养成良好的体育品德等体育与健康课程总目标的基础上，培育学生多学科视角和"整全"的跨学科思维，提升解决真实性、复杂性问题的能力。

以小学阶段篮球突破技术跨学科主题学习目标设计为例，在知识技能学习目标上，可要求学生掌握篮球突破技术，能结合社会背景描述篮球发展简史，能运用简单统计工具分析经典篮球比赛进球特征，能绘出社区篮球场地分布地形图等；在体能素质锻炼目标上，发展学生灵敏与速度素质、篮球突破能力；在情感品格发展目标上，在篮球突破技术学习等团队合作中培养协作、友爱等优良品质，在理性看球、文明观赛中，做到拒绝球场暴力行为，做一名文明的篮球迷。

三、设计内容

内容是体育与健康课程跨学科主题学习活动开展的载体。体育与健康课程跨学科主题学习的内容设计，应围绕学习目标来整合不同学科内容，内容设计可以考虑采用"体育与健康+1"式内容设计、"体育与健康+N"式内容设计两种方式。

一是采用"体育与健康+1"式内容设计。"体育与健康+1"式内容设计主要是指跨学科主题学习以体育学科内容为基础，在其中加入一门其他学科的知识。"体育与健康+1"式内容设计可以采取"体育与健康+美育""体育与健康+文学教育""体育与健康+科学教育""体育与健康+国防教育""体育与健康+劳动教育"等方式。以"体育与健康+国防教育"为例，在学生体能练习中融入军事训练、历史战役、英雄事迹、爱国主义教育等内容，提高学生对体能与国防安全关系的认识，通过设置不同的训练站点和不同的战役名称，将不怕苦难、敢于挑战的精神与英雄事迹进行联系，达成帮助学生树立国防意识的目标。再比如，以"体育与健康+爱国主义教育"为例，在学习排球运动技能的过程中，设置"致敬中国女排"学习主题，将中国女排的家国情怀、无私奉献等精神融入到排球技能学习和比赛中，帮助学生在提升排球运动技能的同时增强对国家的认同。

二是可以采用"体育与健康+N"式内容设计。"体育与健康+N"式内容设计是指跨学科主题学习以体育学科内容为基础，在其中加入两门及以上其他课程的知识。以《课标》中"钢铁战士"跨学科主题学习为例，通过设置"长途奔袭，火速增援"场景，引导学生在耐久跑学习中了解边境冲突原因、绘制边境平面图、紧急救治伤员，从而综合发展体育、国防、历史、地理、信息科技、卫生与健康等学科要培养的核心素养。再比如，初中阶段在讲解田径教学弯道跑技术与"向心""离心"关系时，可以让学生去感受"摆臂内小外大"和"摆臂内大外小"的区别，将运动技术学习与物理知识学习进行统整，引发学生的深度思考；初中阶段在进行定向越野寻找定点标志时，可以将运动与地理知识相关联，让学生在体育课中使用指北针来辨别方向与位置。

四、实施教学

实施是体育与健康课程跨学科主题学习活动开展的关键。情境设置与教学方法构成跨学科主题学习实施过程的关键，二者如同骨架与肌肉，以教学情境为骨架串联学习问题架构起学习过程，通过教学方法展开对各个学习问题的探讨最终完成学习任务。

从情境设置来看，体育与健康课程跨学科主题学习必须将知识学习置于真实情境之中，引导学生深度学习，实现知识迁移，培养解决问题的能力。情境设置可以按照"生活—问题—活动"情境类型顺序进行设计，引导学生从生活情境出发，提出问题情境，在活动情境中思考、讨论并获取知识、解决问题，最终实现知识迁移。以小学耐久跑跨学科主题学习活动实施为例，根据学生的认知水平和运动能力水平，可以创设生活情境，如播放野外探险纪录片、提出"自然探秘"主题；提出问题情境，如在野外旅行时，会遇到哪些问题，迷路如何辨别方位，遇到险情如何避险，如何识别可以食用的植物等；设置活动情境，如引导学生学会使用指北针辨别方位，掌握攀爬、钻越、奔跑等运动技能以便在紧急情况下避险，以及识记野外可食用的植物避免摄入有毒食物等。

从教学实施来看，在创设好体育与健康课程跨学科主题学习情境之后，教师要引导学生展开自主、合作和探究学习，让学生完成学习任务。情境中呈现的知识，隐含在具体的事件或者组织的学习内容里，需要学生个体以及与团体交往去辨识、探索和发现学习的问题，体验、理解和感受学习的意义。[①]本次课程改革以来，自主学习、合作学习、探究学习作为新型教学方法，已经成为发展学生探索精神和解决问题能力的重要方法，对于以发展能力为导向的体育与健康课程跨学科主题学习而言尤为需要。但要注意的是，体育与健康课程跨学科主题学习要避免"假自主、假合作、假探究"。

? 问题6　体育与健康课程跨学科主题学习设计需要注意什么？

一、主题选择基于体育学科

体育与健康课程跨学科主题学习涉及不同的学科知识，不仅要发展体育课程素养，还要发展其他学科课程素养，体育课程素养与其他学科课程素养培育应构成重点与非重点关系。

这是因为，跨学科主题学习的开展要以学科为载体，不同学科中的跨学科主题学习依然具有学科属性，理应凸显学科独特的育人价值（即学科要培养的核心素养），否则跨学科主题学习也就没有列入不同学科课标进而采取学科化实施的必要。基于主题达成、课程整合与能力培养需要，体育与健康课程跨学科主题学习势必要整合其他学科知识，从而体现其他学科在培养核心素养方面的价值，但体育与健康课程应体现运动能力、健康行为、体育品德等核心素养培育的"首位度"。明确上述重点与非重点的关系，可以避免体育与健康课程

---

① 尚力沛，程传银. 体育学科核心素养生成的三维支撑结构：情境创设、文化统领与意义建构［J］. 天津体育学院学报，2021，36（4）：420-426.

中的跨学科主题学习特色不明显、体育学科核心素养培育重点不突出的状况，从而体现体育与健康课程跨学科主题学习独特的学科特色和育人价值。

二、形式设计体现"择宜"艺术

体育与健康课程跨学科主题学习内容整合形式可以是"体育与健康+1"，也可以是"体育与健康+N"，整合形式灵活多样，无须在体育课堂里生硬填塞其他学科教育内容，否则会让体育教学陷入不能承受之重的尴尬境地。

跨学科主题学习教学设计中，选择哪些学科内容，要根据教情、学情等综合研判来取舍。比如，《课标》里提及的中华传统体育运动项目——太极拳，是中华传统体育文化的精华，在进行太极拳教学时，可根据学生的认知水平、体能和技能水平等差异，有针对性地融入其他学科内容。对于高水平段学生的太极拳教学，在进行教学目标设计时可以丰富教学内容，让学生查阅项目历史，制作相关课件，发展学生的实践创新能力；教师还可以让高水平段学生欣赏太极拳经典影视作品，写作影评锻炼学生的文字表达能力，欣赏影视音乐提升学生的艺术审美能力。而在低水平段如小学阶段的太极拳教学中，让学生自己查阅项目历史、制作历史课件等就超出了学生的认知水平和操作水平。因此，对于同样一个教材，应依据不同教情、学情，合理设计跨学科主题学习内容，并非越多越好。体育与健康课程跨学科主题学习内容选择是一项"择宜"艺术，只要是不同学科内容自然整合，哪怕是"体育与健康+1"，也是成功的跨学科主题学习；而违背学生身心发展规律以及超出学生运动承受能力的生硬整合，效果只会适得其反。

三、内容设计凸显能力达成

跨学科主题学习的内容设计应聚焦学生核心素养的达成和解决实际问题能力的提升。在内容设计过程中，不能仅仅局限于"体验"，更应关注"能力达成"。

体育与健康课程跨学科主题学习设计要避免单纯体验式学习的误区，诸如"将体育课堂中的序列报数改为英文报数，在身体放松练习中加入音乐就是跨学科学习"，这是一种教学偏见。体育与健康课程跨学科主题学习的评价设计要从学生是否真正解决了实际问题出发来检测学习效果。比如，在小学阶段"快乐游戏，保护环境"跨学科主题学习中，教师设置了生活垃圾分类活动，如果教师未能设定课堂教学目标，即便学生在浓厚的课堂氛围中情绪高涨并且获得了快乐的游戏体验，但最后并未收获"不同类型垃圾是否都可回收利用？"这一问题的结论，不能很好地将所学在生活中进行迁移运用，也不能算是有效的跨学科主题学习。

第三章 跨学科主题学习实施

> **问题7** 体育与健康课程跨学科主题学习实施策略有哪些?

《方案》将"加强课程综合,注重关联"作为义务教育课程应遵循的五大基本原则之一,并指出要"统筹设计综合课程和跨学科主题学习","开展跨学科主题教学,强化课程协同育人功能";在"课程实施"部分的"科学规划课程实施"中更是强调"统筹各门课程跨学科主题学习与综合实践活动安排"。《课标》在4个学段共推出5个类型、20个学习主题,对主题和综合运用的意图进行了说明。《课标》中所列的跨学科学习主题和任务只是义务教育阶段跨学科学习的一个范式,实际上体育与健康与其他课程之间存在很大的跨学科融合的空间,在实施中需要深刻理解跨学科主题学习的育人目标,厘清学生发展核心素养的内涵,在生活情境、主题形式、内容结构、学习过程等方面提升跨学科主题学习的效果。

一、将"育人"贯穿始终

《课标》在跨学科主题学习中明确提出"体育与健康课程应融合多门课程,充分发挥育人功能,促进学生全面发展"。中共中央办公厅、国务院办公厅印发的《关于全面加强和改进新时代学校体育工作的意见》中指出,学校体育"对于弘扬社会主义核心价值观,培养学生爱国主义、集体主义、社会主义精神和奋发向上、顽强拼搏的意志品质,实现以体育智、以体育心具有独特功能"。因此,体育与健康课程跨学科主题学习实施要把握育人目标导向,将育人价值贯穿主题学习的始终。

首先,在主题学习的名称设置上明确育人的内涵。比如"钢铁战士"这一名称将国防教育中的爱国主义精神展现得淋漓尽致，继而引发学生对"钢铁战士"主题的学习热情，了解钢铁战士的历史背景，剖析钢铁战士的本领，立志做保家卫国的钢铁战士。

其次，在主题学习的各水平阶段形成育人主线。从水平一的"小小特种兵"到水平二的"英雄小少年"，再到水平三的"智勇双全小战士"，至水平四的"忠诚的祖国卫士"，以钢铁战士为主线，创设育人情境。

最后，在主题学习的各环节蕴含育人功能。比如在"钢铁战士"的主题学习中，模拟完成"长途奔袭，火速增援"任务进行主题学习，通过创设边境冲突情境，激发学生的爱国热情；继而设置不同地形地貌和增援形式，增加学生对耐久跑的认识，培养其吃苦耐劳、顽强拼搏的优良品质；然后通过科学锻炼和运动方法，模拟实战对抗，促使学生自信、自强，培育争当保家卫国钢铁战士的爱国情怀；最后拓展增援过程中不同险情的应急预案，培养学生团结协作、一方有难多方增援的集体主义精神，锤炼学生不怕困难、坦然面对挫折的意志品质，厚植百年未有之大变局下的爱国主义精神。

二、使"素养"由表及里

《方案》聚焦我国学生发展核心素养，明确规定了各个学科课程的总目标和水平目标，并在课程内容结构中要求设立跨学科主题学习活动。跨学科主题学习强调课程协同育人，通常需要整合两个及两个以上学科的专业知识，运用多学科知识与技能解决实际问题。多学科知识与技能的背后是学生需要发展的各学科课程素养。因此，在跨学科主题学习的实施中须厘清各学科的素养内涵，以便促成"素养"的形成。

首先，在跨学科主题学习中建立体育与健康知识和其他学科知识的联结点。比如"吹响劳动的号角"以农作物种植实验和模拟春种秋收的劳动场景为主线，引导学生综合运用体育与健康、劳动、科学、语文、艺术、信息科技等知识，了解我国农历二十四节气与农作物种植的相关知识，学习相关的劳动技能，开展农作物种植实验并分享经验，参加与运动相关的劳动技能挑战赛等，实现体育与健康和劳动教育的跨学科融合。

其次，在跨学科主题学习中通过知识联结点体现相关学科要培养的核心素养。比如"吹响劳动的号角"既培养了学生的体育核心素养——运动能力和体能，又培养了学生的劳动教育核心素养——劳动观念，让学生感悟到劳动创造世界的真谛，在学习中以劳树德、增智、强体、育美，增进学生的身心健康。

最后，在跨学科主题学习中整合各学科要培养的核心素养。建立跨学科主题学习与学科要培养的核心素养对照表，增强学科之间核心素养的系统性和互动性，从而形成立足学科、关联学科的素养体系，实现体育与健康和科学、语文、艺术、历史、数学、英语、地理、物理等学科的融合。

三、建"生活"逻辑通路

著名教育家杜威倡导"教育即生活"，《方案》要求"加强课程内容与学生经验、社会生活的联系，强化学科内知识整合，统筹设计综合课程和跨学科主题学习"；强调"强化学科实践"，"加强知识学习与学生经验、现实生活、社会实践之间的联系，注重真实情境的创设，增强学生认识真实世界、解决真实问题的能力"。《课标》提出"加强动作技术与生活实际的联系"，"选用有趣、多样、贴近生活的教学内容和方法"，"结合运动或生活实践创设问题情境"。跨学科主题学习的有效实施，需要关联学生经验，以生活世界的普遍联系为基础，将这些普遍的、随机的生活联系与专业知识通过实践智慧进行协同整合，进行一体化设计，建立"生活"逻辑通路。

在设置生活化情境时，一是建立与专业知识相关的生活逻辑。跨学科主题学习必须直面学生的真实生活，以及与其不断互动的、丰富多彩的世界（包括自然、社会、人；生活、职业、家庭；自我、他人、群体；实践、交往、反思；学习、探究、创造；等等）。体育与健康课程跨学科主题学习，可以联结学校学习、社会生活和学生未来，如社会中的冲突事件、抗洪抢险、烈火英雄以及对未来职业的思考等。

二是打通生活向科学转化的逻辑演绎通路。跨学科主题的选择既要关联实际生活，又要高于日常生活，指向学生核心素养的达成。比如在"长途奔袭，火速增援"主题设计中，通过创设边境冲突情境，引导学生了解不同历史时期的边境冲突事件及其背后的原因，提高学生运用多学科知识解决问题的综合实践能力，培养学生的国防意识和爱国主义精神。

四、使"形式"丰富多样

　　跨学科主题学习强调的是"跨",聚焦的是"主题"。跨学科主题学习须注意与所跨学科的融合程度。跨学科主题学习实施路径可分为观摩考察类、设计制作类、实践操作类、社会调查类等。

　　观摩考察类,即让学生听什么或看什么的跨学科主题学习。比如"钢铁战士"学习主题,通过组织学生观看阅兵典礼、军事训练等视频资料,培养学生的爱国主义精神和集体主义精神。

　　设计制作类,即让学生进行设计或创作的跨学科主题学习。比如"身心共成长"学习主题中的"会说话的身体"(水平一),通过课外资料阅读、海报制作的方式,引导学生关注和了解自己的身体形态与生理机能。

　　实践操作类,即让学生做中学(实验)或玩中学(游戏)。比如"定向运动·跟着李白游中国"学习主题,通过游戏的形式提高学生的运动能力,传承中华优秀传统文化,实现体育与健康和语文、科学、道德与法治、艺术等学科的融合。

　　社会调查类,即让学生参与调查和研究。比如"身心共成长"学习主题中的"成长的少年"(水平三),结合信息科技相关知识,在体能和运动技能学练中,建立成长记录的电子档案,通过对系列数据的分析与整理,引导学生关注自我成长中的身心变化及其对运动技能学练的影响,强化学生的自我意识和健康意识。

五、促"一体化"系统衔接

　　《方案》在"坚持问题导向"这一修订原则中要求"遵循学生身心发展规律,加强一体化设置,促进学段衔接,提升课程科学性和系统性"。重视学生综合运用多学科知识与技能解决实际问题能力培养的体育与健康课程跨学科主题学习,在学段衔接上要注意不同层次、不同程度的"进阶"。

　　教学内容的选择和设计要充分考虑学生的生长发育特点、体质状况、运动基础、兴趣和需求等,不仅要体现跨学科主题学习的系统性,而且要体现学段的差异性。比如"钢铁战士"学习主题,从"小小特种兵"到"英雄小少年",再到"智勇双全小战士"和"忠诚的祖国卫士",在遵循学生身心发展规律的基础上，全学段实施国防教育；但在专项独特内容上，直至水平三"智勇双全小战士"这一特殊学段，才实施对抗性的武术、球类等运动项目，培养学生战术布置、预判、应变等高阶思维能力；而水平四"忠诚的祖国卫士"则在水平三培养学生的战术思维、预判能力和应变能力的基础上，引导学生灵活运用所学运动技能，培养学生迎难而上、不怕受伤、挑战自我的钢铁意志。

六、建"探究性"学习过程

体育与健康课程跨学科主题学习将助推体育学科从"知识本位"向"素养本位"、从单纯的"体育教育"向"体育与健康教育及其与多学科融合"转变，关注教育中人（学生）的发展。因此，跨学科主题学习的有效实施，最重要的是看学生是否可以将学科知识的核心概念内化，将其转变为解决实际问题的能力。让学生提炼核心概念，内化核心精神，借助真实情境创造性地由知识维度向素养维度跃迁，是学习真正发生的过程。在跨学科主题学习的有效实施中让学生学习真正的发生，须完善学前、学中、学后的学习过程。

学前自主学习阶段，可以引导学生围绕主题，自主或合作完成相关文献资料的收集和查阅；课堂学习阶段，通过任务情境的创设，引导学生分析问题、解决问题；学后实践迁移阶段，引导学生"学以致用"。比如"长途奔袭，火速增援"主题学习开始前，可以引导学生通过网络了解边境冲突的历史背景；课中，创设战斗情境进行演练，帮助学生发展体能，培养学生的爱国主义和集体主义精神；课后，引导学生运用和巩固适应环境、应对突发事件等技能。

问题 8 体育与健康课程跨学科主题学习如何评价？

有学习必然有反馈，有反馈必然有评价。《方案》在改进教育评价中要求"强化素养导向，注重对正确价值观、必备品格和关键能力的考查，开展综合素质评价"。《课标》在"课程理念"中明确提出，"重视学习评价的激励和反馈功能"，"通过综合性学习评价，促进学生达成学习目标，形成核心素养"。

《方案》与《课标》中素养导向的综合评价为跨学科主题学习评价提供了行动遵循。《课标》在"学业质量"中对基本运动技能、体能、健康教育和专项运动技能分别制订了不同水平的学业质量合格标准，但跨学科主题学习由于其关联性和整合性特征，没有从单一学科角度统一制订学业质量标准，需要根据跨学科主题知识、所创设的问题情境进行重新思考，在改进分科评价的标准化评价方式基础上，重塑跨学科主题评价框架，构建多维多元评价体系，建立表现性评价量规指标。

一、聚焦"素养"，重塑跨学科主题学习评价框架

学科素养和跨学科素养共同作用于个人实现与社会发展，与传统学科素养相比，跨学科素养强调跨学科知识的整合与迁移，强调多种学科能力的融合和贯通，是情感、态度、价值观等综合素养的具体体现。跨学科素养的评价主要是对学生在面对复杂的、不确定的真实情境时，综合运用多学科知识、跨学科能力、跨学科态度，分析情境、提出问题、解决问题、交流结果过程中可观察的外显表现进行测评，跨学科主题素养评价框架见图1。

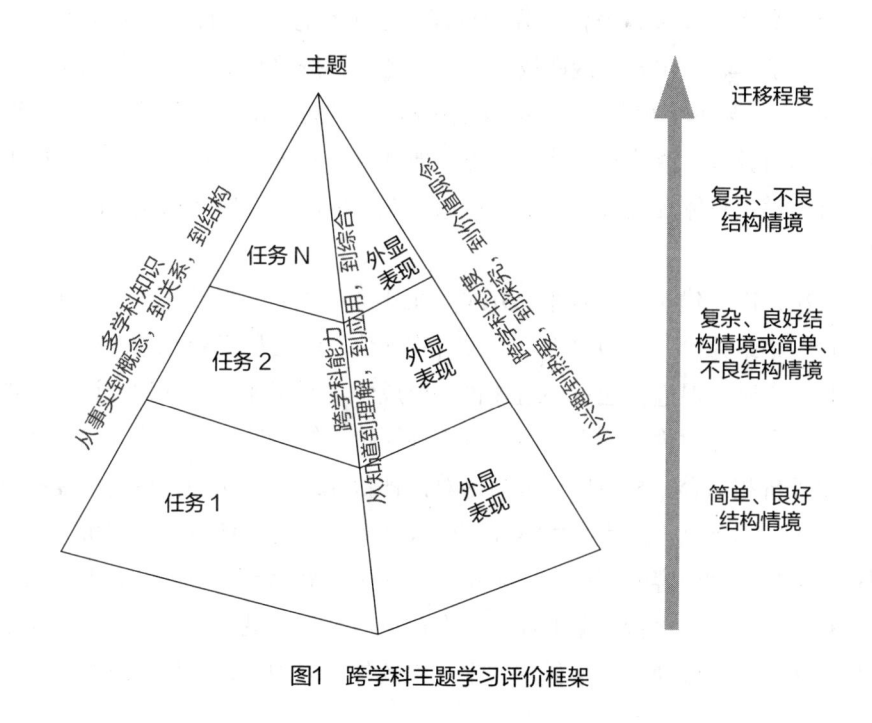

图1 跨学科主题学习评价框架

比如，"破解运动的'密码'"学习主题的四个分主题任务，从多学科知识的事实——妙用体育器材，到结合数学知识的概念——脑洞大开的运动，再到相互关系——运动的学问，最后到综合结构——给运动插上智慧的翅膀；从知道体育器材和形式这些现象，到理解运动的本质，再到综合应用提高技能与开发器材；从体育器材的妙用和运动形式与内容的丰富多彩提高兴趣，到运动方法探究，再到价值观塑造，三个维度结合情境的复杂与良好程度和结构的开放程度架构外显评价指标。

二、重视"综合"，建构多维多元的评价体系

跨学科主题学习是一种融知识综合与问题解决为一体的深度学习方式，须建立多维多元的评价体系。

首先，需要建立多维的学科知识网络。体育与健康课程跨学科主题学习评价，不局限于对基本运动技能、体能、健康教育、专项运动技能的知识进行评价，还要围绕情境和任务将不同学科间的知识关联起来，关注知识网络的广度、深度、关联强度以及知识链接关系和链接方向的指标。《课标》中共设计了体育与德育、智育、美育、劳动教育和国防教育相融合的5个跨学科学习主题、20个子主题。比如"钢铁战士"学习主题，按照水平阶段划分，包括"小小特种兵""英雄小少年""智勇双全小战士""忠诚的祖国卫士"，在广度上涵盖了国防教育、道德与法治、历史、地理、艺术等多学科知识，在深度上建构了遵循学生身体发展规律的基本运动技能、体能、专项运动能力的综合运用网络。

其次，需要建立多元的评价方式。在评价主体上，积极开展自我评价、同伴评价、小组评价、教师评价。通过自我评价，学会反思和改进；通过同伴评价，相互激励和促进；通过小组评价，形成学习共同体；通过教师评价，把握正确的导向。在评价方式上，注重过程性评价与终结性评价相结合、定性评价与定量评价相结合、相对性评价与绝对性评价相结合。比如在运动强度和量度定量评价的基础上，注重学生本体感受人文关怀的定性评价。在评价方法上，根据主题情境和内容的不同，可采用等级评价、展示或比赛评价、书面测评、成长档案袋等方法进行多角度评价。在评价对象上，既要评价小组团队与学生个体在体育与健康课程跨学科主题学习中的外显表现，也要评价班级、学校乃

至区域实施体育与健康课程跨学科主题学习的整体水平，形成一套从起点看变化、从现状看提升、从结果看改进的增值性评价模型。

❓ 问题 9　教师如何应对跨学科主题学习带来的挑战？

《课标》中的跨学科主题学习案例起到了很好的引导和示范作用，同时也给跨学科主题学习的关键负责人——体育教师带来了挑战。这种挑战是史无前例的，以核心素养为导向的跨学科主题学习完全打破了传统规训的教学模式，体育教师自身未曾接受和经历过跨学科主题学习的素养教育，将要进行的是全新的尝试，既要打破固有教学思维的桎梏，又要解决教学资源不足的问题，还要建立推动跨学科主题学习的共同体机制，搭建起跨学科主题学习实施的框架。

一、变革体育与健康课程跨学科主题教学方式

体育与健康课程中的跨学科主题学习是围绕某一主题、项目或问题，让学生基于体育与健康学科知识和其他学科知识综合地解决问题和提高认知的过程，这一过程也是在为学生今后幸福人生的终身体育做准备。这种基于知识，在真实情境中解决问题、提升能力，从而促进学生体育与健康课程核心素养发展的教学方式，需要体育教师主动进行变革，以应对教学挑战。

首先要转变教学观念。学生学习知识不仅是为了掌握知识和取得分数，体育与健康课程的学习也不仅是为了学练技术和掌握技能，更重要的是让学生从"知识本位"走向"素养本位"。在真实的情境中，让学生明白不同学科知识之间的内在联系，从而促进学生对所学知识的综合运用，实现全面育人。

其次要拓展教学空间。体育与健康课程跨学科主题学习的内容，涉及德育、智育、美育、劳动教育和国防教育，是多个学科的交叉融合，因此，教学活动不能局限于学校田径场、篮球馆等运动场馆。在物理空间上，教学活动可以拓展到整个校园，甚至是社区或者主题公园等场所；在内容空间上，教学知识不应仅是运动能力和健康知识的传授，而且要关注与学生社会生活、未来发展息息相关的体育与健康和其他学科融合的知识。

最后要丰富教学形式。体育与健康课程跨学科主题学习的形式可以是项目式的全校性、阶段性活动，也可以是情境式的问题探究教学，还可以是如同芬兰跨学科素养和整合教学模式的现象学习与现象教学。

二、整合体育与健康课程跨学科主题资源包

体育与健康课程跨学科主题学习从无到有，需要将本学科知识与义务教育阶段的道德与法治、语文、数学、外语、历史、地理、科学、物理、化学、生物学、信息科技、艺术等多学科知识进行有效联系，需要与学生的知识水平、生活经历、社会经验相融合，需要与其他"四育"和劳动教育、国防教育相结合。实现体育与健康课程跨学科主题学习目标最重要的是建立有效学习资源库。

一是建立体育与健康课程跨学科主题学习任务簇。体育与健康课程跨学科主题学习活动实施的起点是明确学习主题与目的。《课标》在"课程性质"中明确指出"以发展学生核心素养和增进学生身心健康为主要目的"，而中国学生发展核心素养分为文化基础、自主发展、社会参与三个方面，综合表现为人文底蕴、科学精神、学会学习、健康生活、责任担当、实践创新等六大素养，并细化为国家认同等18个基本要点。因此，在体育与健康课程跨学科主题学习中，要构建与文化基础、自主发展、社会参与相关的任务簇，比如中华优秀传统体育文化的传承、促进健康生活的"身心共成长"、体现责任担当的"国防教育"等。

二是绘制体育学科知识与其他学科知识相互联系和交叉的知识图。根据基于跨学科主题与目的建立的任务簇，明确体育学科与哪些学科建立关系，找到各学科知识之间的联结点，从而绘制成一张整体知识结构图。比如在"人与自然和谐美"学习主题中，可以从人与自然两个维度去构建知识结构图。一方面，从人的身体形态、身体活动中的美出发，思考如何发现、欣赏、展示美（体育与健康和艺术、物理等学科知识整合），如何通过运动保持和塑造美（体育与健康和科学等学科知识整合），从而形成体育促进健康、坚持终身体育锻炼的意识（体育与健康和信息科技、数学等学科知识整合）。另一方面，因为人的身体活动离不开大自然，思考不同自然环境下的运动和运动中的自然环境变化（体育与健康和科学、地理、生物学等学科知识整合），比如骑行中与美好河山相遇、冰雪运动与沙漠运动对自然环境的依赖、不同季节运动时需要做

的防护与准备等。最后通过构建人与自然和谐共生的统整性知识图谱，正确认识人与自然的关系，形成热爱运动、保护环境的责任意识。

三是构建基于真实情境的体育与健康课程跨学科主题学习问题链。创设丰富多彩、生动有趣的教学情境是《课标》提出的重要课程理念。问题是开启理解之门的钥匙，核心素养在解决真实情境中的复杂问题的过程中得以形成。素养的形成不是靠单一的问题情境就能实现的。问题思考得越深入，越能发现现象背后的"类"的本质规律；情境越丰富，形成的素养的迁移性就越强。因此，在体育与健康课程跨学科主题学习的情境中要设置"零散现象问题—综合归类问题—核心观念问题—核心素养问题"的进阶式的问题链。比如在"吹响劳动的号角"学习主题中，构建教学问题链，如"农历二十四节气和农作物的关系是什么？二十四节气中春种秋收的节气是哪些？春种秋收哪些农作物？不同节气中农作物的特征和劳动场景是什么？体育运动和劳作场景如何融合？"等。

三、制订体育与健康课程跨学科主题学习基本框架

跨学科主题学习强调的是透过不同学科的视角来审视一个重要的主题、问题或议题，每一个主题都是扩展的、结构化的、有意义的学习呈现，这样学生就有足够的时间来发展理解，并在学习过程中找到与他们所知道的和所看中的内容的联系。这种扩展的、结构化的、有意义的学习呈现的主题框架分为主题单元式和案例式两种。

单元是在一定的目标和内容的基础上构成的学习模块，是学科学习中具有能量、不可或缺的重要组成部分。按照《方案》要求，各门课程用不少于10%的课时设计跨学科主题学习，结合《课标》中的跨学科主题学习示例和体育学科学段水平等级特点，可将跨学科主题学习划分为不同水平模块的单元，虽然模块内容不同，但按照实施思路其单元框架基本一致。（见图2）

跨学科主题学习要置于真实情境中，其问题往往是复杂的，需要学生综合运用各学科核心知识，用各自独特的学科思维方式去解决实际问题。因此，跨学科主题学习的案例须进行系统整体设计，体育与健康课程跨学科主题学习要立足体育学科，搭建与其他学科相融合的教学框架，体现学生活动内容、教师活动内容的主体结构与学、练、赛一体化的过程结构。（见图3）

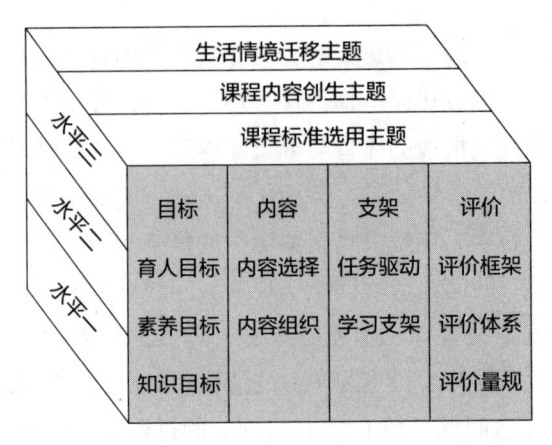

图2 体育与健康课程跨学科主题学习单元模块框架

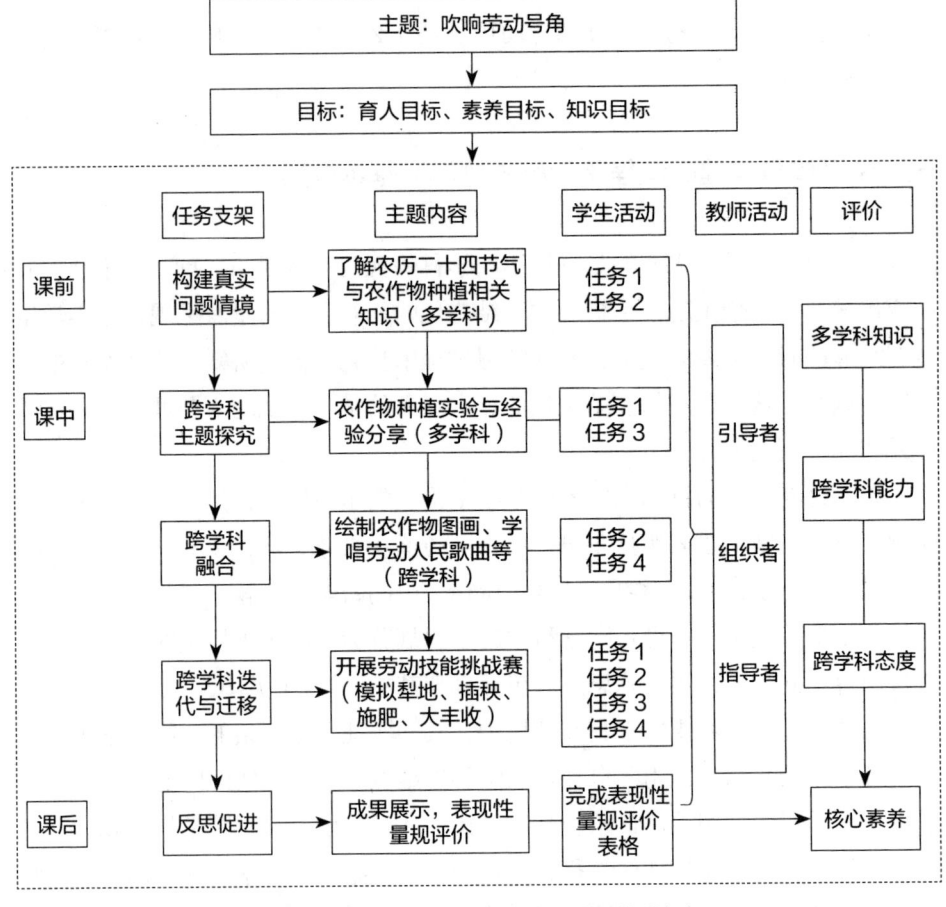

图3 体育与健康课程跨学科主题学习教学框架

四、打造体育与健康课程跨学科主题学习共同体

多学科知识的链接与知识图谱的构建需要各类共同体的协作参与,实现协同育人。体育与健康课程跨学科主题学习共同体既包括跨学科教研共同体、跨学科学习共同体,还包括校内外学习共同体。

一是跨学科教研共同体。体育教师可联合体育教研员、体育课程与教学论专家、其他学科教师共同进行主题研究,从主题制订、问题设置、情境创设、知识关联、方法选取等方面进行深度研讨,让体育教师能够从整体上和细节上把控跨学科主题学习的实施。比如在"定向运动·跟着李白游中国"学习主题中,可以与语文、艺术、历史等学科教师进行深度合作,开展协同教学。

二是跨学科学习共同体。围绕主题学习目标,在学习过程中建立相互协作、合理分工与资源共享的学习共同体,共同完成学习任务,将学习共同体有意义的合作深深根植于跨学科主题学习中。

三是校内外学习共同体。《课标》要求"加强课内教学与课外体育活动的有机结合,以及学校、家庭和社区体育的多元联动"。体育与健康课程中体育项目种类繁多,各地各校资源不尽相同,要充分用好学校所在地区的传统文化、民族特色、地理风貌,将体育与健康课程跨学科主题学习内容与社会、自然、生活相融合,深挖区域资源的育人价值。比如红色资源与传统文化,可将当地历史战役知识与基本运动技能相融合,以更好地创设复杂、真实的情境,实现综合育人。

中编

小学典型课例解析

课例 1

环保小卫士
——基本运动技能跨学科主题学习[1]

本课以《义务教育体育与健康课程标准（2022年版）》的课程理念为依据，围绕核心素养，从多育融合的角度出发，创新性地将基本运动技能教育与劳动教育相融合。通过一系列沉浸式活动，让学生既能发展基本运动技能，又能养成热爱劳动的品质，在富有生活气息的情境中乐享课堂学习。

课例名片

- 年　级：一年级
- 课时数：1
- 学　科：体育与健康、劳动教育

主题分析

本课以"环保小卫士"为主题进行教学设计，旨在让学生了解环卫工人这一职业的辛劳，掌握垃圾分类的相关知识，树立垃圾分类意识，并通过参与劳动练习走、跑、跳、钻、跨、爬等技能动作。另外，通过本课学习，学生能将体育课中所学的知识较好地运用到生活实践当中，做到对垃圾正确分类，并发自内心地对环卫工人表示尊重，能够为保护环境出一份力，同时也为保持良好的校园环境做出自己最大的贡献。

学习目标

知识技能学习目标：以"环保小卫士"为主题，以垃圾分类为载体，学习走、跑、跳、钻、跨、爬等基本运动技能的动作和方法，树立垃圾分类、环境保护、节约资源的良好意识。

---

[1] 本课由浙江省宁波市鄞州区姜山镇茅山小学寿华传老师设计和执教，由浙江省宁波市鄞州区基础教育研究院张朝辉老师点评。

体能素质锻炼目标：通过"环保小卫士"跨学科主题学习，体验环卫工人在各种劳动环境下的辛勤劳作，提升走、跑、跳、钻、跨、爬等运动能力，发展协调、灵敏、平衡、耐力等身体素质。

情感品格培养目标：通过角色扮演及练习，学会在活动中与同学友好相处，养成互帮互助、合作探究的良好品质；感受环卫工人的艰辛，感悟劳动的魅力与光荣，学会尊重他人的劳动成果。

学习规划

本课与劳动教育相融合，通过创设情境，以环卫工人职业体验为主线，以基本运动技能的学练为基础，注重挖掘教学中的德育要素。通过环卫工人职业体验，引导学生沉浸式参与学、练、赛、评，发展学生的身体素质。一开课便让学生体验环卫工人利用不同身体姿势捡取留在赛场上的垃圾，直指本课核心，以激发学生对环卫工人角色扮演的兴趣。通过一系列的比赛推动目标达成：活动一，捡取垃圾，通过这一环节的反复练习，引导学生熟练掌握正确的运动技能，并学会垃圾分类知识；活动二，垃圾分类，这一环节以接力赛形式进行，组织学生灵活运用所学运动技能通过不同的障碍，分类投放垃圾，进一步提升学生的垃圾分类意识，同时培养学生与同伴友好相处、互帮互助、合作探究以及分析问题和解决问题的综合能力。本课设计框架如图1所示。

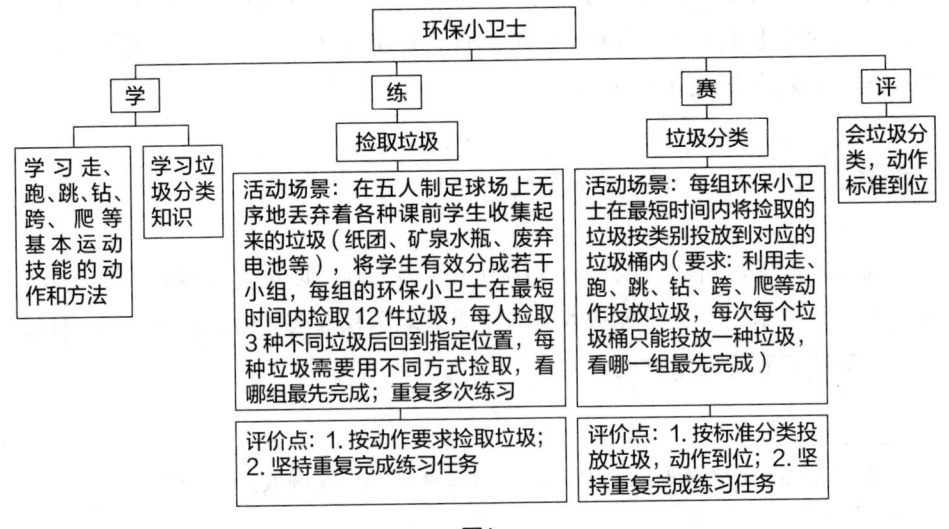

```
                    环保小卫士
        ┌──────────┬──────────┬──────────┐
        学         练         赛         评
                 捡取垃圾    垃圾分类
    ┌────┬────┐
学习走、 学习垃  活动场景：在五   活动场景：每组环  会垃圾分
跑、跳、 圾分类  人制足球场上无   保小卫士在最短时  类，动作
钻、跨、 知识    序地丢弃着各种   间内将捡取的垃圾  标准到位
爬等基           课前学生收集起   按类别投放到对应
本运动           来的垃圾（纸团、 的垃圾桶内（要求：
技能的           矿泉水瓶、废弃   利用走、跑、跳、
动作和           电池等），将学生 钻、跨、爬等动作
方法             有效分成若干小   投放垃圾，每次每
                 组，每组的环保小 个垃圾桶只能投放
                 卫士在最短时间内 一种垃圾，看哪一
                 捡取12件垃圾，每 组最先完成）
                 人捡取3种不同垃
                 圾后回到指定位
                 置，每种垃圾需要
                 用不同方式捡取，
                 看哪组最先完成；
                 重复多次练习

                 评价点：1.按动作  评价点：1.按标准
                 要求捡取垃圾；    分类投放垃圾，动
                 2.坚持重复完成练  作到位；2.坚持重
                 习任务            复完成练习任务
```

图1

教学准备

1. 学习材料

制作环卫工人在炎炎夏日、寒冷冬日里做出各种动作捡取垃圾的视频，准备好上课使用的任务单。

2. 活动器材

四类垃圾桶10组，高低不同的小栏架20个，体操垫10个，垃圾（纸团、矿泉水瓶、废弃电池等）若干。

学习过程

（一）准备部分

1. 情境导入

观看环卫工人在炎炎夏日、寒冷冬日里做出各种动作捡取垃圾的视频，引导学生进入环保小卫士角色体验的状态。

2. 热身活动

教师带领学生在《劳动最光荣》歌曲的伴奏下跳韵律操，活动身体各关节，充分热身；同时引导学生进入角色情境，开启本课的主题学习。

> **小贴士**
>
> 引导学生通过观看视频，了解环卫工人的辛苦付出，引发学生的情感共鸣。热身环节利用音乐烘托课堂气氛，激发学生的练习积极性，为其更好地完成本课任务奠定心理和身体基础。

（二）基本部分

活动一：捡取垃圾

教师布置场地，创设学校足球比赛结束后遗留了大量垃圾的情境。引导学生进入角色，并将学生分成4人小组，共计10个小组，然后教师边讲解、边示范，进行活动一的任务说明。

> **任务说明**
> 每个学生捡取垃圾的任务要求：以矮个子走的方式捡取纸团；以爬的方式捡取矿泉水瓶；通过双脚跳的方式捡取废弃电池；每人每次捡取一种垃圾，不能多捡，也不能重复，捡取3种垃圾后回到指定位置，以4人小组为单位计算时间，用时少的小组获胜。

1. 组织

师：将学生分成10个小组，每个小组4名学生，组织学生按顺序依次捡取垃圾。

生：4人小组前后一路纵队站立，听到指令后按顺序一个一个以接力形式出发，每人捡取3次，每次捡取一种垃圾后按捡取垃圾时的规定动作返回，与第二个同学击掌后，第二个同学出发，以此类推。捡取过程中不碰撞、不争抢。

2. 评价

清理完所有垃圾，完成任务单，在捡取垃圾过程中动作标准，不得争抢。

3. 队形

"捡取垃圾"活动的队形组织见图2。

图2

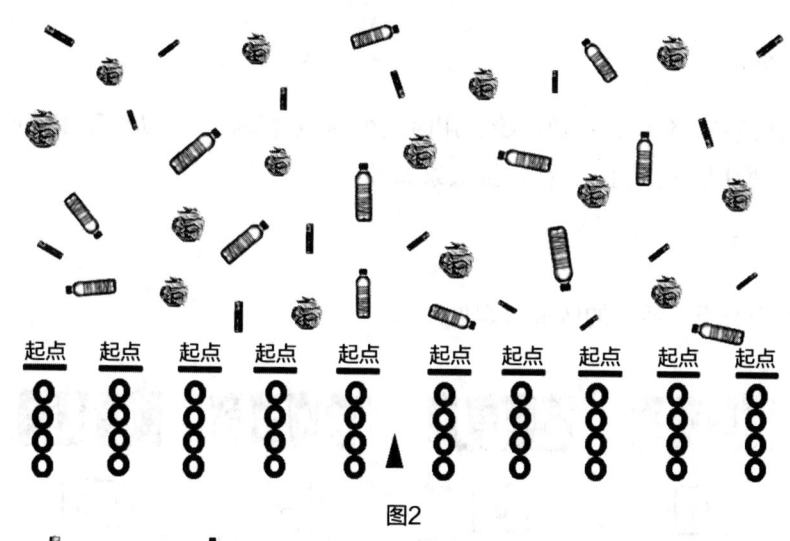

注：▮表示废弃电池，🥤表示废弃矿泉水瓶，🪨表示纸团，◎表示学生，▲表示老师。

活动二：垃圾分类

教师创设"环保小卫士"体验情境，引导学生学习环卫工人不怕脏、不怕苦、不怕累的精神，养成吃苦耐劳的品质，树立环保意识，学会垃圾分类投放，成为一个节能减排小能手。教师带领学生复习垃圾分类知识，并组织学生讨论、设计可采用爬、跨、钻等各种组合动作过障碍的游戏活动。在组织学生通过参与自行设计的游戏活动来进行爬、跨、钻等动作的练习时，要求学生：爬时手膝着地前行；跨时蹬地有力，动作协调；钻时低头弯腰，屈膝，前移重心。

1. 组织

师：将学生随机分成10个小组，每个小组4名学生，并将垃圾平均分配给每组，讲解比赛要求后组织学生进行障碍接力。

生：4人小组前后一路纵队站立，听到指令后按顺序一个一个手拿一种垃圾以接力形式从起点出发，爬过体操垫、跨过低栏架、钻过高栏架后将垃圾分门别类投放至垃圾桶，投放形式自主选择，投放完毕后从左侧直线返回，与第二个同学击掌后，第二个同学出发，以此类推。（接力赛可反复进行，障碍也可以根据各组需求自行调整顺序。）

2. 评价

动作流畅、到位，投放准确，用时最少的小组获胜，如动作不规范或投放错误则在所用总时间上加5秒，按次累加。

3. 队形

"垃圾分类"活动的队形组织见图3。

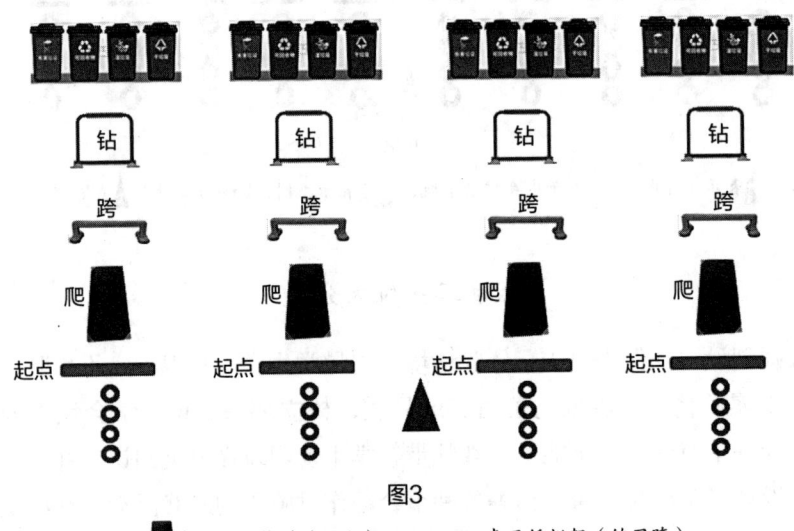

图3

注：▬表示体操垫（练习爬），⊓表示低栏架（练习跨），⊓表示高栏架（练习钻），🗑表示四类垃圾桶，●表示学生，▲表示老师。

（三）结束部分

1. 拉伸放松

播放歌曲《低碳贝贝》，教师带领学生跟随音乐节奏进行身体各个部位的拉伸，放松身心。

2. 小结

引导学生感悟环卫工人的艰辛，爱惜他们的劳动成果，珍惜现在的幸福生活，认真学习，积极锻炼，热爱劳动，共同创造美好的校园环境。

课例点评

该课以"环保小卫士"为主题，以核心素养为导向，充分发挥了体育与健康课程的育人功能，将基本运动技能教育与劳动教育相融合，教学内容合理、精准，打破了学科之间的壁垒。将体育与健康课程和现实情境有效融合，以完成任务、解决问题为途径，让学生在课堂教学中潜移默化地掌握了体育基本运动技能及相应的垃圾分类知识。在团队比赛中，学生采取自主学习、合作学习等多样化的学习方式，将合作学练与个人学练有机结合。与此同时，教师关注个体差异，对学生的实时评价紧贴生活核心，评价形式丰富多彩，使"学、练、赛、评"贯穿课堂教学，将"教会、勤练、常赛"落实、落细。

此外，该课在场地布置方面可以继续优化，通过器材的更换，创设不同的环卫情境，丰富学生的角色体验，从而激发学生的学习兴趣，进一步提升学生的环卫意识及对爬、跨、钻等基本运动技能的熟练度。另外，小组之间的有效合作大大促进了学生之间的情感交流，使学生形成了互帮互助、相互成就的精神品质。

课例 2

动物大冒险
——基本运动技能跨学科主题学习[1]

本课以《义务教育体育与健康课程标准（2022年版）》的课程理念为依据，以发展学生核心素养，培养学生正确的价值观、必备的体育品格以及关键能力为目标，将体育与健康和科学学科进行融合，借鉴科学课程中学习的不同动物的身体活动，形象地展现滚翻与滚动动作，使学生直观地了解动作要点，学会在合作探究中完成对动作的学习，掌握不同支撑点（面）、不同姿势下的滚翻与滚动动作。在练习过程中巩固科学小知识，树立爱护动物、保护生态环境的意识。

课例名片

年　级：一年级
课时数：1
学　科：体育与健康、科学

主题分析

随着课程改革的进一步深化，跨学科学习进入学科学习视野。本课围绕跨学科主题"人与自然和谐美"（水平一）进行活动设计，选择一年级科学下册《校园里的动物》为跨学科内容，在教学安排上和体育与健康课程中的平衡、滚翻等动作学习相融合，一方面让学生巩固科学课中学习的各种动物身体活动的相关知识，另一方面也让学生更加直观地了解滚翻动作要求，建立正确的动作概念，体验身体平衡的感觉。本课的学习旨在培养学生灵活运用所学知识，善于观察动物的身体活动要点，并尝试将其运用到体育与健康课程学习中的能力。在引导学生学习滚翻基本运动技能、锻炼平衡能力的同时，对学生进行爱护动物、保护生态环境的生命教育。

---

[1] 本课由浙江省宁波市鄞州区塘溪镇第二中心小学高红梅老师设计和执教，由浙江省宁波市鄞州区教育学院张朝辉老师点评。

学习目标

　　知识技能学习目标：认识三种以上动物的身体活动方式，能说出两种平衡动作的名称和一种滚翻动作的名称，并能用自己的话讲述动作要点，掌握两种平衡动作和一种滚翻动作。

　　体能素质锻炼目标：通过了解动物在不同情境下的身体状态，发展协调、平衡、力量等身体素质。

　　情感品格培养目标：通过角色扮演及练习，学会在活动中与同学友好相处，形成互帮互助、合作探究的良好品质，树立爱护动物、保护生态环境的意识。

学习规划

　　本课将体育与健康和科学学科进行融合，通过创设情境、趣味导入，以学生扮演校园里的各种动物的形式开展活动，引导学生沉浸式参与学、练、赛、评，发展学生的身体素质。一开课便抛出核心问题："各种动物在不同的情境下是如何保持身体活动的?"直指课题核心，以激发学生的学练兴趣。热身环节，让学生在音乐伴奏下通过听哨音模仿毛毛虫爬行、滚翻来调动学生的学习兴趣。基本部分从"动物大探秘"导入，引导学生观察各种动物在不同情况下的身体活动姿态并进行模仿；通过"动物大冒险"活动，模仿不同动物的身体平衡和滚翻动作，积极进行平衡、滚翻等动作的组合学练。引导学生通过动物角色体验，提高基本运动技能水平，促进体能发展；增强爱护动物、保护生态环境的意识，建立尊重生命的价值观，争做生态小标兵；提高自主学习能力，培养与同伴友好相处、互帮互助、合作探究以及分析问题和解决问题的综合能力。本课设计框架如图1所示。

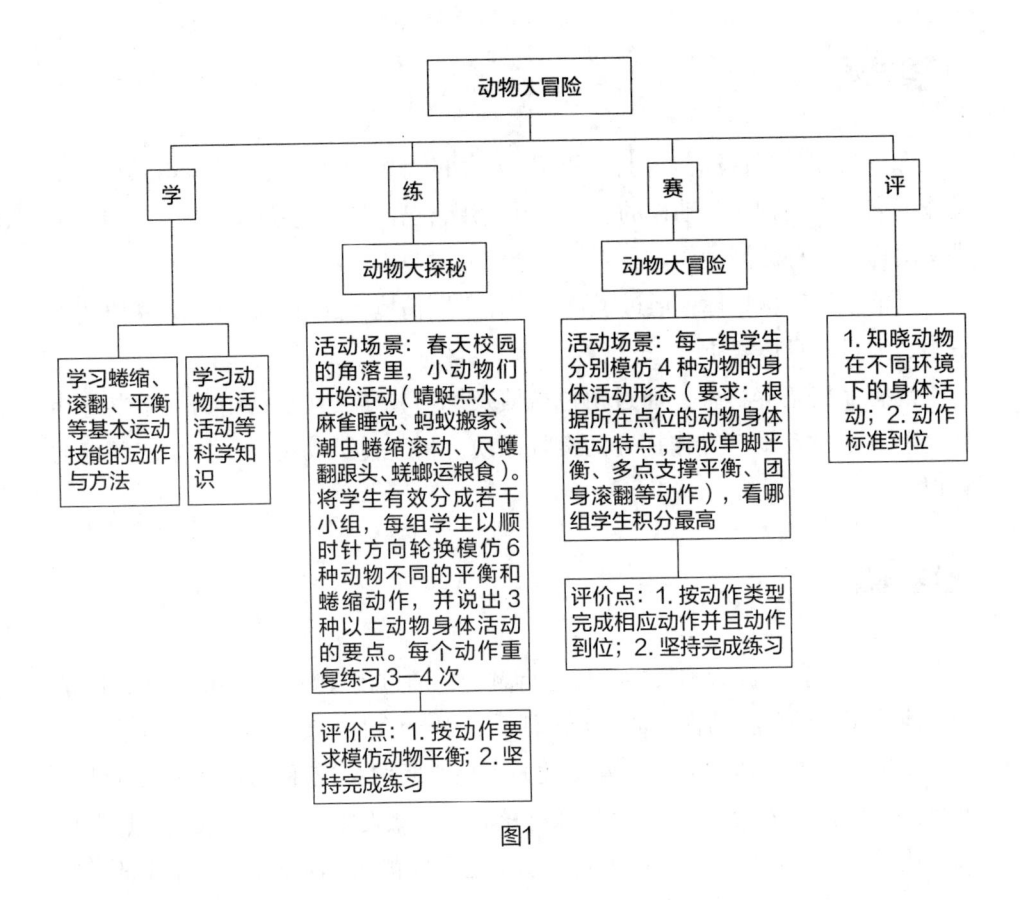

动物大冒险

```
                        动物大冒险
           ┌───────────┬─────────┬──────────┐
           学          练         赛          评
                    动物大探秘   动物大冒险
```

学：学习蜷缩、滚翻、平衡等基本运动技能的动作与方法；学习动物生活、活动等科学知识。

练 — 动物大探秘
活动场景：春天校园的角落里，小动物们开始活动（蜻蜓点水、麻雀睡觉、蚂蚁搬家、潮虫蜷缩滚动、尺蠖翻跟头、蜣螂运粮食）。将学生有效分成若干小组，每组学生以顺时针方向轮换模仿6种动物不同的平衡和蜷缩动作，并说出3种以上动物身体活动的要点。每个动作重复练习3—4次。

评价点：1. 按动作要求模仿动物平衡；2. 坚持完成练习。

赛 — 动物大冒险
活动场景：每一组学生分别模仿4种动物的身体活动形态（要求：根据所在点位的动物身体活动特点，完成单脚平衡、多点支撑平衡、团身滚翻等动作），看哪组学生积分最高。

评价点：1. 按动作类型完成相应动作并且动作到位；2. 坚持完成练习。

评：1. 知晓动物在不同环境下的身体活动；2. 动作标准到位。

图1

教学准备

1. 学习材料

①收集校园里各种动物的相关资料（动物外形、遇险时的身体活动、保持平衡的方法等）。

②收集动物身体活动方法（蜷缩、展翅平衡、单脚站立等）。

2. 活动器材

小垫子，瑜伽球，塑料圈若干。

学习过程

（一）准备部分

1. 情境导入

春天来了，各种动物在花丛中、草丛中、土壤里进行活动，如蜻蜓点水、麻雀睡觉、蚂蚁搬家、潮虫蜷缩滚动、尺蠖翻跟头、蜣螂运粮食等。观看视频，观察麻雀、潮虫等动物在不同情况下身体活动的状态。

2. 热身活动

教师带领学生在《翻滚吧！毛毛虫》歌曲的伴奏下跳韵律操，活动身体各关节，充分热身。同时引导学生进入角色情境，开启本课的主题学习。

（二）基本部分

任务一：动物大探秘

教师语言导入："操场上，一幅春天生机勃勃的景象：蜻蜓点水、麻雀睡觉、蚂蚁搬家、潮虫蜷缩滚动、尺蠖翻跟头、蜣螂运粮食等。让我们一起观察和学习这些小动物的动作。请同学们以7人为一组分成6个小组，在小组长的带领下细读课前下发的任务单。"

任务单

要求：找到目标后，仔细研究动物活动时的身体状态，进行模仿动物身体平衡和滚翻的练习。顺时针轮换，各个动作进行3—4次的模仿练习。

动作范畴	动作名称	动作要求
平衡	蜻蜓点水	俯卧于瑜伽球上，双臂侧平举，双脚点地，有节奏地抬上体
	麻雀睡觉	闭眼单脚站立并保持平衡
	蚂蚁搬家	四点支撑保持平衡
滚翻	潮虫蜷缩滚动	团紧身体，向前滚动
	尺蠖翻跟头	直腿前滚
	蜣螂运粮食	一人直体，一人双手翻动同伴

1. 组织

师：将学生分成6个小组，7人一组，分发任务单。

生：听到教师指令后以小组为单位，寻找分散在足球场上的"动物"，研究动物身体活动的方法，以小组为单位进行3—4次的模仿练习，完成一个模仿任务后以顺时针方向轮换至下一个"动物"位置继续模仿，直至完成6个动作后回到小组打分。

2. 评价

模仿完成6个平衡、滚翻动作，完成任务单练习，要求在"动物大探秘"过程中动作标准、注意自我保护。了解6种动物的运动方式，说出3种以上动物的身体活动要点。

3. 活动路线

"动物大探秘"活动路线见图2。

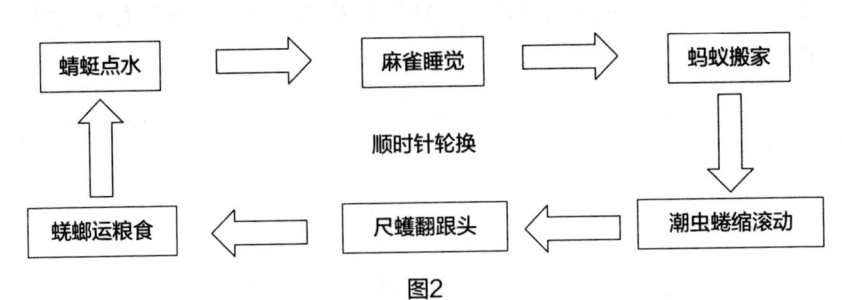

蜻蜓点水 → 麻雀睡觉 → 蚂蚁搬家

顺时针轮换

蜣螂运粮食 ← 尺蠖翻跟头 ← 潮虫蜷缩滚动

图2

任务二：动物大冒险

教师语言导入："我们在任务一中了解了各种动物在不同情况下身体活动的状态，我们要学习动物自我保护的做法，树立爱护动物、保护生态环境的意识。让我们一起复习一年级科学《校园里的动物》里讲到的动物形态、身体活动等知识，并积极讨论、模仿动物的平衡、滚翻等动作，参与练习这些动作的过障碍游戏。例如，'麻雀睡觉'——闭眼单脚站立并保持平衡5秒；'潮虫滚翻'——团身前滚翻1次；'蜣螂运粮'——仰卧，双脚置于瑜伽球上，一屈一伸推动球6次；'蜻蜓点水'——俯卧于瑜伽球上，双臂侧平举，双脚点地，有节奏地抬上体5次。"要求学生在进行平衡练习时做到重心稳定、身体平稳，滚翻时滚动顺畅、动作协调。

积分表

关卡名称	动作要求	积分
麻雀睡觉	闭眼单脚站立并保持平衡	重心稳定，脚不落地，加1分
潮虫滚翻	团紧身体，向前滚动	团身紧加1分，滚动圆滑加1分
蜣螂运粮	仰卧，双脚置于瑜伽球上，一屈一伸推动球	脚不落地加1分，挺髋加1分
蜻蜓点水	俯卧于瑜伽球上，双臂侧平举，双脚点地，有节奏地抬上体	重心稳定加1分，双手侧平举加1分

1. 组织

师：将学生分为7人一组的小组，将任务一所学的动作进行串联，引导学生按照小组依次练习。

生：听到指令后以积分的方式在自己组内进行练习，全部练习完毕后完成任务。

2. 评价

动作流畅、到位，动作模仿准确，得分最高的小组获胜。

3. 活动路线

"动物大冒险"活动路线见图3。

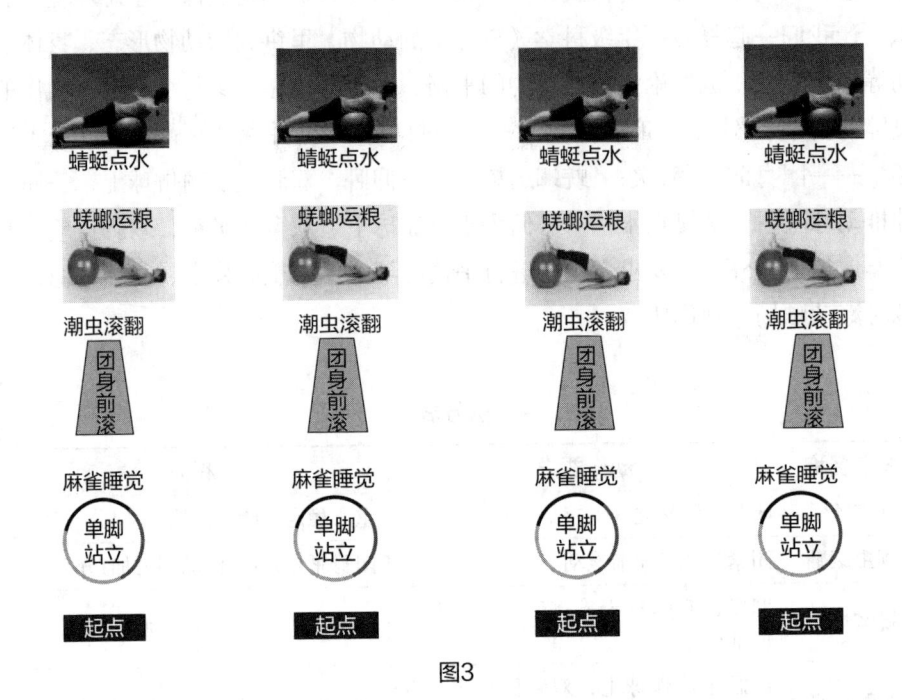

图3

(三) 结束部分

1. 拉伸放松

播放歌曲《虫儿飞》,教师带领学生跟随音乐节奏进行各部位拉伸,放松身心。

2. 小结与作业

引导学生总结各种动物在不同情况下的身体活动,鼓励学生结合自身状况探究相关的基本运动技能,认真思考,积极锻炼,进一步提升身体的控制能力和自我保护意识;同时,帮助学生树立爱护动物、保护生态环境的意识。

> **拓展作业**
> 1. 直体滚翻，每组6次，完成3组。
> 2. 单脚支撑并保持平衡，每组20秒，完成3组。

课例点评

该课以发展学生核心素养为导向，坚持"健康第一"的教育理念，充分落实体育与健康学科的育人功能，贴合学生的生活需求，将基本运动技能与自然科学相融合，注重未来发展中人类与自然环境和谐关系的建立。教师通过寻求学科之间的内在联系，破除学科界限，设置合情合理的动物活动的现实情境，提升学生的学练积极性，以探究模仿、任务驱动为手段，让学生在课堂学练中潜移默化地掌握体育基本运动技能并复习巩固相应的自然科学知识。该课充分体现了教学组织形式小组化，让学生以小组为单位，以任务单为目标，进行自主学习、探究学习，以"动物大冒险"为情境设计课堂的"学、练、赛、评"，积极打造学生喜欢的"乐、动、会"幸福课堂。

此外，该课在组合游戏环节可以根据学生能力的具体情况进行优化。通过组合动作的选择、连接顺序的变换，让运动更加顺畅，进而有效提升学生不同身体姿态下的平衡能力及不同形式滚翻的能力。小组内组合练习的变化，也会促进学生观察能力以及创新能力的大幅度提升。

总之，该课帮助学生建立了人与自然要和谐共处、要保护生态环境的意识，体现了跨学科主题学习的意义和价值。

课例 3

小小特种兵
——移动性技能跨学科主题学习[1]

本课以《义务教育体育与健康课程标准（2022年版）》的课程理念为依据，在核心素养的导向下，坚持"健康第一"的教育理念，以学生为本，融合国防教育、数学、艺术等学科，横向深度挖掘学科综合育人的价值和功能，协同促进学生全面发展。本课以"小小特种兵"为主题，创设演练情境及闯关活动，以目标为导向抛出核心问题，用探究式教学方式，启发学生深度思考，主动参与练习，熟练掌握各项动作技能，同时引导学生将已有的知识与技能进行迁移运用，解决模拟情景中的真实问题，在润物细无声中培养爱国主义情怀及保家卫国的责任担当意识。

> **课例名片**
>
> 年　级：一年级
> 课时数：1
> 学　科：体育与健康、
> 　　　　国防教育、数学、艺术

主题分析

本课是以小学一年级滚翻、跳跃、爬行内容为主的移动性技能教学，同时结合国防教育中特种兵的演练活动进行设计。通过前置任务单、视频、图片等学习资源的使用，引导学生了解特种兵，激发学生的爱国主义信念和成为一名优秀小小特种兵的欲望。通过"隐蔽保护——勤学善练——集结弹药——炸毁营地——庆祝胜利"等闯关游戏活动，引导学生沉浸式参与"学、练、赛、评"，发展学生的身体素质，提高平衡协调能力、敏捷反应能力，刺激前庭和触觉，提高注意力；在闯关过程中培养学生遵守规则、团结协作、积极进取的体育精神。

---

[1] 本课由四川省成都市成华区教育科学研究院尹玉华老师设计，由四川省成都市天府新区教育科学研究院范书清老师、肖遥老师指导，由四川省成都市天府新区天府第七中学小学部冯庆老师执教，由中国教育科学研究院体育美育教育研究所副所长于素梅老师点评。

学习目标

知识技能学习目标：通过前置任务单，了解每年的4月15日为全民国家安全教育日，了解中国的兵种，知道成为一名优秀的特种兵应具备的品质和能力。

体能素质锻炼目标：通过"学、练、赛、评"，充分掌握平衡、低姿匍匐、直体侧滚翻、单脚交替跳等动作要领，发展耐力、平衡、协调、灵敏等身体素质。

情感品格培养目标：主动参与各项任务，提升在突发情境下快速反应、交流合作、解决问题的能力，实现对动作美的探究与追求；在特种兵身份的感染下，弘扬爱国主义精神，树立责任担当意识，形成团结协作、挑战自我、积极进取、遵守规则的体育品德。

学习规划

本课将体育与健康和多学科进行融合，创设情境，以国防教育中特种兵的演练活动为主线，通过设置闯关游戏，引导学生沉浸式参与"学、练、赛、评"，发展学生的身体素质。一开课便抛出探究问题"如何才能成为一名优秀的小小特种兵？"直指课程核心，以激发学生对小小特种兵角色扮演的兴趣。通过演练闯关等游戏活动，推动目标达成。第一关，隐蔽保护。在慢跑拉练途中当学生听到敌机声音时要迅速隐蔽，自我保护，不要被敌人发现，调动学生参与的积极性。第二关，勤学善练。引导学生熟练掌握正确的运动技能，学会欣赏动作之美。第三关，集结弹药。通过创意设计作战路线，完成弹药集结。第四关，炸毁营地。通过任务驱动，综合运用标识、暗号、时钟方位等，分工协作完成战斗堡垒的搭建，并准确炸毁敌人营地。第五关，庆祝胜利。在音乐《祖国有我》的歌声中一起庆祝闯关胜利，激发爱国热情和不怕苦、不怕累、勇于担当的责任意识，共筑强国梦。本课设计框架如图1所示。

```
                          小小特种兵
        ┌──────────────┬─────────┴─────┬──────────────┐
        学              练              赛              评
    ┌───┴───┐      ┌───┴───┐      ┌────┼────┐          │
  走进    隐蔽    勤学    展示    创意  运输  炸毁
  特种兵  保护    善练  动作美  搭建  弹药  营地
```

走进特种兵，了解全民国家安全教育日，了解中国的兵种，知道做一名优秀的特种兵应具备的品质和能力，学会以军人的高标准严格要求自己	在热身音乐中听到敌机声立刻卧倒，保持安静，不被敌人发现，保护好自己	创设情境，引导学生复习4个特种兵会用到的运动技能：平衡——过独木桥；单脚交替跳——穿越雷区；低姿匍匐——穿越火线；直体侧滚翻——交替掩护	每个小组推荐4名同学展示一项运动技能，并总结动作要领	创设情境：接到一个穿过敌人封锁线，潜入敌人营地，运回弹药的任务，作战路线需要自己设计（搭建）	比一比哪个小组运回的弹药最多	创设情境：我方侦察机发现周围有多个敌人营地，请将其炸毁，消灭敌人
树立国家安全人人有责的观念和责任担当意识		理解军人的品质：令行禁止、严于律己	融合艺术学科的审美，引导学生学会欣赏、乐于展示动作之美	深度思考搭建的合理性，在此过程中学会团结协作	体验在真实情境中如何运用所学知识和技能	综合运用多学科知识，以时钟方位、标识等确定作战方位，连接下一个知识技能的学习

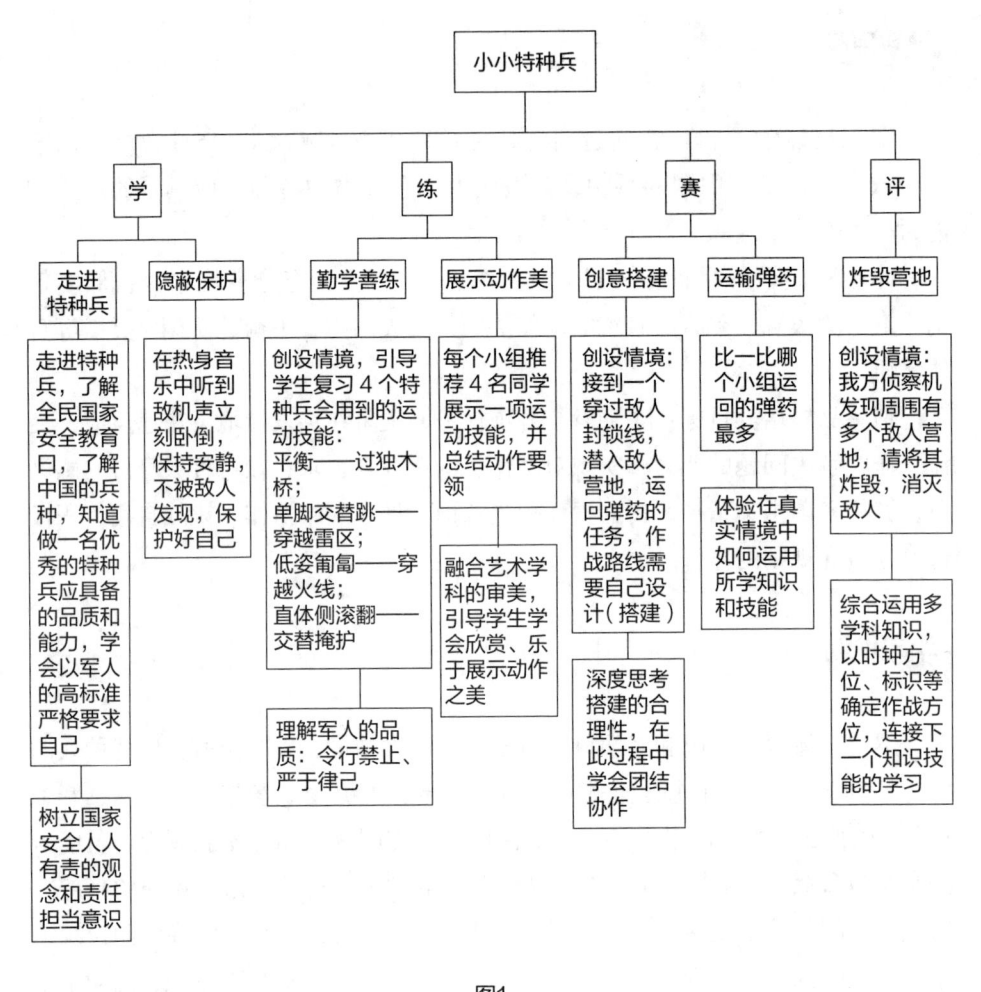

图1

教学准备

1. 学习材料

前置任务单，教学课件，音乐，视频。

2. 活动器材

数字垫16个，小体操垫12个，平衡木12块，敏捷圈4个，带孔标志桶24个，标志杆12根，音箱1个，自制"弹药"每人4—8个。

学习过程

（一）准备部分

1. 情境导入：走近特种兵

以4月15日全民国家安全教育日的话题导入，创设情境，引导学生了解特种兵，同时抛出探究问题："如何才能成为一名优秀的小小特种兵？"

学生依据前置任务单所收集的资料，自愿举手回答。例如，一名优秀的特种兵要一切行动听指挥，严于律己，刻苦锻炼，掌握特殊技能，懂得辨别方位等。

前置任务单

想一想：

1. 我国的全民国家安全教育日是：____月____日。
2. 你知道我国有哪些兵种吗？
3. 一名优秀的特种兵具备哪些技能和品质？
4. 如何练习本领才能成为一名优秀的小小特种兵？

引导学生跟随视频了解中国特种兵的更多内容。教师点评后追问：你们想不想成为一名优秀的特种兵？

2. 热身活动：第一关，隐蔽保护

情境创设：拉练过程中，当听到敌机声时立刻卧倒隐蔽，保持安静，保护好自己，做到上述几点后才能通关。

带领学生呈一路纵队绕篮球场慢跑热身，当背景音乐出现敌机声时，教师语言提示学生卧倒，保持安静，保护好自己，躲避敌人。

3. 队形

热身活动队形组织见图2。

图2

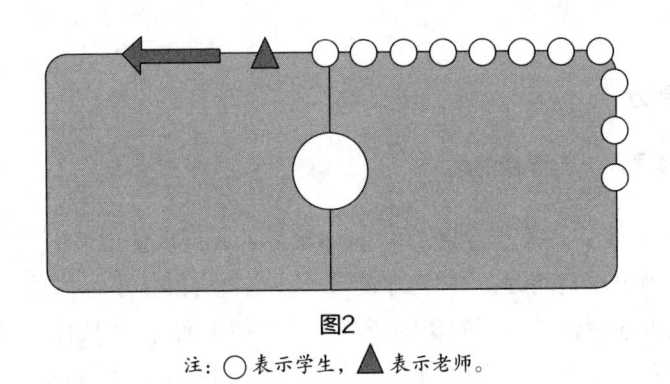

注：○表示学生，▲表示老师。

（二）基本部分

活动一：第二关，勤学善练

问题1：哪些我们学过的技能特种兵会用到呢？

引导学生思考，将学过的技术动作与生活链接。创设情境，带领学生来到特种兵训练场。

动作要领

低姿匍匐：肚子贴地，头抬起，手脚交替向前爬行。

走平衡木：双手打开，后脚尖对齐前脚跟。

直体侧滚翻：直臂，肩和髋同时向滚动方向用力移重心。

单脚交替跳：左右脚交替跳。

---

1. 组织

师：全班分成4个大组，每个大组使用一个训练场地，每个训练场地有一种训练器材，每个大组被分为4个小组，2—3人一小组进行练习。

生：依次进入相应场地，小组每个人练习5—6次后，大组逆时针交换场地练习。

2. 评价

小组成员相互学习评价。每个大组推荐4个代表进行展示，告诉大家高质量完成动作的秘诀。观察同学做出的动作是否完整、规范、协调、连贯，动作要领是否描述准确。

3. 场地

学练场地见图3。

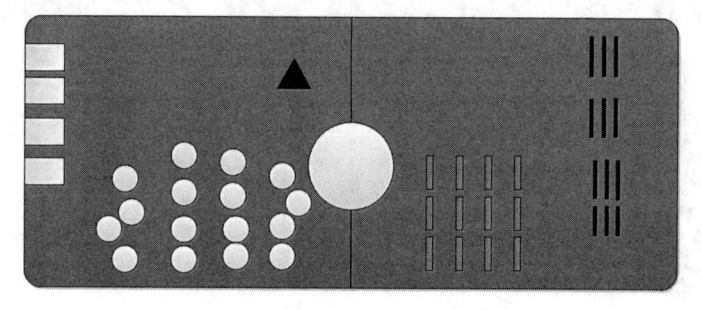

图3

注：▭表示体操垫（练习直体侧滚翻），▮表示带杆标志桶（练习低姿匍匐），〇表示数字垫（练习单脚交替跳），▮表示平衡木（练习平衡）。

活动二：第三关，集结弹药

问题2：怎样合理运用所学技能设计一条作战路线？

情境创设：刚接到紧急任务，需要我们穿过敌人的封锁线，潜入敌人的营地，尽可能多地运回弹药。途中需要我们相互协作穿越火线、过独木桥、交替掩护、穿越雷区。

1. 组织

师：通过大屏幕出示作战路线图的设计方案图例和注意事项，启发学生设计出适合自己小组的作战路线，将学生平均分成4组。

生：小组长带领组员找到作战路线的起点位置（T形标志），分工合作，以小组为单位通过自己的作战路线成功运回弹药。

2. 评价

在规定时间内，看哪个小组的动作最快、设计最合理；在规定时间内，看哪个小组运回的弹药最多。

3. 场地

小组搭建的作战路线见图4。

图4

注：▭表示体操垫（练习直体侧滚翻），▮表示带杆标志桶（练习低姿匍匐），
○表示数字垫（练习单脚交替跳），▌表示平衡木（练习平衡）。

活动三：第四关，炸毁营地

情境创设：前方侦察机发现附近有多个敌人营地，请各小组做好战斗准备，将其全部炸毁。

1. 组织

师：将学生分成较为均衡的小组。

生：各小组长带领组员找到战斗堡垒搭建的位置，小组分工合作，搬运材料至大三角形标识处，创意搭建战斗堡垒。教师出示时钟，以时钟3点钟方向、6点钟方向、12点钟方向指挥作战位置。

2. 评价

在规定的时间比哪一组搭建最快，比哪一组的战斗堡垒最漂亮、最实用，最后比哪一组投弹准确率最高。

3. 场地

战斗堡垒搭建位置见图5。

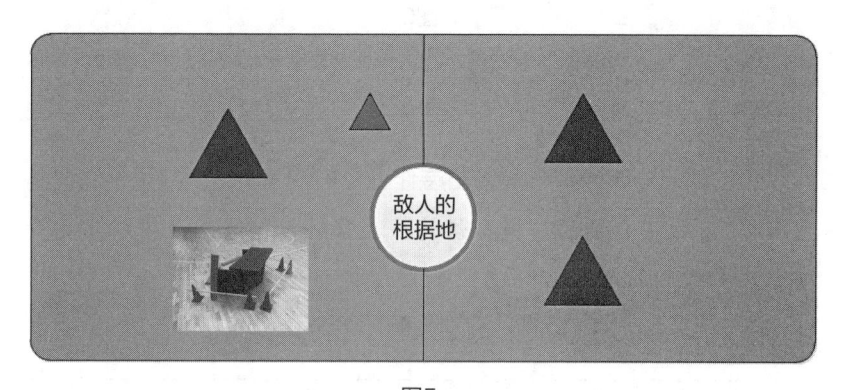

图5

注：中间圆圈的位置为敌人的根据地，大三角形位置为战斗堡垒搭建位置。

（三）结束部分

1. 拉伸放松：第五关，庆祝胜利

吹响胜利的号角，播放歌曲《祖国有我》，教师带领学生跟随音乐节奏进行身体各部位拉伸，放松身心。

2. 小结与作业

①队形：呈散点状，如图6所示。
②体会：谈谈收获，知识与知识之间的联系，与生活的连接。
③讨论：问题3——如何掌握更多的技能为国家安全做贡献？
引导学生要有责任担当，使其感受认真学习知识技能的力量，体会坚持不懈、顽强拼搏、团结协作的体育精神。

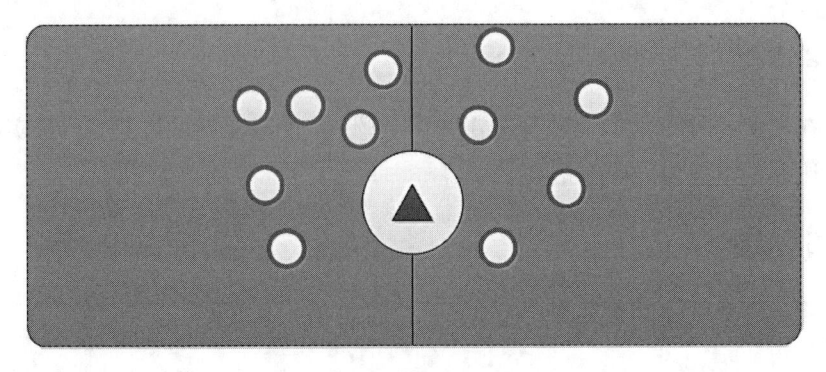

图6

注：◯表示学生，▲表示老师。

拓展作业

1. 请你用自制的"模拟弹药"在家练习掷远，并用脚步测量你最远的投掷距离。

2. 每日至少练习3组，每组3次：3组×3次。

课例点评

该课以移动性技能中的平衡、跳跃、滚翻、低姿爬行为主要内容，通过体育与健康和国防教育、数学、艺术等学科融合的跨学科主题学习，创设小小特种兵演练闯关活动情境，形式特别好，融合自然，整体设计符合当前新课程改革的总体要求。教学设计以学生发展为中心，通过"如何才能成为一名优秀的小小特种兵？"这一核心问题驱动学生融入角色，引导学生积极参与课堂教学，在"学、练、赛"中令行禁止、克服困难、积极进取，充分展现了小小特种兵的精气神，在与国防教育的融合中，学生深度体验到军人所必备的品格、能力和行动方法。通过子问题串为学生搭建脚手架，引导学生运用已有知识技能解决情境演练中遇到的设计作战路线、搭建战斗堡垒、寻找标识和辨别方位等真实问题，很好地培养了跨学科思维；通过闯关活动，体验不同的锻炼方式，有效激发了学习兴趣。整堂课学生参与度非常高，能看到学生总是快乐地奔向各个环节，主动参与、积极思考、团结协作，能够感受到学生在课堂上的快乐，有幸福体育的味道。

课例 4

烈焰救援
——基本运动技能跨学科主题学习[1]

本课以《义务教育体育与健康课程标准（2022年版）》的课程理念为依据，以培养学生核心素养为目标，融入国防教育，横向深度挖掘学科综合育人的价值和功能，协同促进学生全面发展。通过创建国防教育主题的学习情境实现跨学科融合，同时将健康教育理论知识融入课堂实践中，落实"教会、勤练、常赛"的要求，构建"学、练、赛、评"一体化的课程体系，引导学生熟练掌握各项运动技能，同时将已有的消防安全知识、消防基本技能、运动安全知识等知识与技能进行迁移运用，提升学生运用科学知识和方法解决体育与健康实际问题的综合能力，培养学生相互帮助、不怕困难的品质，引导学生养成安全运动的习惯。

课例名片

- 年　级：二年级
- 课时数：1
- 学　科：体育与健康、国防教育

主题分析

本课以基本运动技能为主要学习内容，将基本运动技能与国防教育相融合，改变单一的基本运动技能教学模式，创设"烈焰救援"情境，引导学生在实践中学习健康知识，发展基本运动能力。在课程设计中，以任务为驱动，设置了结构化救援任务，通过视频、图片等方式引导学生了解消防基本知识，通过"出警—火眼金睛—阻断火源—紧急救援—队伍休整"等任务挑战活动，引导学生形成健康与安全的意识，促进学生更好地在生活中应用相关知识和技能。在任务挑战过程中激发学生的共情心理，让他们了解到生命的珍贵，树立珍爱生命的意识。

---

[1] 本课由安徽省合肥市翡翠学校罗洪老师、陈龙老师设计，由罗洪老师执教，由安徽省合肥经开实验学校张纪胜老师、安徽省合肥市一六八新桥学校余宏武老师点评。

学习目标

知识技能学习目标：知道消防救援知识与应用方法，能够完成匀速跑、跨越障碍、爬行、直体滚动等基本运动技能动作和方法，掌握相互配合的方法，学会安全地进行运动。

体能素质锻炼目标：通过基本运动技能的练习增加上下肢力量，提高身体灵敏性和协调能力。

情感品格培养目标：乐于参与运动，形成遵守规则、团结协作、不怕困难、勇于挑战等优良品质。

学习规划

本课与国防教育相结合，融入消防安全知识，以常见的火灾救援为背景，创设"烈焰救援"情境，引导学生参与"学、练、赛、评"，发展身体素质。播放消防战士救援的神圣场面，激发学生对小小特种兵角色扮演的兴趣；通过救援挑战、救援任务推动目标达成：环节一，出警，热身活动，下达动作口令，指导学生根据语音提示完成相应动作，培养学生一切行动听指挥的作战意识；环节二，火眼金睛，引导学生体验通过蚂蚁爬、快速跑、跨越障碍和直体滚动清理不同类型的物品，准确辨别可燃物，在情境中理解消防知识，了解活动中躲避也是自我保护的一种方式；环节三，阻断火源，综合运用跨、跑、滚动、爬行等基本运动技能分工协作完成隔离带的搭建，认识到做出正确的动作也是自我保护的方式；环节四，紧急救援，两人协作，利用救援用具，完成救援任务，在此过程中学会与他人相处、相互配合以及安全行动；环节五，队伍休整，在《消防安全歌》的歌声中，教师带领学生进行队伍休整，庆祝救援胜利，引导学生树立生命安全意识，同时培养学生坚持到底、团结协助的精神。本课设计框架如图1所示。

```
                        烈焰救援
         ┌──────────┬─────────┬──────────┐
         学          练         赛          评
```

学习躲避、滚动等自我保护的方法，形成珍爱生命的意识	学习爬行、跑、跨等基本运动技能的动作和方法	火眼金睛 创设"清理可燃物"体验情境。引导学生认识可燃物，并在实战中正确辨别，引导学生快速跑时注意躲避，安全行动	阻断火源 创设"建立隔离带"体验情境。火灾的蔓延速度很快，小小消防员需要想办法阻止火焰的蔓延，跨越障碍、躲避危险、抱物跑，合作完成隔离带的搭建，学会与同伴友好相处	紧急救援 创设"救援被困人员"的体验情境。小小消防员需要营救被困人员，体验两人合作移动的动作方法，知道在活动中与同伴友爱互助。提示学生完成装备检查，知道安全运动包括检查器械，避免受伤	爬行、跑、跨、滚动等基本运动技能动作正确以及知晓安全运动的方法
		评价点：1.按照动作要求清理可燃物；2.可燃物辨别正确	评价点：动作正确，能够合作完成隔离带的搭建	评价点：能与他人友好相处，匀速行走过程中，两人速度一致，配合默契	

图1

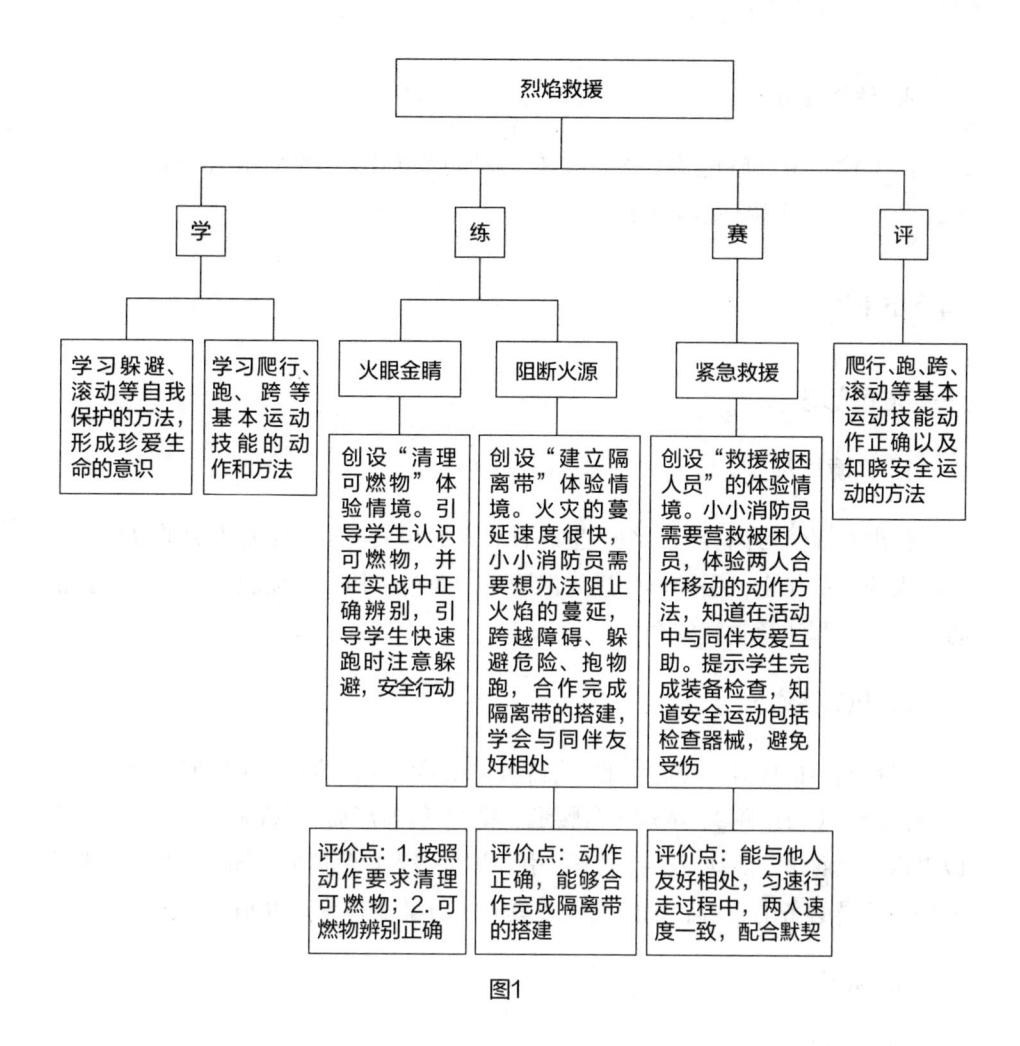

教学准备

1. 布置任务

任务一：观看视频，了解消防员应该具备的基本技能——负重跑、攀爬、滚动以及简单的合作战术，了解消防救援基本知识——清除可燃物、建立隔离带、开展救援行动。

任务二：收集物品（塑料类、金属类、纸质类等）。

2. 活动器材

标志桶24个，呼啦圈12个，带有多种可燃物图片的A4纸若干张，口哨1个，音箱1个，多媒体屏幕1块。

学习过程

（一）准备部分

1. 情境导入

提出本课学习内容，组织学生观看火灾的相关视频，了解大火的蔓延会造成巨大的人员伤亡，引导学生进入消防员的角色，体验消防救援工作，模拟消防演习，提醒注意救援安全。

2. 热身活动

警铃响后播放音乐《心中的火焰蓝》，让学生在慢跑热身的同时听教师下达命令：避险（快速跑）、浓烟（弯腰走、爬）、躲避障碍（双脚跳跃、跨越），并做出相应的动作，活动身体各关节，引导学生进入角色情境，知道一切行动听指挥是消防员必备的素养，消防员需要具有良好的身体素质和勇敢顽强的精神。

3. 队形

热身活动队形组织见图2。

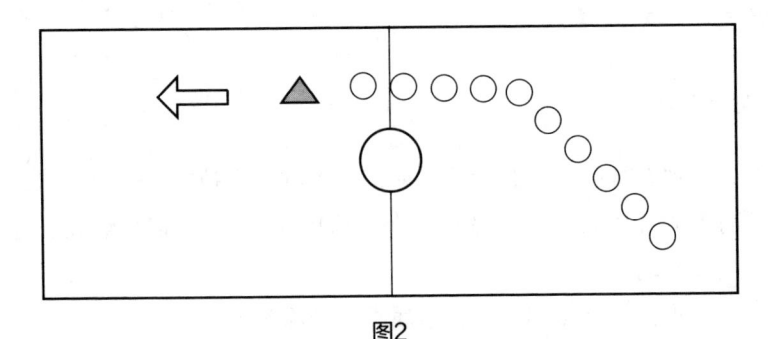

图2

注：〇表示学生，▲表示老师。

（二）基本部分

活动一：火眼金睛

播放消防战士救援技能训练的视频，提出问题："我们学习过的哪些技能在消防救援时会用到呢？"

> **相关技能**
> 匀速跑：步幅均匀，头正，眼睛向前看，两臂自然摆动，上下肢协调。跨越障碍：单脚起，折叠前摆，后脚迅速跟随，重心稳，依次落地。直体滚动：两臂曲肘于胸前，用肩、髋带动身体滚动，两腿并拢伸直。爬行：腹部抬高，四肢着地，手脚交替向前。

1. 组织

师：组织学生分为6组，每组一个训练场地，分发相同的器材，完成4项技能的练习。

生：各组自行分配，2—3人练习一项运动技能，每个技能练习4—5次，完成后交换，直到所有组员完成4项技能的练习。

创设"清理可燃物"体验情境，火灾现场有很多种类的物品，学生需要阻止火灾的蔓延。在这个过程中学生体验用不同的技能清理对应的可燃物。

师：布置任务，让6个小队分别站立在物品周围，口令响起时跑至可燃物区域，用4种姿势完成不同类型可燃物的清理，每人完成2次清理任务。

生：在自己的任务区域，小组自行安排清理的人员顺序，根据口令提示，每次由一名组员清理对应的物品，每人每次清理一个物品，不能重复。

2. 评价

小组之间相互学习评价，观察同学做出的动作是否完整、规范、协调、连贯，动作要领是否描述准确，总结高质量完成任务的秘诀。

3. 队形

"火眼金睛"活动的队形组织见图3。

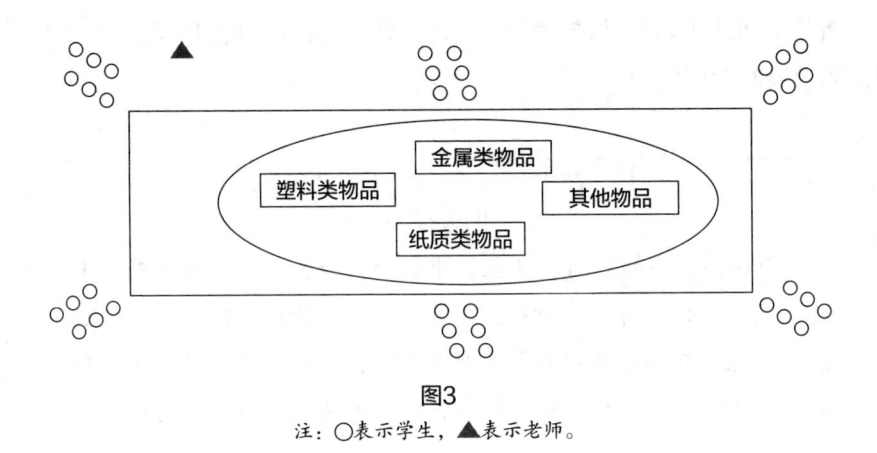

```
         ▲
  ○○○         ○○         ○○○
  ○○○         ○○         ○○○
  ┌─────────────────────────────┐
  │      ╱──────────────╲       │
  │     │     金属类物品   │      │
  │     │ 塑料类物品       │      │
  │     │          其他物品│      │
  │     │   纸质类物品    │      │
  │      ╲──────────────╱       │
  └─────────────────────────────┘
  ○○○        ○○          ○○○
  ○○○        ○○          ○○○
```

图3

注：○表示学生，▲表示老师。

活动二：阻断火源

教师语言导入："在我们的共同努力下，可燃物已全部清理完毕，而大火的蔓延速度很快，为给救援工作提供便利，要想办法阻止火焰的蔓延，这就需要搭建隔离带，搭建隔离带的工具需要大家一起完成运输。怎样才能安全、快速地运输隔离工具？"

1. 组织

师：将学生分为6组，2人一组分在三个接力点上。第一接力点队员采用直体滚动的方式获得隔离工具并传递给第二接力点队员，第二接力点队员接收到第一接力点队员的工具后采用抱物跨越运输的方式，交给第三接力点队员，第三接力点队员采用抱物跑的方式，将隔离工具运输至建立隔离带的区域并完成搭建，各小队合作完成所有隔离工具的运输并完成搭建即视为成功。

生：根据擅长的技能，每组自行协商进行分组，分别站立在三个接力点上，口令响起后出发，不可以提前出发。游戏中注意安全，完成后以举手的方式示意。

2. 评价

小组之间相互学习评价，观察同学的动作是否正确、协调，运输过程中是否能够友好相处、团结协作，共同完成任务。

3. 队形

"阻断火源"活动的队形组织见图4。

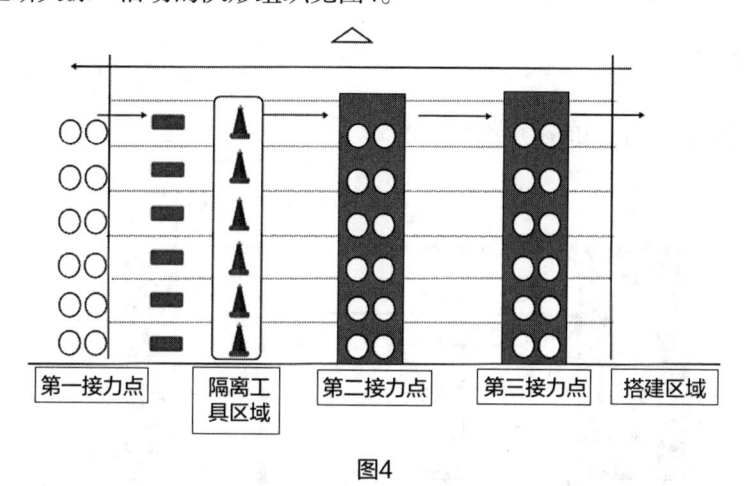

图4

注：▬表示体操垫，▲表示隔离工具，○表示学生，△表示老师。

活动三：紧急救援

教师语言导入："隔离带的建立，为我们灭火救援提供了很大的便利，在我们的共同努力下，火势越来越小，我们要寻找并救出被困人员，守护人民群众的生命安全。请大家体验拉物行走和拉物倒退行走两种救援方式哪种更安全、更便于配合。"

1. 组织

师：让学生组成6人小组，3人扮演被困人员，3人扮演救援人员。救援人员统一在隔离带的区域等待实施救援，救援人员手拉救援工具（呼啦圈）跑至被困人员处，被困人员迅速进入救援圈内，两人合作移动至安全区域。解救最快的小组获胜。

生：各组进行两种角色的分工，口令响起时开始进行救援。所有人员不能摔倒，两人要相互配合，移动至安全区域后击掌，交换人后再出发进行下一轮救援。

2. 评价

两人合作完成救援；行走姿势正确；摔倒或者出救援圈，每出现一次加时5秒。用时短、救援安全的小组获胜。

3. 队形

"紧急救援"活动的队形组织见图5。

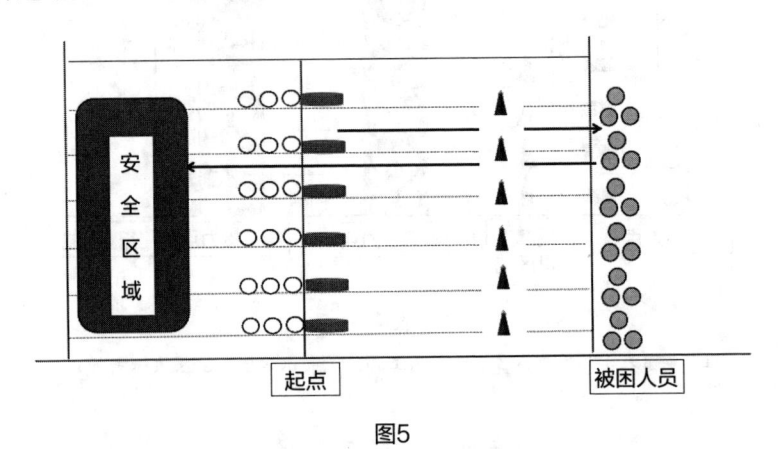

图5

注：▲表示隔离带，▬表示救援工具（呼啦圈），○表示救援人员，●表示被困人员。

（三）结束部分

1. 拉伸放松

播放《消防安全歌》，教师带领学生跟随音乐节奏进行身体各部位拉伸和休整，放松身心。

2. 小结

①分享在活动过程中的收获，与真实生活相结合。
②讨论：如何掌握更多的技能，提高应急救援真本领？

③引导学生感受消防员的神圣使命,知道安全运动的几种方式,树立生命安全意识,培养敢于担当的品格和团结协作的精神。

3. 评价与作业

师生根据评价标准(见表1)完成对本节课学生表现的评价。

表1 评价标准

评价方式	评价内容			评价形式	自评师评
	我最棒:☺☺☺	我真棒:☺☺	加油啦:☺		
自我评价	运动能力	你知道几种安全运动的方式		☺☺☺	
		运用快速跑、抱物跑、爬行、滚动等基本运动技能成功完成任务		☺☺☺	
	健康行为	积极参与活动,乐于与同伴交往		☺☺☺	
		能安全地进行锻炼,未出现安全隐患		☺☺☺	
教师评价	体育品德	遵守规则,勇于挑战,团结协作,互相加油		☺☺☺	
总评					

拓展作业

	作业内容	作业形式	反馈形式
健康教育	了解火灾自救的正确方式	观看视频	课堂交流
	探索家庭锻炼的安全运动方式	与家长探讨	
体能加油站	利用跑、爬、跳等动作创设简单的游戏	与家长共同完成	视频或图片
家长评价	☺☺☺		

课例点评

该课坚持"健康第一"的教育理念，充分发挥体育与健康课程的育人功能，以移动性技能中的跨、跑、滚动、爬行为主要内容，注重基本运动技能学练与国防教育的融合。课堂中创设了消防救援的情境，引导学生经历了"清理可燃物""建立隔离带""救援被困人员"等过程，让学生在不同的情境中体验进行充分热身、学会躲避的方法、做出正确的动作、进行友好的合作这四种自我保护的方法，整体设计符合当前新课程改革的要求。教学设计以学生发展为中心，通过呈现消防战士救援现场，激发学生体验消防员角色的兴趣，引导学生积极参与课堂教学。通过创设不同的救援场景，将集体学练、合作学练、个人学练有机结合，在与国防教育的融合中，学生深刻体会到消防战士所必备的品格、能力和行动方法。通过任务驱动，引导学生运用已有知识和技能解决情境演练中遇到的真实问题，很好地培养了学生的跨学科思维；通过任务挑战，让学生体验不同的锻炼方式，有效激发了学习兴趣，使学生提高了自我保护意识和健康锻炼的能力，树立了生命安全意识。

课例 5

应急演练，安全避险
——移动性技能跨学科主题学习[1]

本课以《义务教育体育与健康课程标准（2022年版）》的课程理念为依据，以"地震应急避险"为主题创设情境，结合生活实际进行安全教育、生命教育，寓教于乐，挖掘跑动、爬行、滚动等运动技能的育人价值，让学生在玩中学、玩中练、玩中悟，引导学生在参与中互相配合，养成积极挑战的乐观心态和科学锻炼的良好习惯。

课例名片

年　级：二年级
课时数：1
学　科：体育与健康、安全教育、生命教育

主题分析

本课以小学二年级移动性技能中的跑动和多种形式的爬行、滚动等内容为基础，以安全应急知识教育为主线，融合了科学、生命教育、安全教育等领域内容。创设SOS求救、跑及爬行等逃生的情境和任务，用安全应急的方式引导学生活动，体验安全逃生方法，加深对安全知识的理解和应用；设置"学、练、赛"三个主要环节，并将评价贯穿始终，通过不同形式的游戏、教学比赛及组合练习，提升学生的身体协调性，增强上下肢力量，在游戏和教学比赛中，培养学生冷静思考、遵守规则、团结协作、克服困难、敢于拼搏的体育精神。

---

[1] 本课由合肥市芙蓉小学丁俊老师、合肥市六安路小学翠微分校周波老师设计，由丁俊老师执教，由合肥一六八新桥学校余宏武老师、合肥市第四十五中学芙蓉分校叶志强老师点评。

学习目标

知识技能学习目标：知道简单的安全应急知识和应急避险方法；能完成快速跑动、多种形式的爬行、简单的直体滚动等基本运动技能动作，并能在演练中有效应用。

体能素质锻炼目标：以地震安全逃生为主线完成快速跑、多种爬行等练习，发展灵敏、协调、反应等身体素质。

情感品格培养目标：在情境体验中，学会与同伴合作互助，不怕困难，坚持到底。

学习规划

整个学习活动以地震安全逃生为主线，在注重安全教育的前提下，培养正确的逃生意识和快速应变能力。在课堂中设置情境教学，以视频和图片再现灾害现场，帮助学生思考应急避险技能如何应用。创设安全应急情境，让学生在理解安全应急知识的基础上，将其应用到逃生实践中，实现对安全应急知识从理解到应用的拓展；将基本部分的学练活动进行结构化处理，"学、练、赛"三者互为关联并形成整体；再通过基本运动技能的跑动、爬行、直体滚动等多种运动组合，提高学生的快速移动能力和基本运动能力。"学"的过程中以问题为导向，提升学生发现问题、分析问题和解决问题的能力；"练"的环节既有呼救方法的练习，又增加了基本运动能力中直体滚动和爬行的练习，为"赛"做好必要的准备；设置富有层次性的"赛"，首先进行爬行、直体滚动、跑动的单一比赛，再进行组合比赛，通过比赛和逃生情境的创设，提高学生课堂参与的兴趣。评价则贯穿"学、练、赛"的全过程。在"健康第一"思想的指导下，突出学生的运动能力、健康行为、体育品德核心素养的整体发展。本课设计框架如图1所示。

```
                        应急演练，安全避险
        ┌───────────┬──────────┬──────────┬──────────┐
        学          练          赛          评
```

学	练	赛	评
1. 学习多种形式的爬行 2. 学习多种形式的滚动 3. 学习地震逃生中的 SOS 求救、应急疏散相关知识	1. 练习正确的求救方法 2. 探索练习爬行方法和滚动方法 3. 组合运用	实景演习 1. 遇险求救：学生开始发起 SOS 求救信号，用身体拼成求救图形 2. 发起警报：学生立即模仿，在桌下发出求救信号。三短三长三短……，敲击要清晰、响亮 3. 安全逃生：分8组进行，采取鱼贯式接力完成爬行、滚动和跑的动作	发出 SOS 求救信号方法的正确性、敲击方法的正确性和基本活动方法的有效性；练习爬行、直体滚动和跑动的熟练性、适切性；比赛时比较小组的合作能力以及快速位移和反应能力

图1

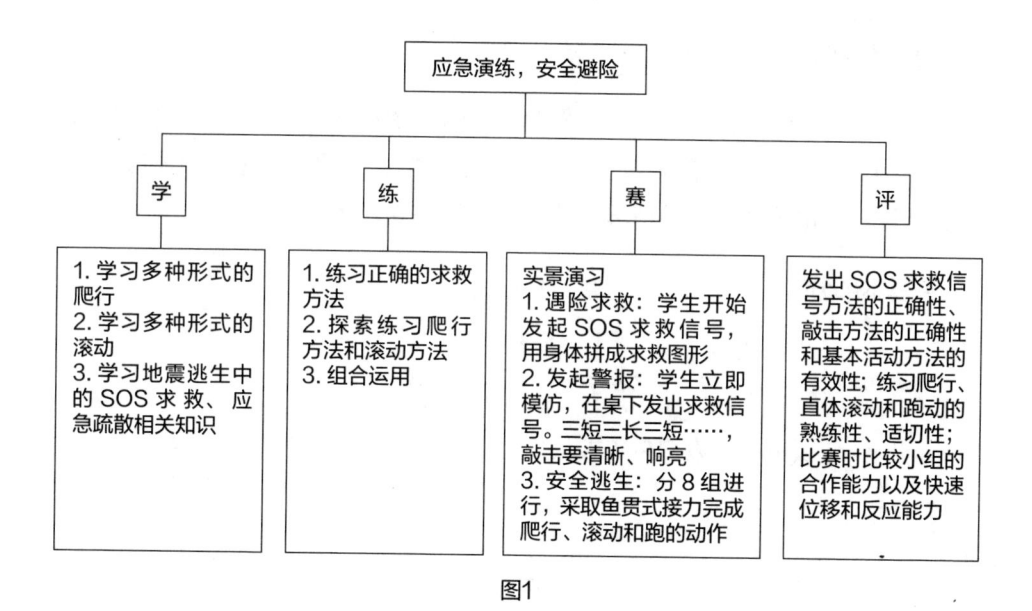

教学准备

1. 学习材料

从国家、省、市各级教育平台上下载地震安全逃生的宣传片，组织学生课前观看，增强对应急安全知识的再认知。

2. 活动器材

按8组准备相关器材，画8条起跑线，体操垫每人1个，标志桶8个，音箱1个。

学习过程

（一）准备部分

1. 情境导入

观看生活中的一些突发灾难的视频和图片，了解地震逃生知识，树立安全应急意识，为课中练习做好知识与心理准备。

2. 热身活动

以音乐引导学生在场地上自由慢跑，其间模仿小马、青蛙、猴子、袋鼠等小动物的动作，结合动物的习性活动身体的关节，使身体顺利过渡到运动状态。创设一个快乐、祥和的情境，让学生憧憬平安、美好的生活。

（二）基本部分

活动一：正确求救

问题：什么情况下发出SOS求救信号？地震时，被困人员如何自救？

> **动作要领**
> 利用接力棒敲击塑料瓶发出三短三长三短的声音。用硬物敲击管道、木质家具、铁器的声音效果较好，敲击地面的声音则不易被人察觉。

1. 组织

师：遵循SOS求救特点，讲解其作用和方法。将学生分成4个大组，每个大组一个练习场地，每个大组再分成3人小组。

生：3名学生一组，用身体摆出SOS求救图案。地震场景练习时用音乐烘托氛围，一部分学生迅速找到体操垫隔离处躲避，并敲打发声寻求救助，练习5—6次。另一部分学生组成搜救队伍，通过辨别敲击声音开展搜救活动。

2. 评价

小组之间相互学习评价，判断发出SOS求救信号方法的正确性、敲击方法的正确性和基本活动方法的有效性，比一比哪一组用身体模仿得最像。地震演练中学生自行练习与全班集体练习须构成明显的区别。

活动二：探索方法

带领学生分组探索爬行方法，并组织学生讨论爬行动作正确与否。

> **动作要领**
>
> 　　爬行的方法：手膝爬行法、手足爬行法、肘膝爬行法。重点学习在逃生中较为实用的手足爬行法。
>
> 　　直体侧滚翻的方法：直臂，肩和髋同时向滚动方向用力移重心。学习直体滚动，找出直体滚动不偏的方法与技巧，并进行尝试性练习。

1. 组织

师：根据地震过后出现的各种路障情况，结合人遇险时出现的慌乱情绪，设计出几种不同的爬行和障碍跑的教学形式。将学生分成4个大组，每个大组使用一个练习场地。

生：根据场地布置依次练习，每个小组成员练习5—6次后，大组之间相互交换场地继续练习。

2. 评价

练习直体滚动方法，以连续滚动3次不偏为准，练习到熟练为止。

活动三：组合应用与实景演习

组织学生进行手足爬行法的动作练习，帮助学生掌握几种基本的爬行方式。接着让学生展开想象，创造出不同的手足爬行方法。教师利用教具摆出环形障碍爬行和跑动路线，引导学生将其想象成地震逃跑时遇到的障碍。练习时学生听从教师指挥，在出发前先原地旋转三圈制造眩晕感，再以最快的速度完成跑步、直体滚动、爬行交替的规定动作。

1. 组织

师：创设不同类型的求救场景。户外求救：学生发出SOS求救信号，用身体拼成求救图案，相互比较哪组队形最好、最先收到求救信号，提示学生确保信号的准确性。室内求救：警报响起，学生立即模仿，在桌下发出声音求救信号。三短三长三短……，敲击要清晰、响亮。安全逃生：学生依次采用至少3种爬行动作爬过垫子，少一个动作就要重新回到起点补做完成，再完成连续3次直体滚动作，起身迅速跑到空旷场地。第一个学生完成站起时准备跑的时候，第二个学生出发，第一个学生完成后逆时针方向跑到队尾。

生：分8组进行，采取鱼贯式接力，严格按照活动规则和路线跑动，不提前跑动，活动过程中注意安全。

2. 评价

比赛时比较小组的合作能力、快速位移和反应能力。借助比赛结果，分析逃生过程中学生对动作的掌握情况，激发学生再次比赛的欲望，引导学生课后加强练习，第二次课再组织比赛，检验各组课后练习的效果。

3. 活动路线

演习时的活动路线见图2。

图2

（三）结束部分

1. 拉伸放松

播放舒缓的歌曲，创设全体师生安全逃生后的情境，享受以正确逃生措施获得安全的幸福感。教师带领学生跟随音乐节奏模仿各种小动物的舒展动作，放松身心。

2. 小结与作业

①引导学生总结应急救援的方法与做法，鼓励学生积极锻炼，提高应急自救本领。

②布置作业：回家后观察身边的爬行动物，模仿小动物的爬行动作，下节课在小组中展示，看谁做得更好。

③激励落后的小组课后加强基本运动技能练习，下节课向优胜组挑战；优胜组不得拒绝挑战，为此也要加强课后练习，争取稳住优胜位置。

课例点评

该课坚持"健康第一"的教育理念，重视学生运动能力、健康行为、体育品德的整体发展，以问题为导向，通过探究学习、体验学习，培养学生发现问题、分析问题和解决问题的能力。以应急避险为主题，在准备部分、基本部分、结束部分对应创设情境，实现前后呼应、头尾相接。将安全应急情境与基本运动技能的移动性技能有机融合，既培养了学生的安全应急能力，又促进了学生基本运动能力的发展，更培养了学生的核心素养。跨学科主题具有教育性和实用性，在增强活动的乐趣的基础上，既开展了安全教育和生命教育，又提高了课堂教学的效率。该课的基本部分始终围绕"学、练、赛"组织学习活动，实现以赛促练、以赛促学，"学、练、赛"三者有机融合，激发了学生对基本运动技能的学习兴趣。将评价贯穿于"学、练、赛"之中，让学生在学习中规范动作方法，在练习中提高动作质量，在比赛中体现动作效果。运用信息技术手段，借助国家、省、市各级教育平台的资源优势，课前开展自主学习，强化安全应急知识学习，为课中有效实施教学提供保障。利用比赛结果，激发学生的竞赛意识和斗志，驱动学生课内学、课外练、课中赛，切实提高作业的有效性。

课例 6

种植小能手
——基本运动技能跨学科主题学习[①]

本课以《义务教育体育与健康课程标准（2022年版）》的课程理念为依据，坚持"健康第一"的教育理念，以培养学生核心素养为指引，融合劳动教育，全面贯彻"以体育人"目标，落实"教会、勤练、常赛"要求，构建"学、练、赛、评"一体化的课程体系，促进学生发展运用科学知识和方法解决体育与健康实际问题的综合能力，培养学生刻苦学练的精神和顽强拼搏的意志品质，引导学生养成运动习惯。

课例名片

年　级：二年级
课时数：1
学　科：体育与健康、劳动教育

主题分析

本课是以小学二年级非移动性技能的屈体、伸展、扭转与推拉等内容为主，以移动性技能、操控性技能为辅，结合劳动教育主题活动进行设计。通过创设种植农作物的多样化情境和任务，引导学生"做中学"，感受农民在不同季节劳作的艰辛，树立珍惜粮食的意识，同时体验屈体、伸展、扭转与推拉的正确的运动方式，提高非移动性的基本运动能力，并在移动性技能学习中提高位移速度和操控性技能。通过"耕田""插秧""收获"等劳动游戏活动，发展学生身体协调性，增强上下肢力量；在劳动游戏和教学比赛中，发扬遵守规则、团结协作、克服困难、敢于拼搏的体育精神。

[①] 本课由安徽省合肥市合肥经开自贸区实验学校赵探老师设计、执教，由安徽省合肥市第四十五中学芙蓉分校叶志强老师、安徽省合肥市合肥经开实验学校张纪胜老师点评。

学习目标

知识技能学习目标：通过课前微课的学习，了解农作物的种植方法，了解屈体、伸展、扭转与推拉的动作方法和应用方法；能做出屈体和推拉动作，顺序正确且动作协调、有力、自然，能将所学动作应用到劳动中。

体能素质锻炼目标：通过翻挖、敲打等基本运动技能学练，增强上下肢力量，提高身体平衡能力和协调能力。

情感品格培养目标：主动参与各项活动，在劳动游戏和教学比赛中熟悉规则、理解规则、遵守规则，增强规则意识；形成同伴互助和合作的良好品质，提高团结协作能力。

学习规划

本课通过创设情境，将体育与健康和劳动教育相融合。在劳动课程中学生学习了水稻的播种、生长和收割等知识。本课结合非移动性技能体验，将劳动元素融入体育与健康课程教学，以"种植小能手"为情境，以基本运动技能学练为基础，注重挖掘教学中的德育要素。课前播放水稻种子发芽、生长、插秧、收割、农耕的视频，了解农民栽培、收获水稻的流程与方法，对"播种""耕田"等农业劳作过程知识进行再认知。课上体验"插秧"的动作方法，进一步理解农作物种植知识，在活动中发现问题、分析问题和解决问题，培养分析和综合应用能力，发展高阶思维能力；体验收割、搬运等劳动环节，争当丰收小能手，感受农民"收获"时节的幸福感，形成吃苦耐劳的品质。在《劳动最光荣》的歌声中一起庆祝丰收，激发学生的劳动热情，使其形成与同伴友好相处、互帮互助、不怕苦不怕累、勇于担当的合作精神和责任意识。本课设计框架如图1所示。

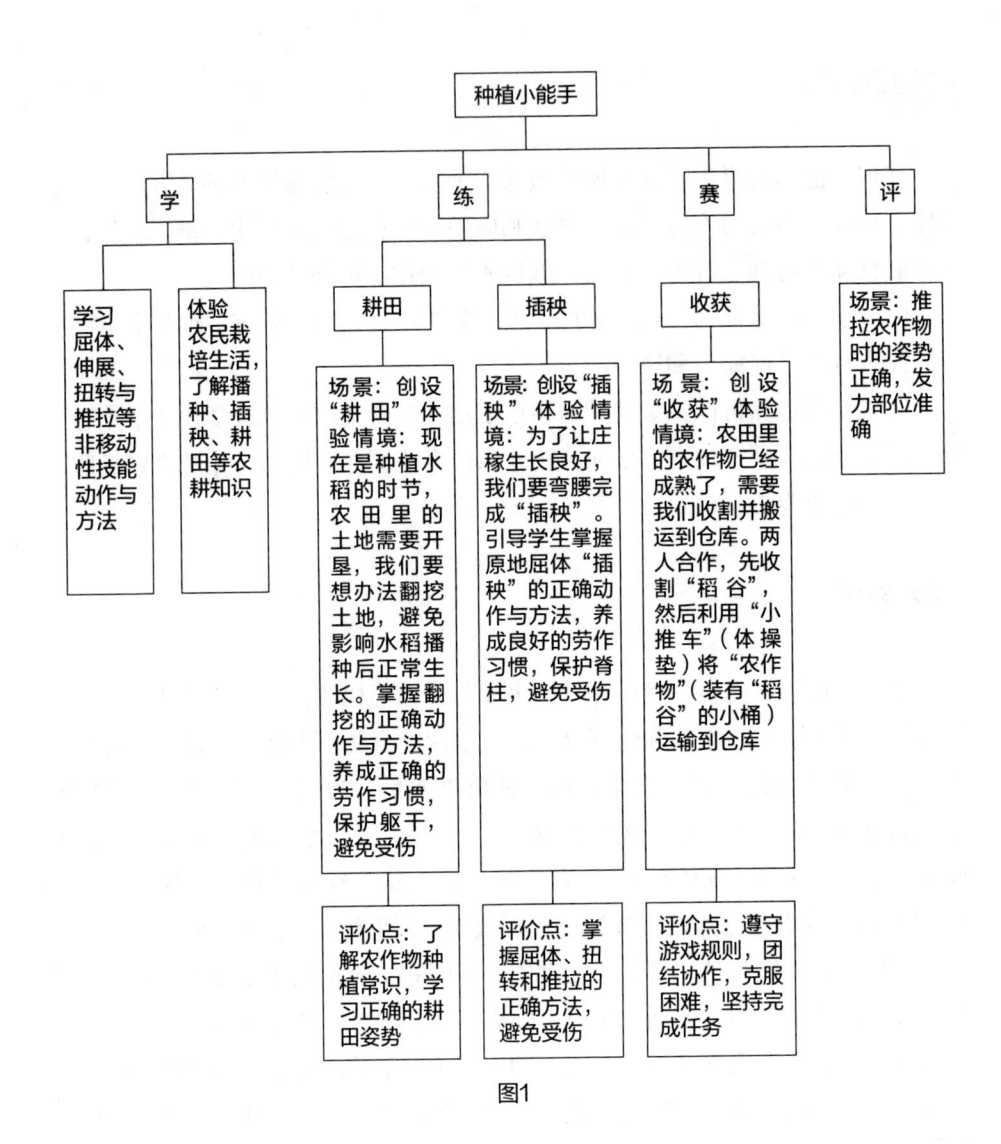

跨学科主题学习设计与实施 体育与健康

```
                          种植小能手
            ┌───────────┬──────────┬──────────┐
            学          练          赛         评
         ┌──┴──┐     ┌──┴──┐       │          │
         │     │     │     │       │          │
```

学
- 学习屈体、伸展、扭转与推拉等非移动性技能动作与方法
- 体验农民栽培生活，了解播种、插秧、耕田等农耕知识

练

耕田
- 场景：创设"耕田"体验情境：现在是种植水稻的时节，农田里的土地需要开垦，我们要想办法翻挖土地，避免影响水稻播种后正常生长。掌握翻挖的正确动作与方法，养成正确的劳作习惯，保护躯干，避免受伤
- 评价点：了解农作物种植常识，学习正确的耕田姿势

插秧
- 场景：创设"插秧"体验情境：为了让庄稼生长良好，我们要弯腰完成"插秧"。引导学生掌握原地屈体"插秧"的正确动作与方法，养成良好的劳作习惯，保护脊柱，避免受伤
- 评价点：掌握屈体、扭转和推拉的正确方法，避免受伤

赛

收获
- 场景：创设"收获"体验情境：农田里的农作物已经成熟了，需要我们收割并搬运到仓库。两人合作，先收割"稻谷"，然后利用"小推车"（体操垫）将"农作物"（装有"稻谷"的小桶）运输到仓库
- 评价点：遵守游戏规则，团结协作，克服困难，坚持完成任务

评
- 场景：推拉农作物时的姿势正确，发力部位准确

图1

教学准备

1. 学习材料

教学课件，音乐，微课视频。

2. 前置任务

布置任务，说明本课基本学习内容与要求。在已经上过劳动课程的基础上，进一步了解种植农作物的基本步骤与方法。在国家、省、市教育资源库中查找和下载种子发芽与生长、插秧、收割等与农业劳作相关的视频，与科学或劳动教师协同处理视频资源，在课堂教学中播放视频，让学生对农作物生长和农业劳动有进一步认知。在此过程中，了解与分析学生对农耕知识的掌握程度，为课堂教学做好准备。

3. 活动器材

体操垫40个，彩色标志盘40个，标志桶40个，毽球40个，彩色圈40个，音箱1个，多媒体屏幕1块，评价展示板8块。

学习过程

（一）准备部分

1. 情境导入

以五一劳动节的话题导入，创设情境，引导学生了解劳动知识，进入农民角色，把篮球场地当作农田，让学生知道要完成种植、养护、收割的任务，进行一系列农耕活动。

学生依据课前微课所了解的农耕知识，自愿举手回答如何成为一名种植小能手。例如，一名合格的农民，需要掌握农忙时节的知识和田间劳作的技能，懂得不同农具的使用方法等。

2. 热身活动

带领学生进行农耕环节的模仿操活动，感知农作物的生长与农民劳作的程序，引导学生逐步进入练习状态。活动手指各关节，在由慢到快的音乐节奏中进入角色情境，让学生既感受到农耕的辛苦，也体会到丰收时的快乐，初步形成快乐劳动的情感。

3. 队形

热身活动队形组织见图2。

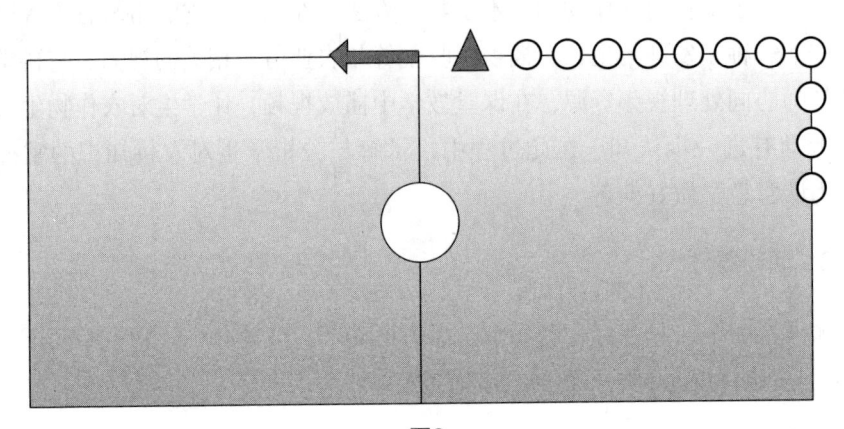

图2

注：○表示学生，▲表示老师。

（二）基本部分

活动一："耕田"

创设"耕田"体验情境：现在是种植水稻的时节，农田里的土地需要开垦，我们要想办法翻挖土地，避免影响水稻播种后正常生长。通过"耕田"，让学生掌握翻挖的正确动作与方法，同时养成正确的劳作习惯，保护躯干，避免受伤。

动作要领

正确耕田姿势：屈膝下蹲，双脚前后分开，腰背部保持挺直，收紧腹部、背部的肌肉，双手翻土。"开垦"时，两脚站稳，下肢、手部发力，缓慢起身，翻挖"土壤"。

1. 组织

师：引导学生了解土壤对于农作物生长的重要性，让学生尝试松土。提出问题：农田里的土壤非常干硬，用什么样的方法能使土壤变得松软？学生想象用哪些方法，并用动作来呈现。让学生用最简单的语言说出动作名称，如"拍""扎""击打"等。

生：把小体操垫当成干硬的土壤，尝试翻挖、敲打等动作。每个动作不少于50次，每次翻挖时抬头1次，放平后站起，再进行第二次。

2. 评价

各小组展示"耕田"的方式，组间互评"耕田"动作。评价维度：一看动作是否齐整、有节奏感，二看动作模仿是否真实，三看是否有劳动的快乐感。

3. 队形

"耕田"活动的队形组织见图3。

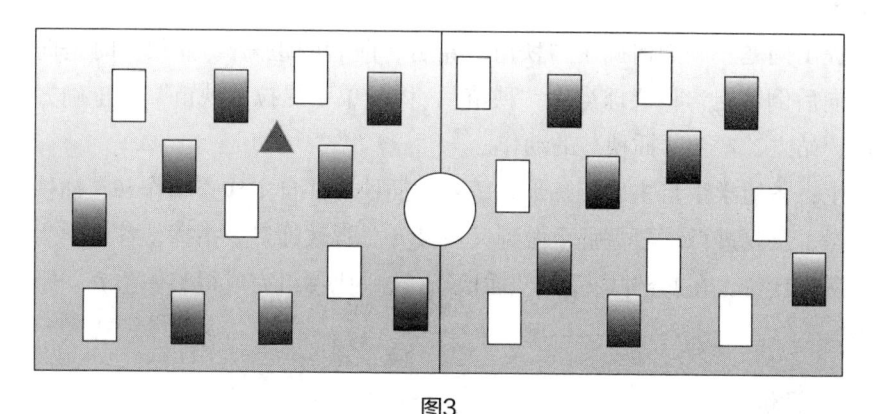

图3

注：■表示体操垫（练习翻挖），□表示体操垫（练习敲打），▲表示老师。

活动二："插秧"

教师创设"插秧"体验情境：为了让庄稼生长良好，我们要弯腰完成"插秧"。引导学生掌握原地屈体"插秧"的正确动作与方法，养成良好的劳作习惯，保护脊柱，避免受伤。

> **动作要领**
>
> 　　原地"插秧"动作方法：屈膝下蹲，双脚左右分开，约与肩同宽，腰背挺直，单手持毽球。将手中的毽球从标志桶里拿出放到地面，放置物品时，保持腰背挺直，屈体缓慢。
>
> 　　移动"插秧"动作方法：避免躯干长时间弯曲，做到屈体与直体间歇交替，插一棵秧苗站直一次，确保身体腰腹用力均衡。

1. 组织

师：导入情境——引导学生尝试将"秧苗"从田边搬运到田里，每人一桶30棵"秧苗"。

布置任务——每人30棵"秧苗"，一排插5个，共插6排。每组一小块空地，看在2分钟内哪个组按照要求把"秧苗"插好。要求整齐，左右、前后距离适当。

提出问题——如何确定"秧苗"左右、前后的距离？"插秧"时是向前走还是向后倒着走？将毽球当作"秧苗"，体验单手提拉"秧苗"的正确方式和拿苗、站立、弯腰"插秧"的动作。

生：各组学生自主确定队形，练习"插秧"并自主检查动作和"插秧"完成质量，反复进行练习，直至做到又快又齐。听教师口令指挥，各组学生按照自定队形比赛，在2分钟内完成"插秧"，比一比哪组完成得整体整齐、距离合理等。

2. 评价

小组相互学习评价。每个大组推荐4个代表进行展示，分享高质量完成动作的秘诀。观察同学的"插秧"动作完成得是否规范、协调、连贯，"秧苗"距离是否合理。

3. 队形

"插秧"活动的队形组织见图4。

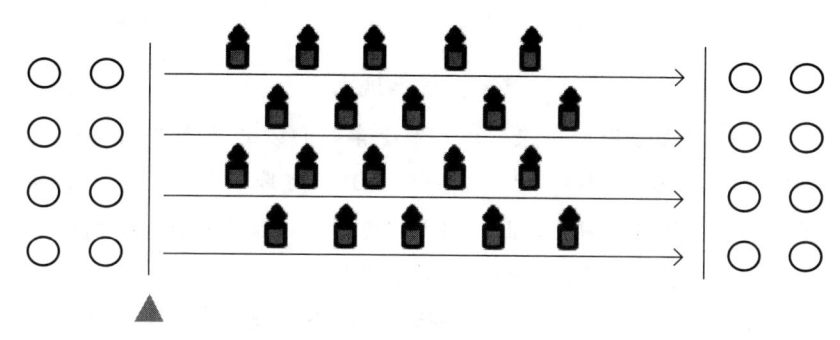

图4

注：■表示标志桶（练习"插秧"），♠表示毽球（"秧苗"），◯表示学生，▲表示老师。

活动三："收获"

创设"收获"体验情境：农田里的农作物已经成熟了，需要我们收割并搬运到仓库。两人合作，先收割"稻谷"，然后利用"小推车"（体操垫）将"农作物"（装有"稻谷"的小桶）运输到仓库。

动作要领

推小车方式：两人前后站立，用体操垫将"农作物"装好。两人合作，一人推另一人拉，协同发力，保持"小推车"（体操垫）平衡，步调一致朝同一个方向前行。

---

1. 组织

师：导入情境，引导学生两人合作用正确的身体姿势"推小车"，组织学生进行"收获"游戏。

生：先将"稻谷"收进小桶中，再将体操垫当作"小推车"，小桶放在车上，尝试双人推拉行走，可根据自身能力搬运，体验协同用力。

> **游戏方法与规则**
>
> 游戏方法：两人一组，用"推小车"的方式将本组内的所有"农作物"都运送到仓库里，前一组运到指定地点放好后，举手示意，下一组开始，同时前面一组小跑绕回小组后面站好。小桶整齐排列、垫子叠放整齐，用时最短的小组获胜。
>
> 游戏规则：两人一组，每一趟推拉一个体操垫。快速行进（不限制动作），但小桶不能掉落，如掉落，需要重新拾起后从掉落的地点继续行进；如违反规则，需要返回原点重新出发。

2. 评价

小组之间相互学习评价。评价是否遵守游戏规则，是否有序进行比赛，是否团结协作、克服困难、坚持到底。

3. 队形

"收获"活动的队形组织见图5。

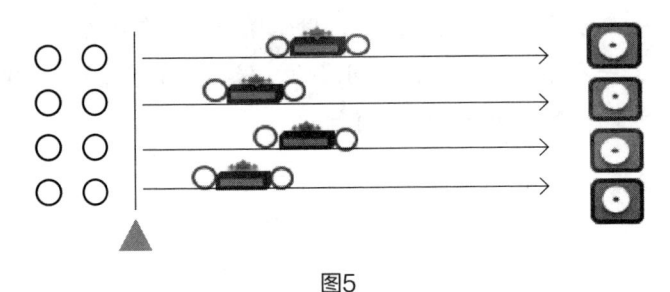

图5

注：▣表示仓库，▬表示体操垫和装有"稻谷"的小桶（"小推车"），〇表示学生，▲表示老师。

（三）结束部分

1. 拉伸放松

播放优美舒缓的轻音乐，以丰收归来为主题，教师带领学生跟随音乐节奏做丰收喜悦时的各种轻松愉快动作，放松身心。

2. 小结与作业

①体会：请学生谈一谈本节课的学习收获与体会。

②讨论：如何掌握更多的技能为家庭劳动实践做贡献？

③总结：引导学生在生活、劳动以及体育锻炼中，运用科学、正确的身体姿势和发力顺序、发力方式，保护躯干，避免脊柱变形和损伤，养成健康锻炼的习惯。

拓展作业

请你结合所学技能在家里练习：坐位体前屈，40秒/组，3组；开合跳，20次/组，2组；跪姿后倒，30秒/组，2组；仰卧两头起，15个/组，2组。

要求：下节课对学生的作业进行检查，检查动作熟练程度。

课例点评

该课坚持"健康第一"的指导思想，发展学生核心素养，充分发挥体育与健康课程的育人功能，注重体育与健康和劳动教育的融合；同时将健康知识与身体锻炼有机结合，提高了学生学练的积极性和有效性，达到寓教于乐以及提升技能和体能的效果。课堂中创设了种植农作物的情境，引导学生体验"耕田""插秧""收获"等劳动过程，掌握正确的弯腰屈体动作以及推拉的身体活动方法，感受身体的平衡、肌肉的发力，同时辅以移动性技能和操控性技能练习。该课还借助信息技术手段，引导学生直观了解人体的躯干以及错误的劳动方式可能导致肌肉和关节损伤，引起躯干变形等不良后果。"学、练、赛、评"贯穿整个课堂，将"教会、勤练、常赛"落实到位，引导学生在学练过程中掌握正确的锻炼知识与方法，提高自我保护意识和健康锻炼的能力，同时在劳动过程中掌握正确的身体姿势，养成健康锻炼的习惯。

课例 7

保护生态，守护森林
——基本运动技能跨学科主题学习[①]

本课坚持以《义务教育体育与健康课程标准（2022年版）》的课程理念为依据，以"健康第一"为指导思想，以学生发展为中心，在课堂上落实"立德树人"根本任务。本课设计融合劳动教育。学生通过体验森林护卫队队员角色，学习垃圾分类知识并承担运送垃圾的任务。通过设置不同难度的障碍物，指导学生掌握绕、钻、跨等基本技术动作，激发学生的学习兴趣，培养学生顽强拼搏、坚韧不拔的意志品质。

课例名片

- 年　级：三年级
- 课时数：1
- 学　科：体育与健康、劳动教育

主题分析

本课以"保护生态，守护森林"为主题，将劳动教育与基本运动技能学习相融合，聚焦"教会、勤练、常赛"要求，创设生动有趣的情境，引导学生认识垃圾分类的意义以及垃圾对环境的危害。运用绕、钻、跨的技术动作通过障碍物将垃圾进行分类，培养学生吃苦耐劳、不畏挫折、坚韧不拔的意志品质及团结协作、勇于展示的集体荣誉感，使其养成垃圾分类的良好习惯。

学习目标

知识技能学习目标：通过参与情境活动，了解垃圾的危害以及垃圾分类的意义；掌握正确的绕、钻、跨的动作方法，安全、合理地通过障碍物，将垃圾

[①] 本课由福建省厦门市嘉滨小学颜思鸣老师设计和执教，由福建省厦门市思明区教师进修学校王妙香老师点评。

进行分类，学会洁净家园，树立环保意识。

体能素质锻炼目标：通过练习，发展速度、力量、反应、灵敏、柔韧及协调等身体素质。

情感品格培养目标：在小组合作练习中，增强责任心和安全意识，养成团结协作、克服困难、勇于挑战以及爱护环境等优良品质。

学习规划

本课与劳动教育相结合，以"保护生态，守护森林"为主题，创设森林护卫队队员角色，以障碍跑为主要内容，让学生用绕、钻、跨等动作通过不同的障碍物，将不同种类的垃圾运送到相应的垃圾桶。通过学练，帮助学生掌握正确的绕、钻、跨技术动作，安全、合理地通过障碍物。在活动中掌握垃圾分类的基本知识，并对垃圾进行有效分类，树立环保意识。本课设计框架如图1所示。

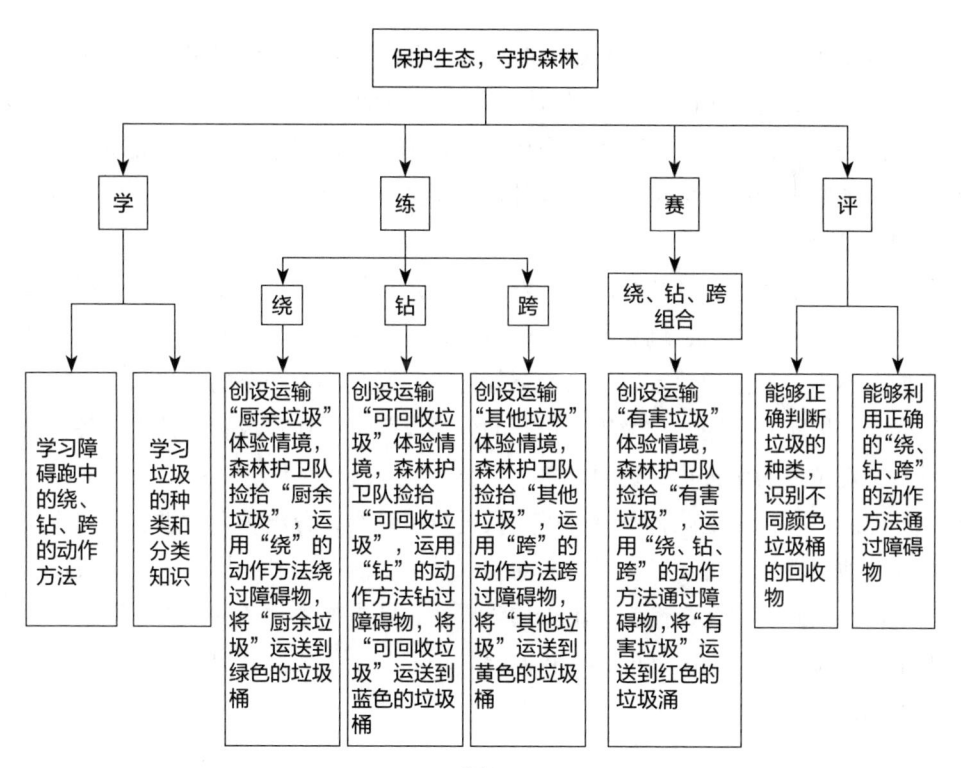

图1

教学准备

1. 学习材料

学习任务单，教学课件，音乐，视频。

2. 活动器材

木棒48根，呼啦圈48个，瑜伽垫48块，小卡片若干张，口哨1个，音箱1个，多媒体屏幕1块。

学习过程

（一）准备部分

1. 情境导入

教师语言导入："在一片美丽的大森林里，生活着许许多多的小动物，那里环境优美，流水涓涓，鸟语花香。游客不断增加，也带来一些不文明的行为。渐渐地森林环境被污染了，小树小草枯萎了，许多小动物也因此生病了。今天老师要带领同学们组建一支森林护卫队去拯救森林，保护小动物。让我们一起出发吧。"

森林护卫队在森林的东部区域发现一大片垃圾，量大且复杂，有纸屑、饮料瓶、果皮、便当盒、剩菜剩饭、塑料袋、过期药品、消毒液等。这些垃圾如果处置不当，就会导致土壤污染、空气污染，影响小树小草的生长和小动物的生存。如果能将不同的垃圾进行正确的分类，就可以让垃圾各归其类、各得其所，实现垃圾的无害化、资源化。

随后，森林护卫队将不同种类垃圾进行了分类，分出厨余垃圾、可回收垃圾、其他垃圾、有害垃圾。下一步需要森林护卫队队员齐心协力，将垃圾运送到垃圾回收站。在运送途中有不少的障碍物，队员要通过各种方法才能将垃圾安全送达垃圾回收站。下面，让我们森林护卫队全体成员开启运送垃圾的艰难任务吧！

2. 热身活动

教师带领学生跟随音乐做韵律操，模拟捡拾垃圾和投放垃圾的动作。

带领学生在音乐和舞蹈的节奏中，进入"森林护卫队"的角色情境，引导学生形成讲文明、爱洁净的品质。

（二）基本部分

活动一：运送"厨余垃圾"

问题1：运送"厨余垃圾"的道路上出现了障碍物木桩。"护卫队队员们，请尝试一下，并想一想用什么方式能最快通过木桩呢？"教师引导学生对木桩进行观察和思考。森林护卫队要想办法绕过木桩，如此才能把"厨余垃圾"送到绿色的垃圾桶里面。活动开始前教师创设情境，带领学生进入森林，开始进行垃圾分类。

通过木桩的方法——绕：降低重心，身体侧面贴近木桩，绕着向前行，移动变化快。口诀：降—贴—绕。

1. 组织

师：组织全班学生分成4人小组。

生：把立在地板上的木棒当作木桩，拿起"厨余垃圾"（绿色卡片），利用"降—贴—绕"的方式绕过木桩之后，将"厨余垃圾"投入绿色的垃圾桶。

2. 评价

教师总结学生通过木桩的方法，并用视频和图片告诉学生怎样通过木桩是正确的，同时教授通关口诀。引导学生相互观察、相互评价，观察同伴的动作是否规范、安全、协调、连贯。活动要求：善于观察，勇于尝试，团结协作，注意安全。

3. 活动路线

"运送'厨余垃圾'"活动路线见图2。

图2

注：▮表示木桩（练习绕），◯表示厨余垃圾桶（练习投），☺表示学生，△表示老师。

活动二：运送"可回收垃圾"

运送"可回收垃圾"的道路上出现了小山洞。森林护卫队要想办法通过小山洞，如此才能把"可回收垃圾"送到蓝色的垃圾桶里面。教师引导学生对小山洞进行观察，并思考用什么方式能最快通过小山洞。

通过小山洞的方法——钻：降低重心，身体团紧，屈膝平稳向前钻。口诀：降—团—钻。

1. 组织

师：组织全班学生分成4人小组，有序进行练习。

生：把立在地板上的呼啦圈当作小山洞，拿起"可回收垃圾"（蓝色卡片），利用"降—团—钻"的方式钻过小山洞，将"可回收垃圾"投入蓝色的垃圾桶。

2. 评价

教师总结学生通过小山洞的方法，并用视频和图片告诉学生怎样通过小山洞是正确的，同时教授通关口诀。引导学生相互观察、相互评价，观察同伴的动作是否规范、安全、协调、连贯。活动要求：善于观察，勇于尝试，团结协作，注意安全。

3. 活动路线

"运送'可回收垃圾'"活动路线见图3。

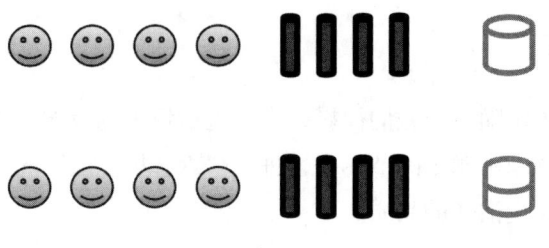

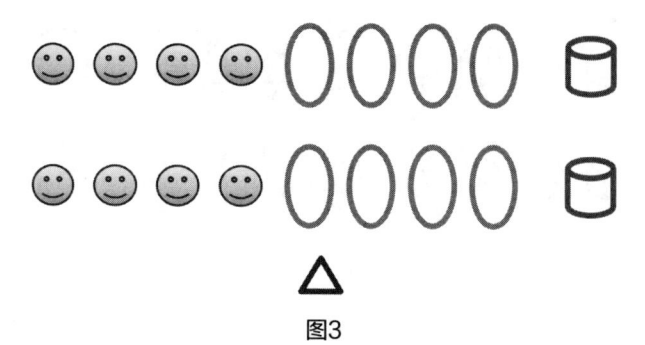

☺☺☺☺ ○○○○ ⌷

☺☺☺☺ ○○○○ ⌷

△

图3

注：○表示呼啦圈（练习钻），⌷表示可回收垃圾桶（练习投），☺表示学生，△表示老师。

活动三：运送"其他垃圾"

运送"其他垃圾"的路上出现了小溪。森林护卫队要想办法通过小溪，如此才能把"其他垃圾"送到黄色的垃圾桶里面。教师引导学生对小溪进行观察，并思考用什么方式能最快通过小溪。

通过小溪的方法——跨：单脚蹬地，摆动腿向上抬，用力向前跨。口诀：蹬—抬—跨。

1. 组织

师：组织全班学生分成4人小组，有序进行练习。

生：把放在地板上的瑜伽垫当作小溪，拿起"其他垃圾"（黄色卡片），利用"蹬—抬—跨"的方式跨过小溪，将"其他垃圾"投入黄色的垃圾桶。

2. 评价

教师总结学生通过小溪的方法，并用视频和图片告诉学生怎样通过小溪是正确的，同时教授通关口诀。引导学生相互观察、相互评价，观察同伴的动作是否规范、安全、协调、连贯。活动要求：善于观察，勇于尝试，团结协作，注意安全。

3. 活动路线

"运送'其他垃圾'"活动路线见图4。

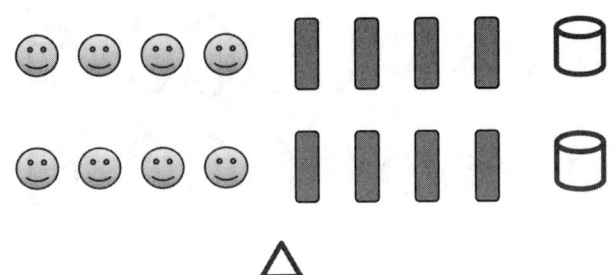

图4

注：▮表示瑜伽垫（练习跨），▯表示其他垃圾桶（练习投），☺表示学生，△表示老师。

活动四：运送"有害垃圾"

运送"有害垃圾"的路上出现了大丛林，有很多的木桩、山洞、小溪。森林护卫队要想办法通过大丛林，如此才能把"有害垃圾"送到红色的垃圾桶里面。教师引导学生对大丛林进行观察，思考用什么方式能最快通过大丛林。

通过大丛林的方法：绕、钻、跨综合运用。

1. 组织

师：组织全班学生分成4人小组，并组织学生进行运送"有害垃圾"的游戏，比比哪组更快。

生：把放在地板上的木棒、呼啦圈、瑜伽垫当作大丛林，拿起"有害垃圾"（红色卡片），利用"绕—钻—跨"的方式通过大丛林，将"有害垃圾"投入红色的垃圾桶。

> 游戏方式：4人一组，每组排头学生拿起"有害垃圾"（红色卡片）站在起跑线后做好准备。听到哨声后，运用"绕—钻—跨"的方式向前穿过大丛林，将"有害垃圾"投入红色的垃圾桶，折返跑回与下一名学生击掌后，下一名学生再出发。用时最短的小组获胜。
>
> 游戏规则：4人一组，每人用绕、钻、跨的方式通过大丛林，抢跑或违反规则的学生将回到起点，重新出发。

2. 评价

教师总结学生通过大丛林的方法，并用视频和图片告诉学生怎样通过大丛林是正确的，同时教授通关口诀。活动要求：善于观察，勇于尝试，团结协作，注意安全。

3. 活动路线

"运送'有害垃圾'"活动路线见图5。

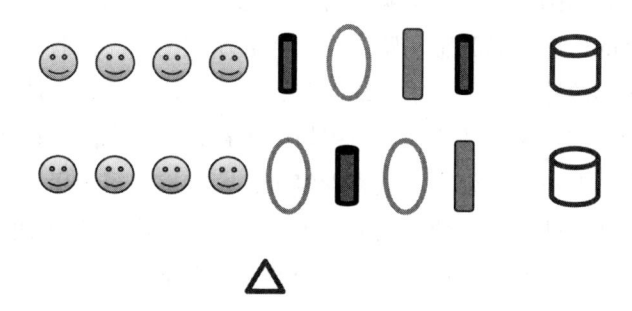

图5

注：▮表示木桩，〇表示呼啦圈，▮表示瑜伽垫，⌸表示有害垃圾桶，☺表示学生，△表示老师。

（三）结束部分

1. 拉伸放松

教师带领学生做放松操，跟随柔和、舒缓的音乐调整呼吸，放松身心。

2. 小结

①教师组织学生进行本课小结，谈谈学习感受与体会。

②引导学生学以致用，讨论在生活中如果遇到类似的障碍物，如何把今天所学的动作技能用上，保护好自己，防止受伤。让学生在日常生活中主动自觉地进行垃圾分类，不乱扔垃圾，保护环境，养成良好的生活习惯。

课例点评

该课坚持"健康第一"的教育理念，落实"立德树人"的根本任务，坚持以学生发展为中心，在教学过程中落实"教会、勤练、常赛"，促进学生的全面发展。该课将劳动教育与基本运动技能学习相融合，创设生动有趣的情境让学生融入其中，通过组建森林护卫队运送"厨余垃圾""可回收垃圾""其他垃圾""有害垃圾"，引导学生正确利用绕、钻、跨技术动作，并能够对垃圾进行有效分类。教学中充分发挥教师的主导作用，让学生在情境中体验运送垃圾时所遇到的阻碍和困难，面对不同障碍物时能够用正确的技术动作进行闯关，从中享受闯关的乐趣和刺激感，感受与同伴的默契配合，体验每一次成功带来的喜悦和快乐。该课构建了"学、练、赛、评"一体化新样态体育课堂，将体育运动技能学习与动手劳动相结合，引导学生在垃圾分类的劳动体验中享受体育运动的乐趣，形成了良好的团队互助氛围，同时培养了学生的环保理念。

此外，该课在体育器材的使用方面可以再优化，作为障碍物的器材尽量一物多用、贯穿始终，节约器材资源，减少课前、课中、课后器材换置和移动的时间，从而提高学生课堂练习的密度，促进教学目标的达成。

课例 8

武林大会
——武术专项跨学科主题学习[1]

本课以《义务教育体育与健康课程标准（2022年版）》的课程理念为依据，坚持"健康第一"的指导思想，贯彻落实"教会、勤练、常赛"的教育理念。在课堂中既关注学生的运动兴趣，又保证体育课的运动负荷；既关注学生的自主学练，又强调同伴间的合作学习。本课融合了同年级数学课程内容"位置与方向"。学生通过"武林大会"不同阶段的体验，在情境中逐步掌握武术基本动作，并提高辨别位置与方向的能力。同时，在学练中激发学生的武术兴趣，增强其对中华民族优秀传统体育文化的认同感。

课例名片
年　级：三年级
课时数：1
学　科：体育与健康、数学

主题分析

本课是专项运动技能武术和数学学科的跨学科整合，处于武术大单元教学计划的第六课时，是在前几课时的武术基本手型、基本步型等基础上，开展的以武术基本动作和数学位置与方向相结合的综合内容教学。在本次跨学科学习中，通过"学、练、赛"一体化教学设计，引导学生掌握武术的基本动作方法，在运用正确的姿势与发力方式的同时能辨认正确的位置与方向，提高身体的协调性和灵敏性，发展体能素质。教学中，通过一般性准备活动和专门性准备活动进行充分热身，在练习的过程中循序渐进地增加难度，让学生逐步了解武术的健身性，养成良好的锻炼习惯，提高适应自然和社会环境的能力。通过本节课的练习和比赛，培养学生积极进取、不怕困难的体育精神和遵守规则、

---

[1] 本课由福建省厦门市莲龙小学刘丽萍老师设计和执教，由福建省厦门市思明区教师进修学校王妙香老师点评。

诚信自律的体育道德，以及团结协作、合作共进的体育品格，体现武术的精气神。

学习目标

知识技能学习目标：通过情境活动，掌握武术基本动作方法，能够辨认位置与方向，同时运用正确的姿势与发力方式完成任务，提高对武术的兴趣；90%的学生能规范做出所学动作并将其运用于比赛。

体能素质锻炼目标：通过体能练习，发展变换位置与方向时的反应能力，增强上下肢力量，提高身体的协调性和灵敏性。

情感品格培养目标：在情境活动和游戏比赛中，形成不怕困难、遵守规则、团结协作等优良品质，以及勇于展现自我、超越自我的精神。

学习规划

本课将体育与健康知识与三年级下册数学课程内容"位置与方向"相融合，以"武林大会"为情境，引导学生在"学、练、赛、评"一体化教学中发展身体素质。环节一，在《少年英雄》音乐的熏染下进行热身，复习武术基本手型、基本手法和基本步型，同时引导学生进入角色情境，提高对武术的兴趣；环节二，在复习武术基本动作的同时增加变换方向的难度，帮助学生认识东、南、西、北、东南、西南、东北、西北八个方向；环节三，根据"平面地图"的指示学练新的武术基本动作，并能够运用正确的姿势与发力方式；环节四，以小组为单位，结合"武功秘籍"进行展示和评价，在发展空间感知能力的同时提高身体的协调性、灵敏性。培养学生积极进取、不怕困难的意志品质，体现武术的精气神。本课设计框架如图1所示。

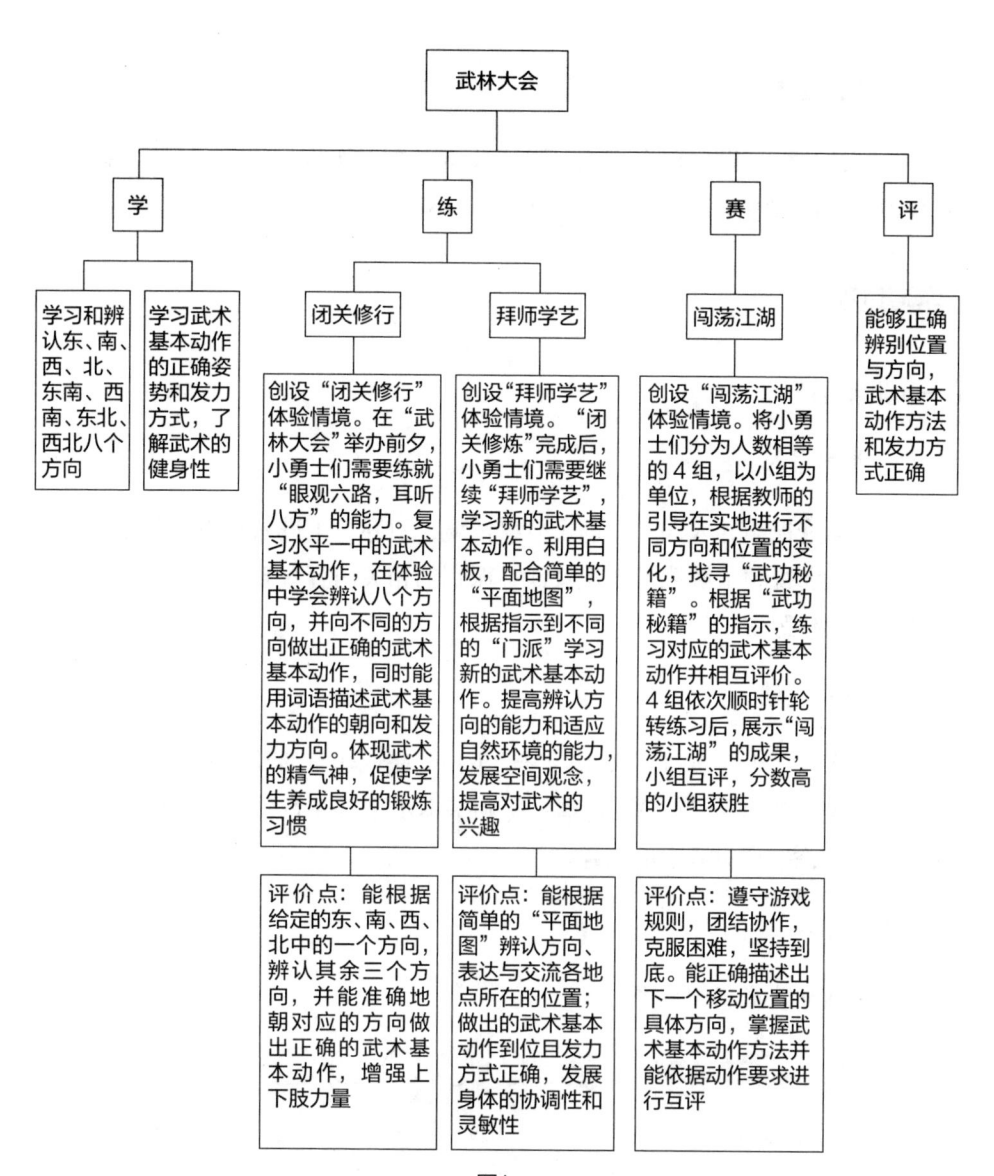

```
                            武林大会
                               │
        ┌──────────┬───────────┼───────────┬──────────┐
        学                     练                     赛          评
        │           ┌──────────┴──────────┐           │          │
   ┌────┴────┐   闭关修行              拜师学艺     闯荡江湖      │
学习和辨   学习武术
认东、南、  基本动作
西、北、   的正确姿
东南、西   势和发力
南、东北、  方式，了
西北八个   解武术的
方向      健身性
```

- **学习和辨认东、南、西、北、东南、西南、东北、西北八个方向**
- **学习武术基本动作的正确姿势和发力方式，了解武术的健身性**

闭关修行：创设"闭关修行"体验情境。在"武林大会"举办前夕，小勇士们需要练就"眼观六路，耳听八方"的能力。复习水平一中的武术基本动作，在体验中学会辨认八个方向，并向不同的方向做出正确的武术基本动作，同时能用词语描述武术基本动作的朝向和发力方向。体现武术的精气神，促使学生养成良好的锻炼习惯

拜师学艺：创设"拜师学艺"体验情境。"闭关修炼"完成后，小勇士们需要继续"拜师学艺"，学习新的武术基本动作。利用白板，配合简单的"平面地图"，根据指示到不同的"门派"学习新的武术基本动作。提高辨认方向的能力和适应自然环境的能力，发展空间观念，提高对武术的兴趣

闯荡江湖：创设"闯荡江湖"体验情境。将小勇士们分为人数相等的4组，以小组为单位，根据教师的引导在实地进行不同方向和位置的变化，找寻"武功秘籍"。根据"武功秘籍"的指示，练对应的武术基本动作并相互评价。4组依次顺时针轮转练习后，展示"闯荡江湖"的成果，小组互评，分数高的小组获胜

能够正确辨别位置与方向，武术基本动作方法和发力方式正确

评价点：能根据给定的东、南、西、北中的一个方向，辨认其余三个方向，并能准确地朝对应的方向做出正确的武术基本动作，增强上下肢力量

评价点：能根据简单的"平面地图"辨认方向、表达与交流各地点所在的位置；做出的武术基本动作到位且发力方式正确，发展身体的协调性和灵敏性

评价点：遵守游戏规则，团结协作，克服困难，坚持到底。能正确描述出下一个移动位置的具体方向，掌握武术基本动作方法并能依据动作要求进行互评

图1

教学准备

1. 学习材料

教学课件，音乐，视频。

2. 活动器材

"武功秘籍"4份（动作方法、动作要求、练习次数、评价要点），标志桶4个，方向指示牌4个，口哨1个，音箱1个，多媒体屏幕1块。

学习过程

（一）准备部分

1. 情境导入

教师通过视频导入课堂，创设故事情境，引导学生进入小勇士角色。

学生跟随视频了解武术知识及武林派别的相关内容。教师追问：你们想不想获得"武林盟主"的荣誉？

2. 热身活动

教师播放《少年英雄》音乐，与学生一起完成热身活动，同时复习武术里的基本手型（拳、掌、勾）、基本手法和基本步型。在音乐声中，引导学生进入角色情境，提高对武术的兴趣。

3. 队形

热身活动队形组织见图2。

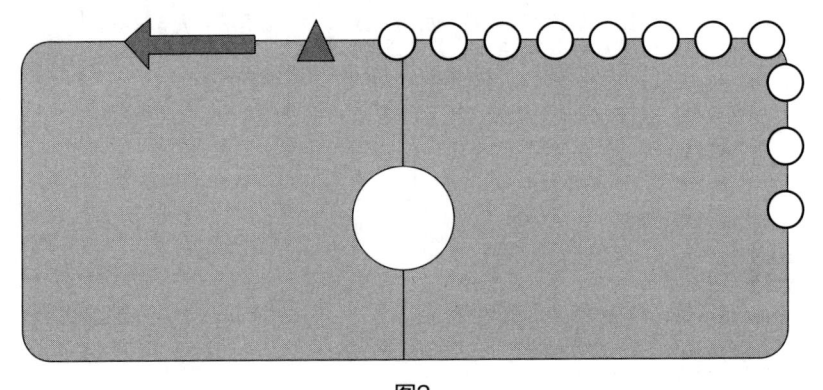

图2

注：○表示学生，▲表示老师。

（二）基本部分

活动一：闭关修行

教师创设"闭关修行"体验情境。在"武林大会"举办前夕，小勇士们需要练就"眼观六路，耳听八方"的能力。引导学生复习水平一中的武术基本动作，在体验中学会辨认东、南、西、北、东南、西南、东北、西北八个方向，并向不同的方向做出正确的武术基本动作，同时能用词语描述武术基本动作的朝向和发力方向。体现武术的精气神，促使学生养成良好的锻炼习惯。

动作要领

冲拳：预备姿势呈并步抱拳或开立抱拳，一拳从腰间向前快速冲出，在肘关节过腰时，前臂内旋，力达拳面，臂伸直，与肩平。左右拳交替练习。

推掌：立掌屈肘，臂由屈到伸，掌向前推出，力达掌沿。

弓步：两脚前后开立，前腿屈膝，脚尖微内扣，后腿蹬直。

马步：两脚左右开立宽于肩，脚尖向前，屈膝屈髋半蹲，大腿略高于膝，全脚着地。

---

1. 组织

师：全班集体复习水平一中的武术基本动作（基本手型、基本手法、基本步型）。根据太阳升起的方向确认东面，依次辨别其余三个方向。提示学生变换动作方向进行练习。

生：根据场地布置及教师引导依次练习。

2. 评价

教师对学生进行指导评价。观察学生是否能根据给定的东、南、西、北中的一个方向辨认出其余三个方向，是否能准确地朝对应的方向做出正确的武基本动作，是否能体现武术的精气神。

3. 队形

"闭关修行"活动的队形组织见图3。

图3

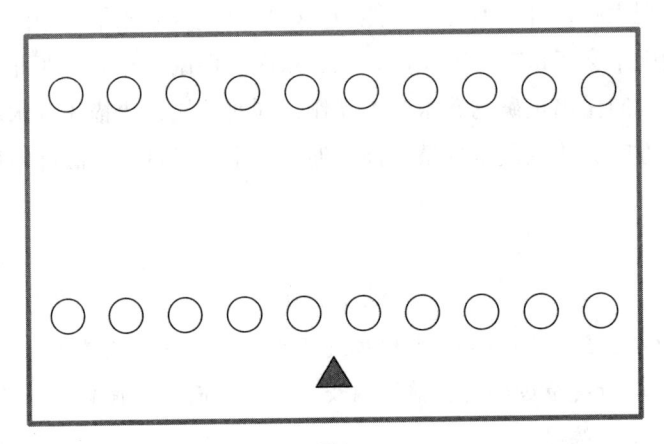

注：〇表示学生，▲表示老师。

活动二：拜师学艺

教师创设"拜师学艺"体验情境。通过"闭关修炼"完成水平一武术基本动作的复习后，小勇士们需要继续"拜师学艺"，学习新的武术基本动作（见图4）。利用白板，配合简单的"平面地图"（见图5），根据指示到不同的"门派"学习新的武术基本动作。提高辨认方向的能力和适应自然环境的能力，发展空间观念，提高对武术的兴趣。

1. 组织

师：全班集体通过语言描述路线中的方向，到达后集体学练相应的武术基本动作。向东走到"武当山"，学习弹踢动作；继续先向东再向南走到"峨眉山"，学习摆掌动作；继续先向南再向西走到"少林寺"，学习撩掌动作；继续先向西再向北走到"昆仑山"，学习穿掌动作。

生：根据场地布置及教师引导依次练习。

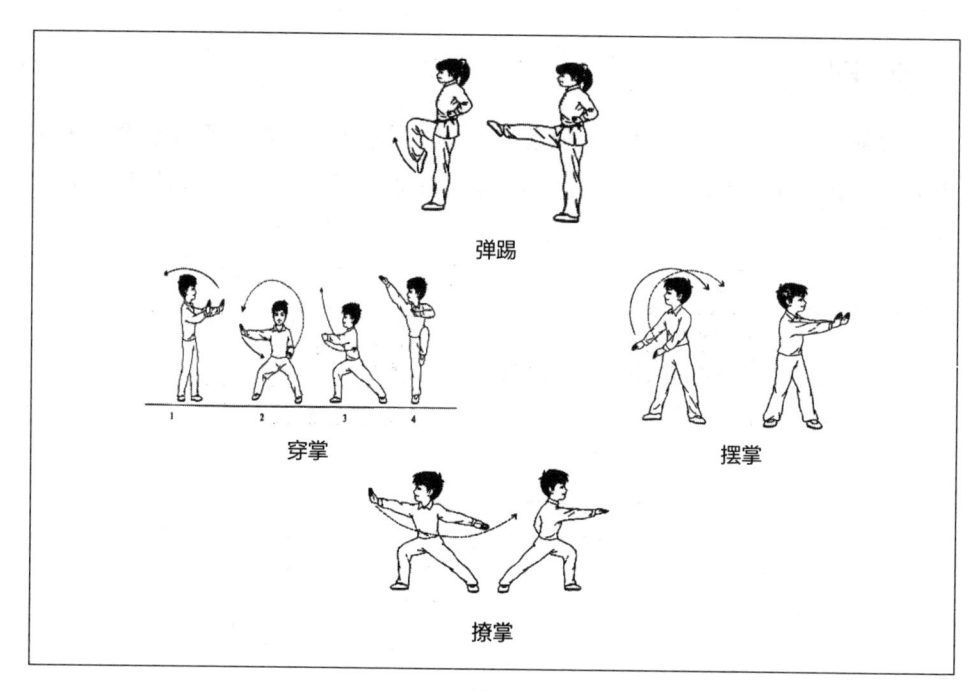

弹踢

穿掌

摆掌

撩掌

图4

北

武当山

昆仑山　　峨眉山

少林寺

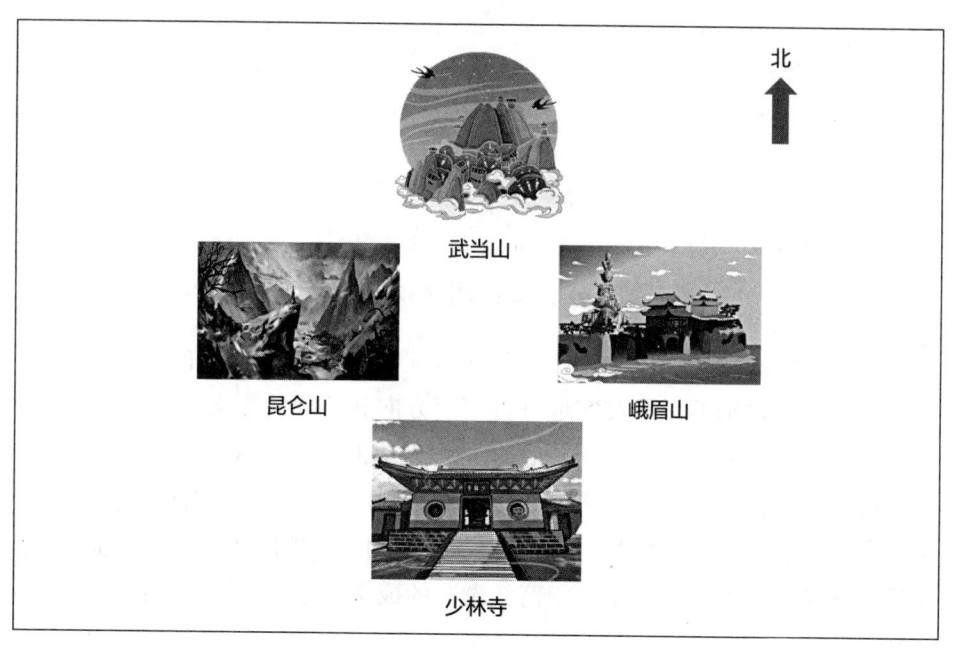

图5

2. 评价

教师对学生进行指导评价。观察学生是否能根据简单的"平面地图"辨认方向、表达与交流各地点所在的位置，做出的武术基本动作是否到位且发力方式正确。

3. 队形

"拜师学艺"活动的队形组织见图6。

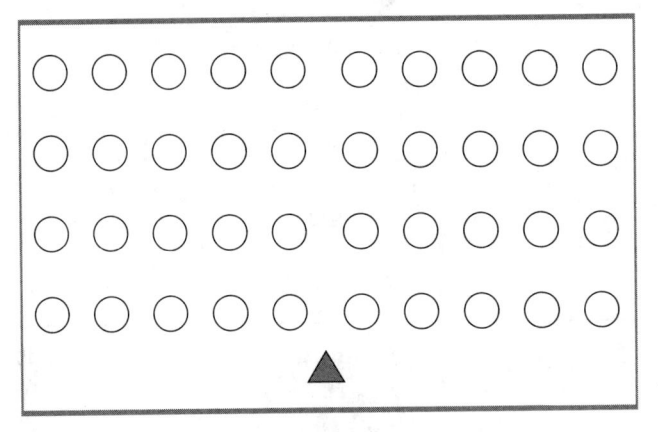

图6

注：○表示学生，▲表示老师。

活动三：闯荡江湖

创设"闯荡江湖"体验情境。将小勇士们分为人数相等的4组，以小组为单位，根据教师的引导在实地进行不同方向和位置的变化，找寻"武功秘籍"。根据"武功秘籍"的指示，学生练习对应的武术基本动作并相互评价。教师巡视指导和纠正动作。教师随机提问学生下一次轮换的方向是什么（例：东→东南，下一个方向为南，见图7），提高学生的空间感知能力。4组学生依次顺时针轮转学习后，展示"闯荡江湖"的成果。小组互评，分数高的小组获胜。

1. 组织

师：全班分成4个大组，每个大组使用一个训练场地，轮换方向寻找"武功秘籍"进行练习。

生：根据场地布置依次练习，大组顺时针交换场地练习，每次轮换有3分钟的时间限制。

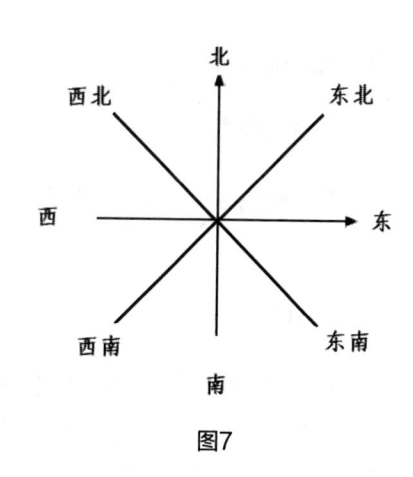

图7

2. 评价

小组相互学习评价。每个大组推荐4名代表进行展示，告诉大家高质量完成动作的秘诀。观察同伴是否能够遵守游戏规则、团结协作、克服困难、坚持到底。是否能够正确描述出下一个移动位置的具体方向，掌握武术基本动作方法并依据动作要求进行互评。

3. 活动路线

"闯荡江湖"活动路线见图8。

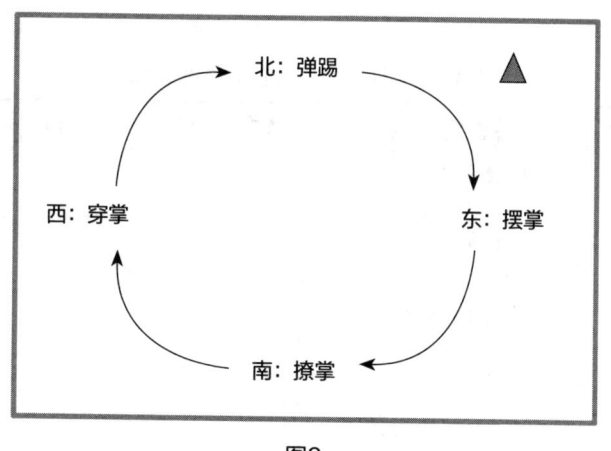

图8

注：▲表示老师。

（三）结束部分

1. 拉伸放松

播放舒缓的音乐，带领学生跟随音乐节奏进行身体各部位拉伸，放松身心。

2. 小结

①组织学生总结本节课的收获与体会。
②引导学生在生活和体育锻炼中正确辨别位置和方向，能够在变换方向的同时把武术基本动作的姿势和发力方式做正确，提高身体的协调性和灵敏性，养成体育锻炼的良好习惯。

3. 评价

师生根据"'武林大会'表现性任务评价单"对本课学习效果进行评价。
①学生自评：对照"运动能力"维度进行自我评价。
②学生互评：对照"健康行为"维度对同伴进行评价。
③教师点评：对照"体育品德"维度进行评价，并反馈总结。

"武林大会"表现性任务评价单

评价维度	评价观测点	优秀	良好	再努力	评价方式
运动能力	1. 掌握武术基本动作方法 2. 能够辨认位置与方向 3. 运用正确的姿势与发力方式完成任务				学生自评
健康行为	1. 认真听讲，积极讨论 2. 练习过程不说话 3. 安全意识强				同伴互评
体育品德	1. 遵守规则，友爱谦让 2. 顽强拼搏，勇于挑战 3. 团结协作，互相加油				教师点评

课例点评

该课坚持"健康第一"的教育理念，落实"立德树人"根本任务，以学生发展为本，注重学生身心的全面发展，注重体育专项技能中武术与数学学科的融合，将武术基本动作与"位置与方向"有机整合，创设"武林大会"情境，提高学生学练的积极性和有效性。在教学中采用循序渐进、层层深入的教学方法，让学生在逐步掌握武术基本动作的同时学会辨别位置与方向。根据学生的年龄特点与认知能力，引导学生体验"闭关修行""拜师学艺""闯荡江湖"等习武过程，掌握武术的基本动作，能运用正确的姿势与发力方式，同时能辨认正确的位置与方向，让每一名学生充分体会到武术和数学相结合的乐趣。通过白板和实地展示，让学生更加直观地明白东、南、西、北、东南、西南、东北、西北八个方向。以小组为单位，巧设探寻"武功秘籍"活动，引导学生开展自主、合作、探究学习，充分发挥学生的主体作用，在了解武术健身性的同时养成良好的锻炼习惯，提高适应自然和社会环境的能力。总之，学生在"学、练、赛、评"中发展了运动能力和空间感知能力，形成了勇敢顽强、团队协作的优良品质。

课例 9

消防员体验记
——体能跨学科主题学习[1]

本课以《义务教育体育与健康课程标准（2022年版）》中跨学科主题学习的要求为依据进行设计。跨学科主题"钢铁战士"中水平二"英雄小少年"学习主题要求结合中国人民解放军的优良传统教育，在体能学练中引导学生扮演战士、消防员等不同角色，促进学生理解发展体能的作用，以及所承担角色任务的重要性。本课以体育学科为本，融合消防安全教育内容，通过学习消防知识、进行消防演练，帮助学生掌握一些消防安全常识及防火自救的方法，提高学生的自救意识，培养应变能力；融合音乐学科里的中国鼓知识，通过敲击速度与力度的变化调整步伐节奏，并且通过敲击中国鼓的不同部位发出不同的音色来变换脚步动作，提高身体的灵敏性；融合劳动教育，让学生体验消防员的职业，模拟练习消防员穿消防衣、灭火、救援等技能，感受消防员职业的艰辛与伟大，深刻理解发展体能的作用；融合道德与法治，通过体验消防员的灭火救援场景，渗透德育，让学生感受消防员舍小家为大家的敬业精神，培养学生勇于承担责任的意志品质。

课例名片

- 年　级：三年级
- 课时数：1
- 学　科：体育与健康、艺术、道德与法治、劳动教育、安全教育

主题分析

本课是根据跨学科主题"钢铁战士"中水平二"英雄小少年"学习主题来设计的，主要是在体能学练中引导学生扮演消防员的角色，促进学生理解发展体能的作用，以及所承担角色任务的重要性。学生通过扮演消防员角色，体验

---

[1] 本课由河南省郑州市郑东新区康宁小学的林丛老师、郭艳红老师设计，由林丛老师执教，由河南省郑州市郑东新区基础教育教学研究室张金龙老师点评。

消防员接到火警后出警、灭火、救援等环节，发展灵敏、速度、力量等体能，理解体能学练的重要性，并获得对消防员这一职业的真切理解，激发爱国情怀。本课教学设计以"如何快速灭火救援？"作为驱动性问题，并将其分解为"如何快速出警？""如何快速有效灭火？""如何正确救援？"三个子问题，每个子问题又被分解为系列小问题，引导学生在问题解决中综合运用安全教育、国防教育、科学、音乐、体育与健康等知识与技能。例如，在灵敏性学练中引入音乐学科里的中国鼓，通过敲击速度与力度的变化变换动作，提高灵敏性；在灭火环节，融合科学知识；在整个消防员角色体验中，融合职业教育和理想教育，并强化了消防安全教育。

学习目标

知识技能学习目标：通过综合运用消防安全、音乐、劳动等知识，模拟并体验消防员快速出警过程，掌握穿消防衣、有效灭火、合理救援等消防技能。90%的学生学会钻灵敏圈、拖拉标志桶前进、抬人等技能，并且动作合理标准，10%的学生在教师和同伴的帮助下能够完成动作。

体能素质锻炼目标：通过体验消防员执行任务的整个过程，深刻体会发展体能的重要性，积极参与各项体验学习活动，掌握提高灵敏性、速度、力量等身体素质的几种练习方法，如小碎步、高抬腿、负重等。

情感品格培养目标：在扮演消防员进行出警、灭火、救援的实战演练中，培养战术思维；同时激发对消防战士的敬佩之情，能发自内心地为消防员的职业精神敬礼，树立职业理想。

学习规划

本课与音乐、道德与法治、劳动教育、消防安全教育等课程相融合，由"学、练、赛、评"四部分组成，通过创设走进101消防大队、扮演消防员学练技能及灭火救援的情境，引导学生扮演消防员学练消防技能和发展体能。在热身环节，通过一起来做消防操帮助学生复习消防知识并进入消防员角色。基本部分设置了消防员接到火警后快速出警、合理灭火、正确救援几个环节。快速出警环节，设计了模拟穿消防衣的活动，引出灵敏性是消防员必须具备的素质之一，初步体会发展体能的重要性；设计了小碎步学练活动，利用中国鼓节奏和音色的变化进行小碎步练习，提高学生的灵敏性；设计了高抬腿学练活动，利用灵敏圈进行高抬腿练习，提高速度素质。合理灭火环节，复习消防安全知识，进行模拟灭火练习，进一步体会发展体能的重要性。正确救援环节，设计了小组讨论、展示、体验救援方法的活动，通过小组讨论、展示火场正确救援的方法，让学生深刻体会在救援中需要合作完成任务，正确的救援方法才能保证生命安全，良好的身体素质是完成救援任务的必备条件。在基本部分，学生掌握钻灵敏圈、小碎步、高抬腿等动作以及救援中抬人、架人技能并发展体能。最后通过模拟灭火救援的实战比赛，让学生感受到消防技能掌握和体能的发展对消防员完成灭火救援任务的重要性。结束部分伴随歌曲《有你就幸福》进行拉伸放松，总结、评价本次学习活动；开展理想教育，引导学生学习消防员的爱国主义精神，激发对消防员职业的崇敬之情。本课设计框架如图1所示。

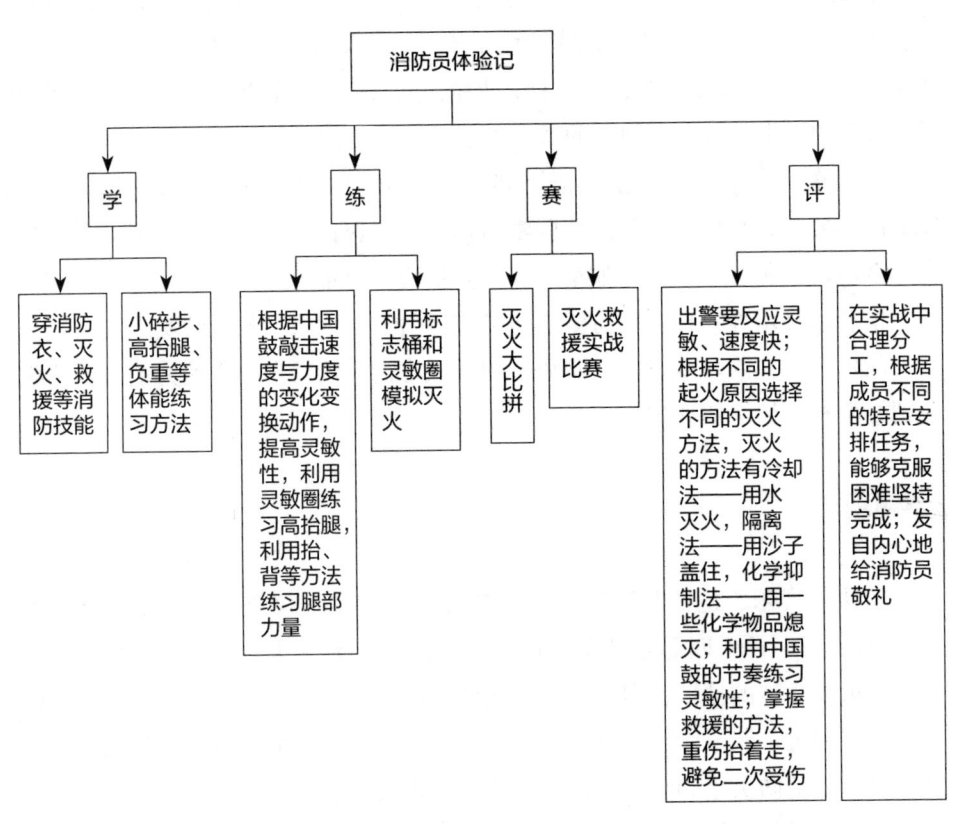

图1

教学准备

活动器材

灵敏圈40个，标志桶20个，小地标40个，口哨1个，音箱1个。

学习过程

（一）准备部分

1. 情境导入

提出本课内容，教师声情并茂地导入："同学们，经过前两次活动，我们学习了系列消防知识，进行了消防逃生自救演练，还通过视频观摩了消防员穿消防衣、灭火、救援等演练活动，今天我们就化身小小消防员，走进消防队，体验消防员的这些活动吧。小消防员们，欢迎大家来到101消防队，我是你们的指导员林老师，我们的体验活动就从一起做消防操开始吧。"

2. 热身活动

教师带领学生跟着音乐《一起来做消防操》进行热身操练习，融合安全教育，复习消防安全知识，完成对身体各个关节的活动，最后利用开合跳和吸腿跳让学生进入热身状态。教师语言提示学生腰立直，模仿教师的动作。学生跟上节奏，认真练习。

> **小贴士**
>
> 教师创设情境引导学生走进101消防大队，通过让学生扮演消防员从而进入学习状态。《一起来做消防操》热身操练习，把消防知识编排成一套操方便学生学练，在复习巩固消防知识的同时活动身体，为接下来的学练做好知识储备和身心准备。

（二）基本部分

活动一：出警——如何快速出警？

教师创设"出警"体验情境，播放警铃声音，用语言导入："警铃响起，准备出警，我们需要用最快的速度穿上消防衣。"师生通过钻灵敏圈模拟消防员穿消防衣的过程，认识到灵敏素质是消防员的必备素质。师生利用灵敏圈进行小碎步的灵敏性练习，并引入中国鼓，借助中国鼓敲击速度与力度的变化变换小碎步的快慢和抬腿幅度。在出警路上，消防员不光要具备灵敏素质，速度快也至关重要，高抬腿练习可以增强提速能力。过程中，两人一组利用灵敏圈进行抬腿触圈练习以此控制抬腿幅度，有效解决动作不规范的问题。最后团队配合进行速度、灵敏素质趣味挑战——两人一组转圈互换位置，把本环节引入高潮，培养团队意识，激发学生的学练兴趣。

1. 组织

（1）穿消防衣

①把灵敏圈当作消防衣，模拟穿消防衣——钻圈。

师："警报声已经拉响，准备出警，需要我们用最快的速度穿上消防衣，下面我们就利用灵敏圈来进行穿消防衣的练习。"

生：在教师的指导下进行穿消防衣（钻圈）练习。

②进行快速钻圈比赛，并思考如何快速穿上消防衣。师生共同讨论快速穿消防衣的秘诀，引出灵敏性。

师：引导学生开展穿消防衣比赛并思考——"如何才能快速穿好消防衣？"

生：积极参与比赛并回答问题。师生共同总结，认识到灵敏性是消防员必备的身体素质之一。

（2）灵敏素质练习

①学习小碎步——原地圈内小碎步。

师生学练圈内小碎步，教师示范，学生在教师语言指导下练习。

②小碎步升级练习一：引入中国鼓，进行小碎步练习。根据敲击速度与力度的变化变换小碎步的快慢与抬腿幅度。速度快，脚步快；速度慢，脚步慢；力度弱，抬腿幅度小；力度强，抬腿幅度大。

③小碎步升级练习二：敲鼓下的进圈出圈小碎步练习。根据敲击鼓边和鼓面音色的不同来掌握进圈出圈的节奏。

④小碎步升级练习三：击鼓进行小碎步趣味挑战练习。根据敲击鼓边和鼓面的音色不同快速做出反应，如敲击鼓边时圈内进行小碎步练习，敲击鼓面一声时向左出，敲击鼓面两声时向右出。进行击鼓练反应的趣味练习，教师击鼓，学生练习。

（3）速度素质练习

出警路上，消防员的速度也很重要。教师语言引导："救援路上时间就是生命，要和时间赛跑，要想拯救更多鲜活的生命，我们消防员还要具备良好的速度素质！"

①学习高抬腿。

师：以身示范——大腿高抬，手臂前后摆动，落地屈膝缓冲。

生：模仿练习，大声地喊出练习的次数。

②两人一组开展高抬腿触圈练习。过程中，纠正高抬腿时腿抬不高的易错动作，利用腿抬得高可以把圈弹起来的原理促使学生大腿高抬。

师：引导学生两人一组相互指导评价、相互鼓励加油。

生：边练习边相互指导、评价、鼓励。

③速度、灵敏素质趣味挑战。两人一组转圈互换位置练习，促进学生相互配合并提高速度、灵敏素质。教师讲规则并进行示范，学生挑战练习。

师："请你来和我一起给大家做个示范。两人同时转动一下灵敏圈后快速互换位置并在圈落地前扶住圈，算是成功配合一次。下面从哨声响起到哨声结束，看你们小组能成功完成几组。"

生：两人一组进行组间比赛，体会配合的重要性。

师："消防员们，刚才每组配合得都很默契，让我们注意力再集中一些，把圈转得再稳一些，速度再快一些，看能不能超越自己。开始！"通过引导学生与自己进行比赛，教育学生超越自己也是成功。

2. 评价

出警要求反应灵敏、速度快；知道灵敏、速度素质，进行灵敏素质练习时能根据外界的变化快速做出动作反应，配合默契，并能够互相指出对方的错误动作并改正。评价方式主要是学生互评、教师口头评价和小贴画奖励。

3. 队形

"出警"活动的队形组织见图2至图5。

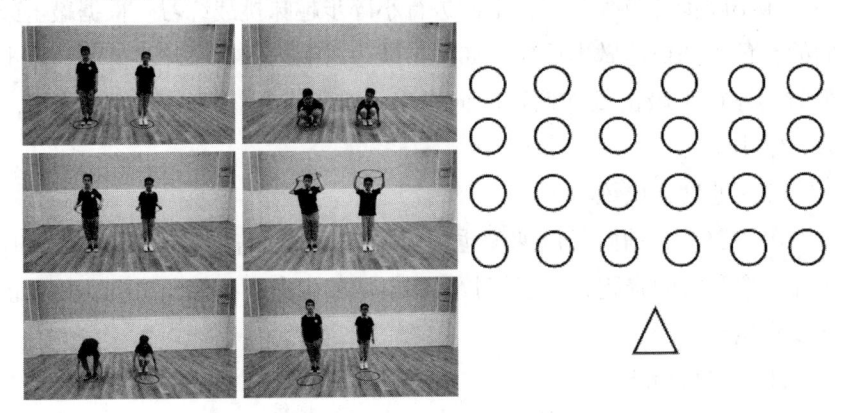

图2 穿消防衣——钻灵敏圈动作与队形

注：○表示学生，△表示老师。

图3 利用中国鼓进行小碎步练习动作与队形

注：○表示学生，△表示老师。

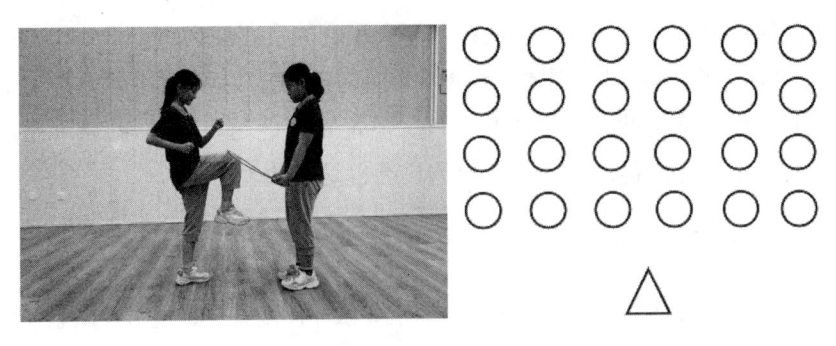

图4 高抬腿触圈动作与队形

注：○表示学生，△表示老师。

图5 两人一组转圈互换位置练习及队形

注：○表示学生，△表示老师。

活动二：灭火——如何快速有效灭火？

师生一起回忆前两次活动中灭火的方法。教师语言引导："我们在前两次活动中学过要根据不同的起火原因采用不同的灭火方法。现在请大家回忆一下灭火有哪几种方法。"学生得出答案：在前两次活动中分别学过冷却法（用水灭火）、隔离法（用沙子灭火）、化学抑制法（用化学物品灭火）。师生进行模拟灭火练习，教师语言引导："消防员们，今天我们来体验用水灭火的方法。大家知道用水灭火时需要将水射向火源的哪个部位？对了，是火源的根部，接下来我们就用灵敏圈来模拟水管，接近着火点（标志桶）位置后，用灵敏圈套住标志桶的根部并将其拖到起点位置完成灭火。"在灭火体验中，学生掌握灭火的方法，同时进行小组比赛，这样既锻炼了学生的速度，又活跃了课堂氛围。

1. 组织

①师生共同讨论灭火方法。融合安全教育、科学等知识，讨论灭火方法。

师："通过刚才的练习，我们已经可以在接警后快速出警了，接下来该到达火场灭火了，不同的起火原因要采用不同的灭火方法。"

生：回答灭火方法以及有效灭火的窍门。灭火的方法：冷却法、隔离法、化学抑制法。冷却法里面的用水来灭火需要将水射向火源的根部。

②用灵敏圈和标志桶模拟灭火。

师：示范并讲解，用手里的灵敏圈来模拟水管，接近着火点（标志桶）位置后，用灵敏圈套住标志桶的根部并将其拖到起点位置完成灭火。

生：进行灭火练习，用灵敏圈套住标志桶根部并拉到起点，每人完成一次；接受教师语言指导。

③开展灭火大比拼。

师：语言提示与指导，两人一组依次灭火。一人完成灭火后另外一人快速接力，看哪个小组灭火快、灭火有效。

生：积极参与并完成比赛。

2. 评价

能够根据不同的起火原因选择不同的灭火方法，灭火的方法有冷却法（用水灭火）、隔离法（用沙子灭火）、化学抑制法（用化学物品灭火）；灭火要灭火源的根部，动作协调、速度快。根据学生的回答与表现，采取教师评价与学生互评相结合、语言评价与小贴画奖励相结合的方式。

3. 队形

"灭火"活动的队形组织见图6、图7。

图6 模拟灭火的动作及队形

注：○表示学生，△表示老师。

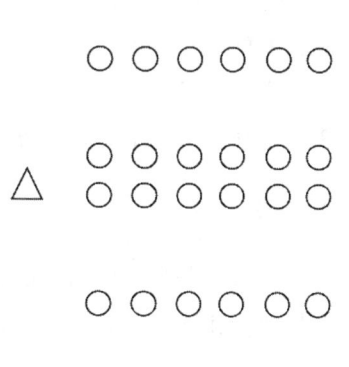

图7　灭火大比拼动作方法和队形

注：○表示学生，△表示老师。

活动三：救援——如何正确救援？

师生进行消防救援知识讨论："消防员们，你们知道消防救援中最重要的是什么吗？对，是救人。在救人的过程中，我们可以根据被困人员受伤的轻重情况，采取不同的救援方法把他们带离火场。现在4人一小组进行小组讨论——遇到轻伤怎么把他们带走，遇到重伤怎么把他们带走。讨论之后尝试一下你的方法是否合理。"学生得出答案：受困人员轻伤时架着他们走。遇到轻伤的伤员，消防员可以将伤员的胳膊搭在自己的肩膀上，搀扶行进。组织形式：每组的第一名消防员搀扶第二名消防员，到达对面标志桶后互换并返回起点。受困人员重伤时抬着走。当遇到重伤的伤员时，消防员就要背着或者两人抬起伤员行进。组织形式：一二名消防员抬第三人，第四人辅助，到达标志桶后自由调换角色，以顺利实现救援。通过参与救援救护的模拟情景，体验消防员救援过程，同时锻炼力量素质。

1. 组织

①小组讨论不同的救援方式并尝试。

师：提示讨论流程，先讨论救援方法，再实践，最后总结方法。

生：按照流程进行讨论。

②学生展示。

师：提示展示流程，先说展示的是轻伤救援方法还是重伤救援方法，再展示，最后讲解此方法的注意事项。

生：两个小组展示。

③练习学生讨论出的救援方式，如架着走（两人）、抬着走（三人）。

2. 评价

讨论环节，教师进入组内，巡视各组讨论情况，进行语言评价；展示环节，教师评价和学生互评相结合；练习环节，学生互评。

3. 队形

"救援"活动的队形组织见图8、图9。

图8　救援方式讨论及队形

注：〇表示学生，△表示老师。

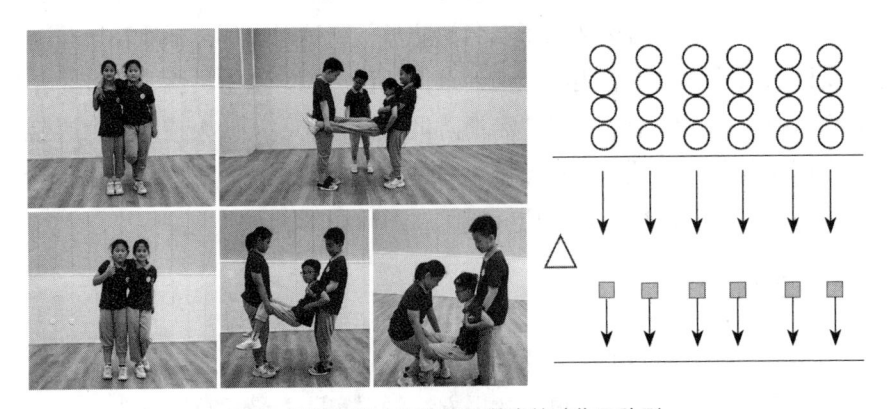

图9　轻伤架着走和重伤抬着走的动作及队形

注：〇表示学生，△表示老师，□表示伤员。

活动四：模拟实战演练——完成灭火救援任务

模拟灭火救援实战演练，综合运用穿消防衣、灭火、救援等消防技能。播放消防警报声音，教师语言导入："警报响起，接到火警电话，我市某小学发生火灾，需要灭火救援，请各小组整理装备，看哪一小组速度最快！"小组运用战术思维，合理分工，进行实战演练。师生通过本次模拟实战，感受灭火救援中消防员们与火情争夺时间、舍生忘死的奋斗和拼搏精神。

> **演练规则**
>
> 接警后需要按照流程分工完成灭火救援任务。本次将营救两名伤员，一轻一重。首先，快速出警，用灵敏圈接力穿消防衣，然后第四人实施灭火，将标志桶拖回起点，返回后把圈套到标志桶，排到队尾。其次，第一人搀扶第二人到达安全地带，也就是标志桶后，第二人快速返回，与第三人合力抬起第四人到达安全地带。

1. 组织

师："我们已经体验了出警、灭火、救援的整个过程，还练习了体能，接下来我们要在模拟灭火救援演练中进行综合运用。"教师找一组学生，边讲解演练方法边示范。教师语言激励学生完成挑战，并提醒学生遵守规则。

生：体验并合理安排救援战术和方法，接受教师指导。

2. 评价

运动能力：在灭火救援中用时少且有效完成灭火救援任务的小组获胜。健康行为：在实战中合理分工，根据成员不同的特点安排任务，坚持完成任务。体育品德：在比赛中能够克服困难、顽强拼搏、勇于挑战、遵守规则、友爱谦让、团结协作、互相鼓励。

3. 队形

实战演练队形组织见图10。

图10

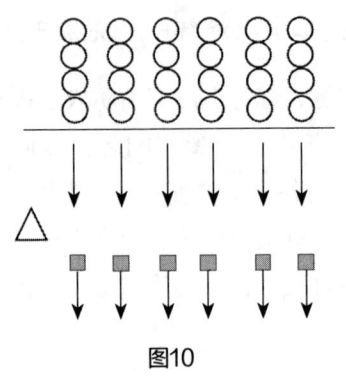

注：○表示学生，△表示老师，■表示伤员。

（三）结束部分

1. 拉伸放松

教师语言引导："正是消防员们与火情争夺时间的奋斗精神、舍生忘死的拼搏精神，为我们换来了安宁的幸福生活。下面跟着《有你就幸福》这首歌进行放松。"教师语言指导学生放松。学生认真听讲，在音乐中感受消防员的职业精神，跟随音乐进行拉伸放松。

2. 小结

师生总结本次学习活动，进行情感升华。教师语言引导："从消防员身上，我们学到了什么精神？"学生回答，教师总结，引出学习消防员的爱国主义精神，激发学生对消防员职业的崇敬之情，进行理想教育。学生向消防员的职业精神敬礼，发自内心地学习消防员精神。

3. 评价

教师对各小组的表现进行评价，积极参与、练习认真、回答问题的学生获得小贴画，本节课获得的小贴画可以兑换相应的奖励。

课例评析

体育与健康课程和国防教育具有许多关联之处，主要体现在培养学生的爱国主义和集体主义精神，合理运用战术思维，发展体能，强调纪律意识以及勇敢顽强、不畏艰难、勇于担当等精神品质。该课是根据《义务教育体育与健康课程标准（2022年版）》跨学科主题"钢铁战士"中水平二"英雄小少年"学习主题要求设计的。教师敢于创新，精妙地把握了跨学科主题学习的精髓，创设大情境、大任务。该课以扮演消防员的角色、体验消防员的一天为学习任务，设置了走进消防队体验消防员做操、出警、灭火、救援等消防员日常演练的模拟情景，以如何快速有效灭火救援的大任务为驱动，教学过程一环扣一环，每个环节"学、练、赛"衔接自然。

该课以体育学科为主体，融合了德智体美劳等多个教育领域，运用多学科知识去解决体育学科学练的问题。比如，融合美育，在灵敏性学练中融合音乐学科里的中国鼓，通过敲击速度与力度的变化变换动作，提高灵敏性；融合德育，通过体验消防员的灭火救援场景渗透德育，让学生感受消防员的爱国精神；融合安全教育，运用系列消防安全知识，提高学生的消防意识和消防能力；融合劳动教育，体验消防员的职业，模拟练习消防员穿消防衣、灭火、救援等技能，感受消防员职业的艰辛与伟大；融合科学，通过运用科学学科的灭火、救援小常识，帮助学生练习消防技能。

该课处处体现以体育人，比如在体验消防员穿消防衣、灭火、救援的每个环节都设置了表现性的语言评价。此外，还设置了学生互评，引导学生团结协作、相互鼓励，激发学生的合作意识和爱国精神。

课例 10

消防特战队
——田径专项跨学科主题学习[1]

本课以《义务教育体育与健康课程标准（2022年版）》的课程理念为依据，以发展学生核心素养为目标，坚持"健康第一"的指导思想，以学生发展为本，关注每一个学生，引导学生建立"主动参与，乐于探究，交流合作"的学习方式，促进学生全面发展。本课将体育与健康和消防安全教育进行融合，以消防员职业为主题，以学习消防知识、掌握消防器材的使用方法和发展跑动能力为目的，在带领学生了解消防战士的日常生活和职责种类，体验变身"消防员"的同时，提高学生的运动能力，增强其社会实践能力和危险防范能力。

课例名片

- 年　级：四年级
- 课时数：1
- 学　科：体育与健康、安全教育

主题分析

本课以小学四年级基本运动技能中的多种形式跑的练习为主要内容，结合中小学安全教育中的消防安全教育课程进行活动设计。以"消防特战队"为主题，通过对火灾以及应急事件的了解，知道消防员职业的特殊性。利用情景模拟变身"消防特战队队员"，掌握多种形式跑的练习方法和学习各种消防器材的使用方法。通过"热身演习—技能特训—马蜂危机—地震救援"等情境活动任务，引导学生在了解消防安全知识的同时掌握基础运动技能的动作与方法。运用自主、合作、探究的小组化教学模式，对学生进行战队分组，培养学生不怕困难、坚持不懈、团结协作的体育精神，使其掌握消防知识并形成实践

---

[1] 本课由浙江省宁波市镇海区蛟川中心学校的陈银银老师设计，由浙江省宁波市镇海区鲲池小学的鲍幸琪老师执教，由山东省泰安市泰山实验中学的宋晓露老师、安徽省无为第三中学的杨斌老师、安徽省合肥市行知学校站塘校区的汪艳萍老师点评。

能力，真正拥有危险防范能力，让安全教育这颗"种子"牢牢扎根于学生心中。

学习目标

知识技能学习目标：了解消防安全的基本知识，掌握消防器材的使用方法；了解田径类折返跑、快速跑动作的相关知识与价值，掌握和运用相关运动技能。

体能素质锻炼目标：通过"学、练、赛"，发展速度、力量、耐力、灵敏等身体素质。

情感品格培养目标：积极参与各项任务，主动与同伴交流合作，勇敢顽强，积极进取，敢于自我评价，坚持完成各项任务，形成坚持不懈、不怕困难、团结协作的意志品质。

学习规划

本课将体育与健康和安全教育相融合，由"学、练、赛、评"四部分组成。以消防员这一职业体验为主线，以基本运动技能中多种形式跑的学练为基础，注重挖掘教学中的德育要素。本课开始时抛出问题——"如何成为一名合格的消防战士？"，让学生明白消防员的职责所在，激发学生角色扮演的学练兴趣。第一关，热身演习。热身环节利用火警音效和声音指令进行热身跑。第二关，技能特训。引导学生强化基本跑动能力的同时，掌握消防器材的使用方法。第三关，马蜂危机。通过创设清除马蜂活动情境，让学生明白消防战士的职责不止救火。第四关，地震救援。通过创设地震情境，让学生相互配合抢救埋在废墟（杠铃片）中的伤员。最后，在《感恩的心》音乐声中进行嘉奖。通过本课学习，提高学生自主学习能力，培养学生团结协作、互帮互助、合作探究、分析问题和解决问题的综合能力。本课设计框架如图1所示。

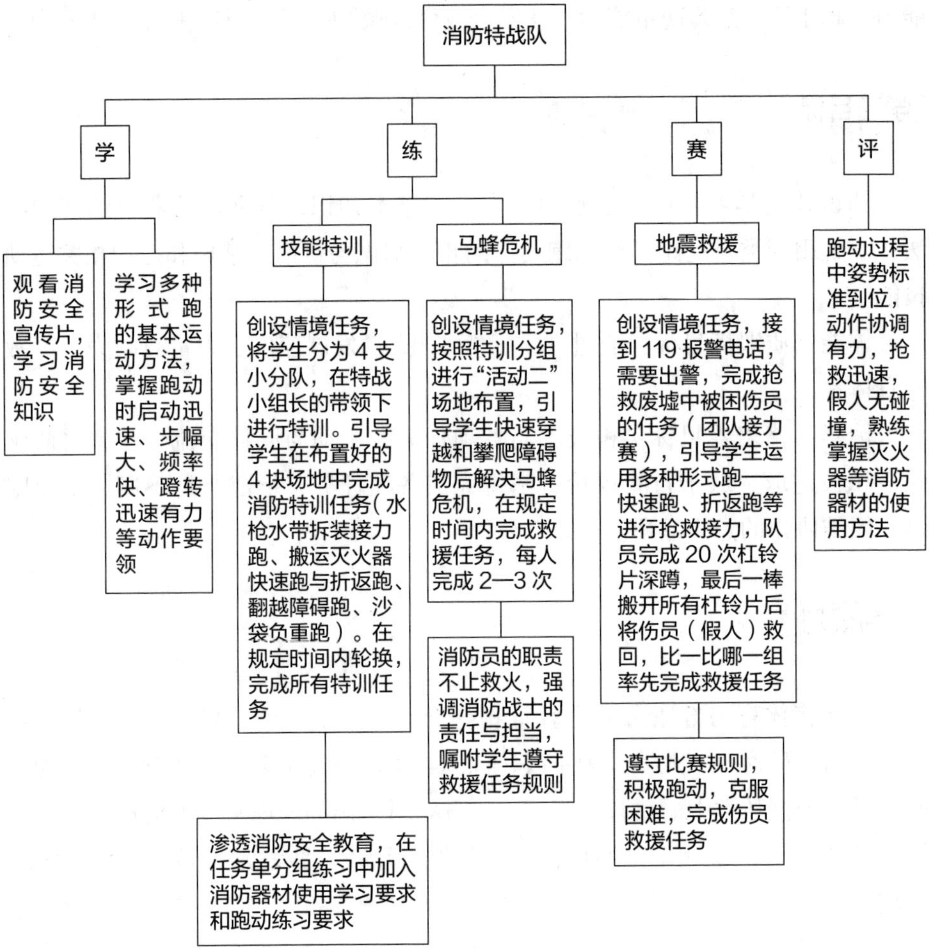

```
                           消防特战队
                              │
        ┌─────────────┬───────┴───────┬─────────────┐
        学            练              赛            评
        │             │               │             │
   ┌────┴────┐   ┌────┴────┐          │             │
                技能特训   马蜂危机    地震救援
```

| 观看消防安全宣传片，学习消防安全知识 | 学习多种形式跑的基本运动方法，掌握跑动时启动迅速、步幅大、频率快、蹬转迅速有力等动作要领 | 创设情境任务，将学生分为4支小分队，在特战小组长的带领下进行特训。引导学生在布置好的4块场地中完成消防特训任务（水枪水带拆装接力跑、搬运灭火器快速跑与折返跑、翻越障碍跑、沙袋负重跑）。在规定时间内轮换，完成所有特训任务 | 创设情境任务，按照特训分组进行"活动二"场地布置，引导学生快速穿越和攀爬障碍物后解决马蜂危机，在规定时间内完成救援任务，每人完成2—3次 | 创设情境任务，接到119报警电话，需要出警，完成抢救废墟中被困伤员的任务（团队接力赛），引导学生运用多种形式跑——快速跑、折返跑等进行抢救接力，队员完成20次杠铃片深蹲，最后一棒搬开所有杠铃片后将伤员（假人）救回，比一比哪一组率先完成救援任务 | 跑动过程中姿势标准到位，动作协调有力，抢救迅速，假人无碰撞，熟练掌握灭火器等消防器材的使用方法 |

马蜂危机下方：消防员的职责不止救火，强调消防战士的责任与担当，嘱咐学生遵守救援任务规则

地震救援下方：遵守比赛规则，积极跑动，克服困难，完成伤员救援任务

技能特训下方：渗透消防安全教育，在任务单分组练习中加入消防器材使用学习要求和跑动练习要求

图1

教学准备

1. 学习材料

消防安全宣传视频1个，音乐，任务单（说明指示牌）4块，表现性任务评价单1份。

2. 活动器材

迷你消防服2件，消防水带水枪（可拆卸）2组，跳箱16个，小型灭火器4

个，假人（上半身）4个，标志桶8个，标志杆8根，音箱1个，红笔4支，马蜂标识牌4个，海绵擦4个，杠铃片若干，奖章若干。

学习过程

（一）准备部分

1. 情境导入

播放消防安全宣传视频，让学生明确消防安全隐患的严重后果以及消防员的职责和重要性，并提出问题——"如何成为一名合格的消防战士?"。创设情境任务，播放集合铃声，以快速集合（队列队形）的方式，召集消防队紧急会议，宣布本次消防应急任务，让学生快速进入消防员角色，开始本课学习。

2. 热身演习

教师借助警笛声，带领学生进行慢跑热身。学生通过教师设定的音乐背景提示来做出反应，慢跑中有"前方道路宽阔请加速前往""浓烟滚滚请捂住口鼻""前方路面崎岖小心路障"等情景模拟，做出加速跑、团身跑、高抬腿跑等专项热身动作。学生分成4路纵队围绕两个标志桶进行往返跑热身。

3. 活动路线

热身演习活动路线见图2。

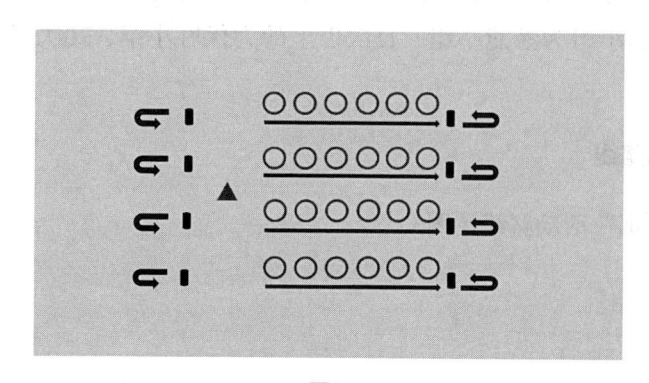

图2

注：■表示标志桶（往返跑），➡表示行进路线，〇表示学生，▲表示老师。

（二）基本部分

活动一：技能特训

教师布置场地，创设消防队日常训练情境，引导学生进入角色体验，宣布任务：各特战小组注意，现有4个集训任务，分别在4个场地，需要大家共同完成。

1. 组织

师：进行分组，10人为一大组，5人为一小组。引导学生以小组为单位，结合所在场地的任务单，发展多种形式跑的专项技能素质和体能，掌握消防器械的使用方法。到预定时间后，小组逆时针轮换场地继续完成任务。

生：场地一——小组进行水枪拆装折返跑，在跑动过程中掌握水管拼接的方式和水枪卡扣拆装的方法；场地二——小组进行灭火器搬运快速跑，在跑回后进行灭火器使用方法的学习；场地三——小组进行翻越障碍耐久跑，在呈一路纵队跑动过程中迅速翻越障碍后返回；场地四——小组进行沙袋负重跑，其他成员进行消防服穿戴学习。针对多种形式跑的专项技能练习，每个小组在一块场地至少练习5分钟，在一、二、四场地中每人至少练习8次以上。

2. 评价

按小组评价，动作正确、协调并掌握消防器材的使用方法，完成10次以上场地任务的小组为潜能小组，15次以上的为优胜小组，20次以上的为最佳小组。

3. 活动路线

"技能特训"活动路线见图3。

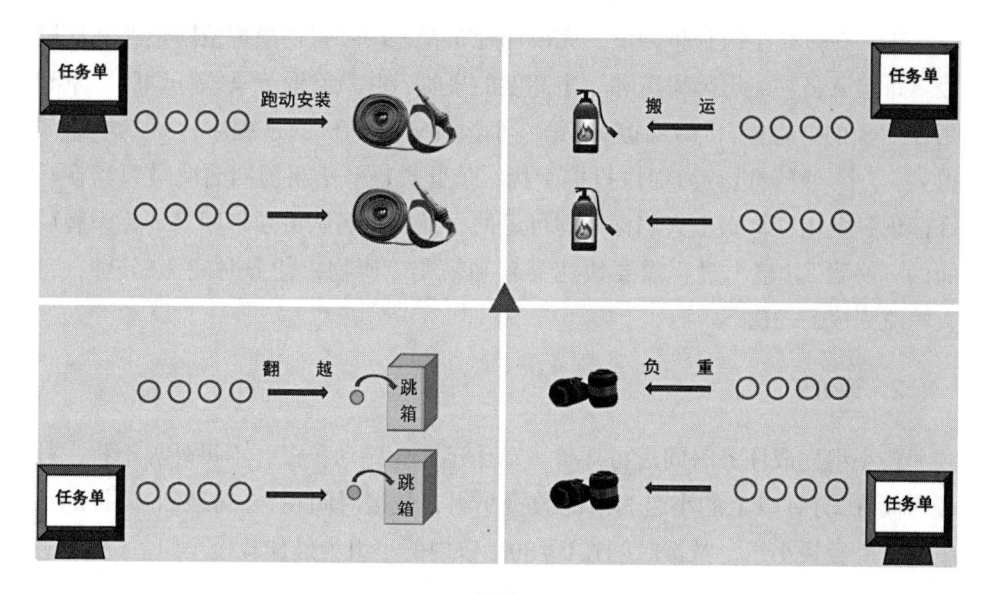

图3

注：🧯表示消防水枪（练习折返跑），🧴表示小型灭火器（练习快速跑），▪表示跳箱（练习翻越障碍耐久跑），⬛表示沙袋（练习负重跑），○表示学生，▲表示老师。

活动二：马蜂危机

经过活动一的技能特训之后，马上进行实践演练。教师创设情境任务——"现在（所在地）街道小区发生马蜂蜇人事件，居民房檐下发现大型马蜂窝，需要消防员立刻出警解决！"队员们需要立刻前往现场拿下马蜂窝，相互配合解决危机。教师组织各组小组长进行接力，最终将蜂蜜带回即为完成任务。

1. 组织

师：分组不变，提示学生以小组为单位开展活动。引导学生结合所在场地的任务单参与活动二"马蜂危机"，发展多种形式跑的专项技能素质和体能，预定时间到后，统一在自己场地进行布置与练习。

生：在分队小组长带领下，完成场地布置，用障碍物模拟抢险道路和居民楼。每组队员须经历障碍跑和一定高度的攀爬，并最终取下马蜂标识牌，拿到贴在后面的"蜂蜜"（海绵擦）。第一小组在解除危机的过程中，第二小组派出3名"小马蜂"进行海绵擦投掷干扰，依此类推。小组前四名队员只需在马蜂标识牌上用红笔画上火焰标记即可返回，最后一名队员须带回马蜂标识牌后面的"蜂蜜"。整个过程需要快速穿越和攀爬障碍物，任务时间为5分钟，每人轮流完成2—3次。

2. 评价

按小组完成任务时间进行评价。动作迅速、跑动积极，不畏外界干扰，救援时间在2分钟以上的小组为潜能救援小组，救援时间在1分30秒到2分钟的小组为优胜救援小组，救援时间在1分30秒以内的小组为最佳救援小组。

3. 活动路线

"马蜂危机"活动路线见图4。

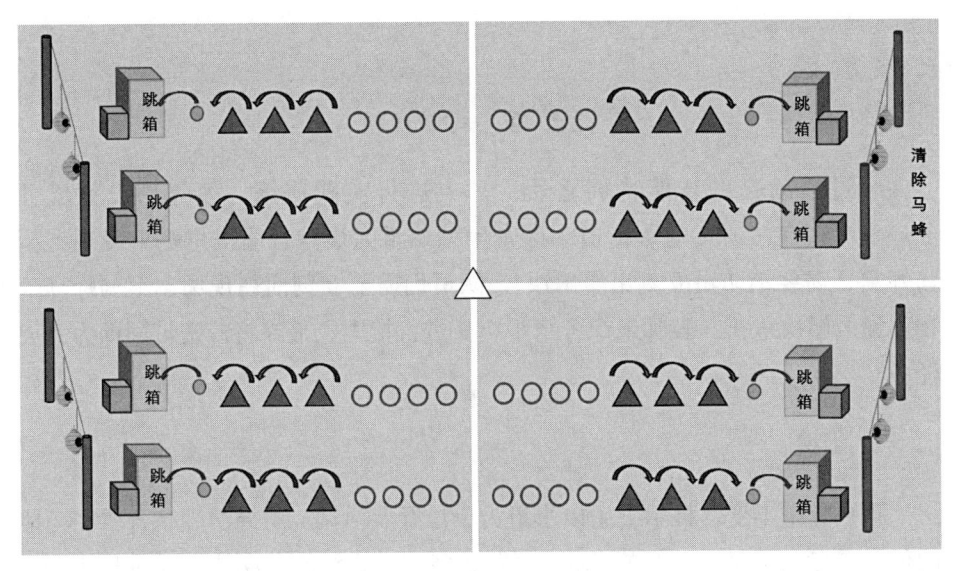

图4

注：▲表示垫子（练习障碍跑），● 表示马蜂卡片（模拟马蜂），▌表示标志杆，⬚表示跳箱，●表示起跳点，○表示学生，△表示老师。

活动三：地震救援

经过活动二任务的挑战，学生已经有了职业的成就感和认同感，为了进一步提升学生的应急救援能力，正式开启活动三。教师创设情境，语言导入（警笛声响起）："不好！（所在地）突发地震房屋倒塌，有人被困！队员们须立刻前往现场解救伤员。得知地震已停，我们整个特战队需要马上进行伤员搜救工作，解救埋在废墟中的伤员。"教师组织各组小组长进行接力，最终将伤员带回即为完成任务。

1. 组织

师：以10人大组为单位进行折返跑接力赛，并宣布比赛规则：①接力赛时不抢跑、不越线；②深蹲动作要标准，严格注意跑动安全，不要发生碰撞；③搬开杠铃片时要注意安全，将假人送回安全区。

生：途中积极、快速跑动，折返时重心稳定、蹬转有力。首先顺利通过"废墟"（障碍物），到达指定搜救点，其次搬运石块（拿上杠铃片深蹲20次），接力搬运后最后一棒的队员搬开所有压在假人身上的杠铃片，将伤员（假人）从"废墟"中解救出来并送回安全区。

2. 评价

学生掌握多种形式跑的专项技能并能将其运用于真实情境，做到重心稳定、启动迅速、步幅适当、蹬转有力，而且在完成各种挑战的过程中有责任、有担当。评价以最终完成任务的时间为标准，对前两名的小组颁发"特战功勋"金徽章，后两名的小组颁发"特战功勋"银徽章。

3. 活动路线

"马蜂危机"活动路线见图5。

图5

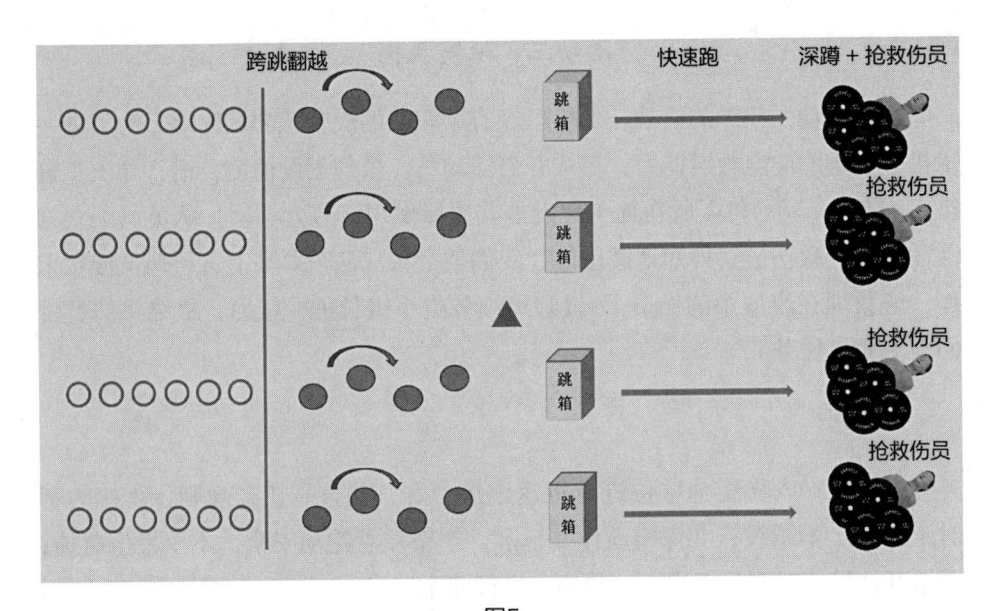

注：● 表示标志垫（练习障碍跑），▨ 表示跳箱（翻越障碍），➡ 表示快速跑行进路线，
⊙ 表示杠铃片（搬运废墟石块），🧍 表示假人（模拟伤员），○ 表示学生，▲ 表示老师。

（三）结束部分

1. 拉伸放松与小结

①播放歌曲《感恩的心》，教师带领学生伴随着温暖的音乐进行拉伸，放松身心。

②表彰各消防特战小队成功解救伤员，顺利完成任务，组织学生谈谈收获和体会。

③引导学生体会消防员的艰辛和责任担当，珍惜生命，加强消防安全意识并积极宣传，认真学习，积极锻炼，巩固不怕困难、团结协作的意志品质。

2. 评价与作业

师生依据"消防特战队——表现性任务评价单"对本课学生表现进行评价。
①学生自评：对照表现性任务评价单中的"运动能力"维度进行自我评价。
②学生互评：对照表现性任务评价单中的"健康行为"维度对同伴进行评价。

③教师点评：对照表现性任务评价单中的"体育品德"维度对学生进行评价，并组织学生对本课学习进行总结与反思。

消防特战队——表现性任务评价单

评价维度	评价观测点	高级消防战士	中级消防战士	初级消防战士	评价方式
运动能力	1. 呼吸稳定，节奏协调 2. 快速跑步幅大、频率快 3. 折返跑启动迅速、蹬转有力	三颗星	两颗星	一颗星	学生自评
健康行为	1. 认真听讲，积极学练 2. 合理运用已掌握的技能 3. 树立良好和健康的安全意识	三颗星	两颗星	一颗星	同伴互评
体育品德	1. 遵守规则，诚实守信 2. 团结协作，相互尊重 3. 敢于接受挑战，不怕困难	三颗星	两颗星	一颗星	教师点评

拓展作业

1. 20米折返跑，8个来回/组，2组。
2. 1公里耐久跑/组，1组。
3. 查阅消防员的任务有哪些。
4. 查阅灭火器的种类和灭火的类型。

课例点评

该课以水平二专项运动技能中田径类项目——跑的学习为基础，融合消防安全教育和自我保护的相关知识进行跨学科教学设计。该课主题内容的选取契合跨学科主题学习的要求，将新课标的理念、方法和要求融入教学设计，以核心素养为引领，重视育人、育心，课程内容符合四年级学生的身心发展规律。该课很好地落实了"教会、勤练、常赛"要求，注重"学、练、赛"一体化教学，在练习活动中发展学生的运动技能，培养学生的健康心理、安全意识和自我保护意识与能力，帮助学生形成正确的人生观和价值观。通过情境化、结构化的活动内容设计，激发学生的学练兴趣，促进学生运动技能和体能的发展。该课从以知识与技能教授为本转向以学生发展为本，从自主学练转向小组合作探究，以此提高学生相互协作的能力和解决问题的综合能力。该课充分体现了新课标倡导的综合性评价，构建了多维的评价内容、多样的评价方法、多元的评价主体。该课具有较好的实操性，体现了跨学科主题学习的特征。

课例 11

"飞"一般的运动
——极限飞盘跨学科主题学习[①]

本课以《义务教育体育与健康课程标准（2022年版）》的课程理念为依据，在核心素养导向下，坚持"健康第一"教育理念，以学生为本，引导学生主动参与、积极合作、学思结合，让学生在跨学科融合学习中实现全面发展。本课以"'飞'一般的运动"为主题，创设"杭州亚运我代言"学习主线，实现了体育与健康和历史、道德与法治以及地方课程的融合。以新兴体育项目极限飞盘为学习载体，让学生体验新兴体育，开展品味和涵养历史文化的多元化学习，通过领略杭州人文历史，感受杭州亚运会的气息，感悟飞盘精神，提升民族文化自信。

课例名片

年　级：四年级
课时数：1
学　科：体育与健康、道德与法治、历史

主题分析

本课是小学四年级专项运动技能学习中，以"'飞'一般的运动"为学习主题，以新兴体育项目极限飞盘为载体的一节跨学科主题学习课。本课以2023年第19届杭州亚运会为学习背景，创设"杭州亚运我代言"学习主线，以杭州亚运会的东道主角色体验沉浸式学习，学习杭州亚运会主题口号，通过"集人文""识场馆"和"代言赛"等环节，认识杭州亚运会运动场馆、冠军人物，领略杭州历史人文底蕴。在飞盘游戏及比赛中养成遵守规则、文明礼仪的习惯，培养诚实守信、自律团结的品质，努力学习争做杭州亚运会文化的传播者，文明风尚的继承者，健康生活的倡导者。强化学生社会主义核心价值观意

[①] 本课由浙江省杭州市转塘小学胡松老师设计，由浙江省杭州市转塘小学范浩老师执教，由浙江省杭州市西湖区教育发展研究院体育教研员岑丽萍老师、山东省泰安市泰山实验中学宋晓露老师、浙江省宁波市镇海区蛟川中心学校陈银银老师点评。

识，感受中国式现代化的力量，透过杭州亚运会，增强学生的身份自信、文化自信和民族自信。

学习目标

知识技能学习目标：了解杭州亚运会比赛场馆，熟记杭州亚运会主题口号。提高反手直线传接飞盘的稳定性和准确性，增强空间判断、灵活反应、快速跑位和团队配合的意识及能力。

体能素质锻炼目标：通过不同形式的飞盘传接合作学练提高灵活跑动、灵敏反应、积极应变的能力，同时发展协调、灵敏、速度和耐力等身体素质。

情感品格培养目标：通过飞盘小组合作练习提高团队学习的自信心，增强诚实守信、遵守规则、互帮互助的良好品质，拥有敢于面对困难和挑战的勇气，感受永不放弃的飞盘运动精神。

学习规划

本课围绕"'飞'一般的运动"学习主题创设情境，展示不一般的杭州亚运会风采。以欣赏杭州亚运会官方宣传片和宣传曲为学习导入，带领学生学习杭州亚运会主题口号"心心相融，@未来"（读作"心心相融，爱达未来"），强化社会主义核心价值观，为本课后续的学习铺垫精神力量。基本部分以飞盘为学习载体发展学生的专项运动技能，由"学、练、赛、评"四部分组成，创设了"杭州等你来""'飞'一般的人文历史""'飞'一般的运动场馆""'飞'一般的亚运代言人"等场景，指导学生通过两人合作传接盘、四人合作传接盘加跑位、六人团队飞盘"代言"比赛等学练形式，带领学生感受杭州人文历史、领略冠军风采、认识亚运会场馆等。在团队"代言"比赛中引导学生以诚信与尊重为前提，合作组织并推进飞盘比赛，感受飞盘运动精神，磨炼意志品质。最后的"杭州亚运我代言"微演讲，给学生创造团队表现、自信表达的平台，增强学生的团队自信和学习自信，彰显中国当代青少年风采，传递杭州亚运会的文化和精神力量。本课设计框架如图1所示。

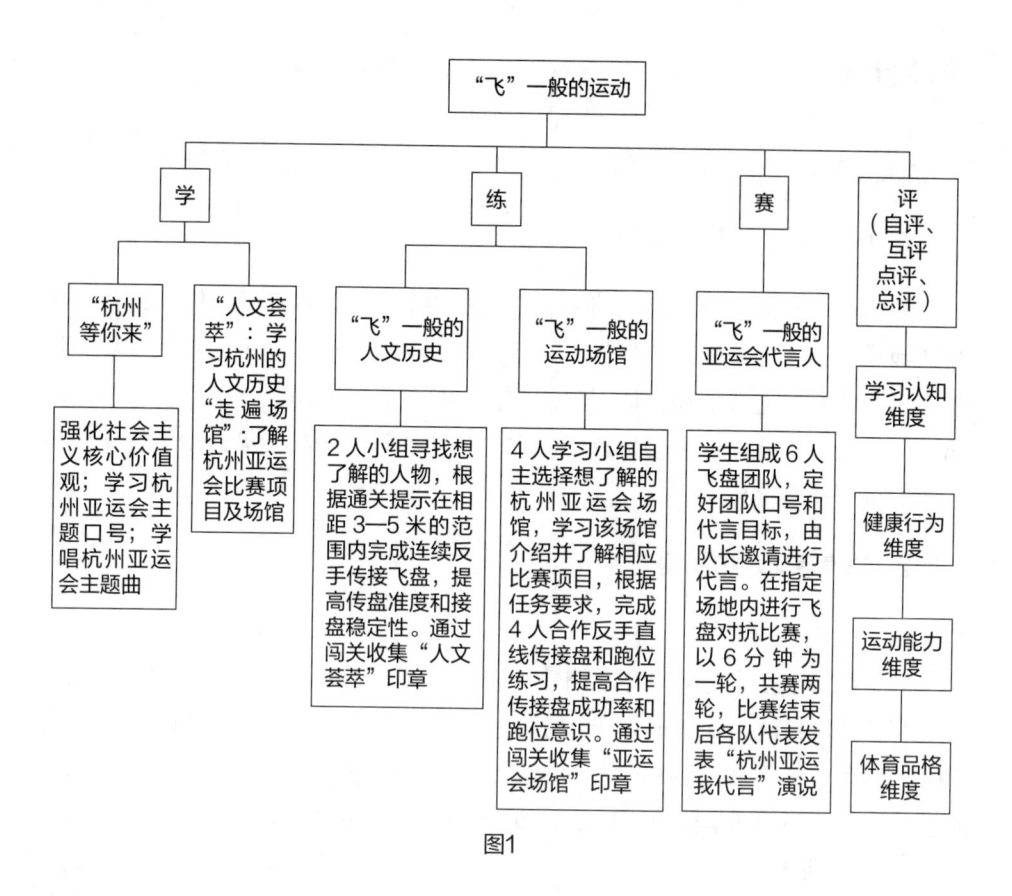

```
                    "飞"一般的运动
                         │
    ┌────────────┬───────┴────────┬──────────────┐
    学           练               赛             评
                                               （自评、
                                                互评
                                                点评、
                                                总评）
    │            │                │              │
 ┌──┴──┐    ┌────┴────┐           │         ┌────┴────┐
"杭州  "人文荟  "飞"一般的  "飞"一般的  "飞"一般的   学习认知
等你来" 萃"：学  人文历史   运动场馆   亚运会代言人   维度
       习杭州的
       人文历史                                   健康行为
       "走遍场                                    维度
       馆"：了解
       杭州亚运                                   运动能力
       会比赛项                                   维度
       目及场馆
                                                体育品格
                                                维度
```

| 强化社会主义核心价值观；学习杭州亚运会主题口号；学唱杭州亚运会主题曲 | 2人小组寻找想了解的人物，根据通关提示在相距3—5米的范围内完成连续反手传接飞盘，提高传盘准度和接盘稳定性。通过闯关收集"人文荟萃"印章 | 4人学习小组自主选择想了解的杭州亚运会场馆，学习该场馆介绍并了解相应比赛项目，根据任务要求，完成4人合作反手直线传接盘和跑位练习，提高合作传接盘成功率和跑位意识。通过闯关收集"亚运会场馆"印章 | 学生组成6人飞盘团队，定好团队口号和代言目标，由队长邀请进行代言。在指定场地内进行飞盘对抗比赛，以6分钟为一轮，共赛两轮，比赛结束后各队代表发表"杭州亚运我代言"演说 |

图1

教学准备

1. 学习材料

下发前置任务单，准备好学习评价表。

任务一：收集有关杭州的历史人文资料（杭州的地理位置、城市发展、历史人文、最具标志性景点等）。

任务二：收集第19届杭州亚运会相关资料（亚运会历史、杭州亚运会口号、历届杭州籍亚运会冠军、亚运会比赛项目场馆等）。

2. 活动器材

移动音箱1个，软式飞盘若干个，展板9块。

> 学习过程

（一）准备部分

1. 情境导入："遴选代言人"

教师语言导入："同学们，通过课前观看杭州亚运会官方宣传片，我们能真切地感受到亚运会临近的步伐。今天，我们以亚运会东道主的角色开展'杭州亚运我代言'遴选活动，请同学们用自己最佳的精神面貌、文明言行和运动精神，人人争当杭州亚运会代言人。在'飞'一般的极限飞盘运动中，感受不一般的杭州亚运会风采。"

2. 热身活动："杭州等你来"

（1）一般热身

播放杭州亚运会志愿者主题曲《等你来》，学生在指定范围内绕亚运会比赛场馆标识牌以不同路线慢跑，每个场馆标识牌处有一名带操学生，当其他学生跑到不同运动馆位置时，要跟着每个场馆的带操学生完成自编热身操。带操学生为动作完成质量高的同学盖印章（注：印章上有社会主义核心价值观中的一个词）。

（2）专项热身

在获得印章的场馆处领取一个软式飞盘，先认识飞盘上贴着的杭州亚运会比赛项目的名称和主题口号，然后进行原地单（双）手自抛自接飞盘的游戏，提高手眼协同的能力。

（二）基本部分

活动一："飞"一般的人文历史

教师语言导入："杭州是一座历史文化名城，第一关挑战，希望大家加强两人合作，提高学练默契，争取认识至少3位杭州名人。"

1. 组织

师：布置场地，在展板上用图片和文字介绍杭州有代表性的历史人物及杭州籍亚运会冠军，同时在每块展板处展示不同难度的通关任务要求。引导学生组成2人学习小组进行闯关。

生：根据场地布置，在场地内了解杭州历史人物及其事迹。根据闯关提示，两人在相距3—5米的范围内完成连续反手传接飞盘，连续传接的个数达到通关标准的即可获得1个刻有人物姓名的"人文荟萃"印章，然后收集下一个印章，闯关游戏总时间为4分钟。

2. 评价

对传接飞盘手型稳定和连续成功10次以上的学生，奖励"技术过硬"胸贴；根据4分钟内得到印章的多少，评出5个"最佳默契"学习小组。

3. 活动形式

"'飞'一般的人文历史"活动形式见图2。

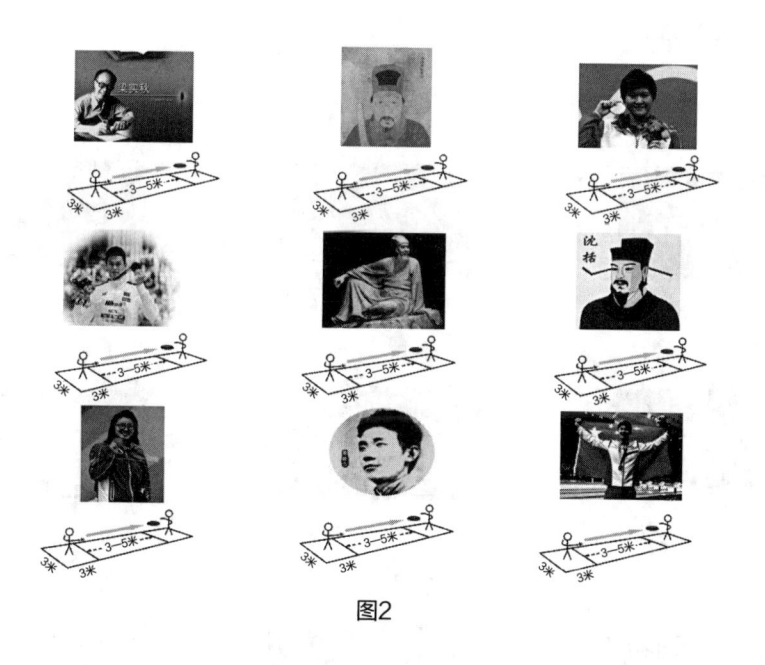

图2

活动二："飞"一般的运动场馆

教师语言导入："非一般的场馆，支撑非一般的亚运会。在两人合作传接飞盘的基础上进入第二关挑战，希望同学们加强多人合作学练默契，争取认识至少3个亚运会场馆。"

1. 组织

师：布置场地，在展板上用图文介绍杭州亚运会不同项目的比赛场馆，同时在每块展板处展示不同难度的通关任务要求。引导学生组成4人学习小组闯关。

生：根据场地布置，4人小组自主选择场地认识杭州亚运会各场馆，并根据闯关提示，4人在相距3—5米的范围内完成反手直线传接盘和跑位练习，连续个数达到通关标准的即可获得1个"亚运会场馆"印章，然后集下一个印章，闯关游戏总时间为5分钟。

2. 评价

对在小组合作传接飞盘练习中表现认真积极的学生奖励"场馆代言人"胸贴；根据5分钟得到内印章的多少，评出5个最佳学习小组。

3. 活动形式

"'飞'一般的运动场馆"活动形式见图3。

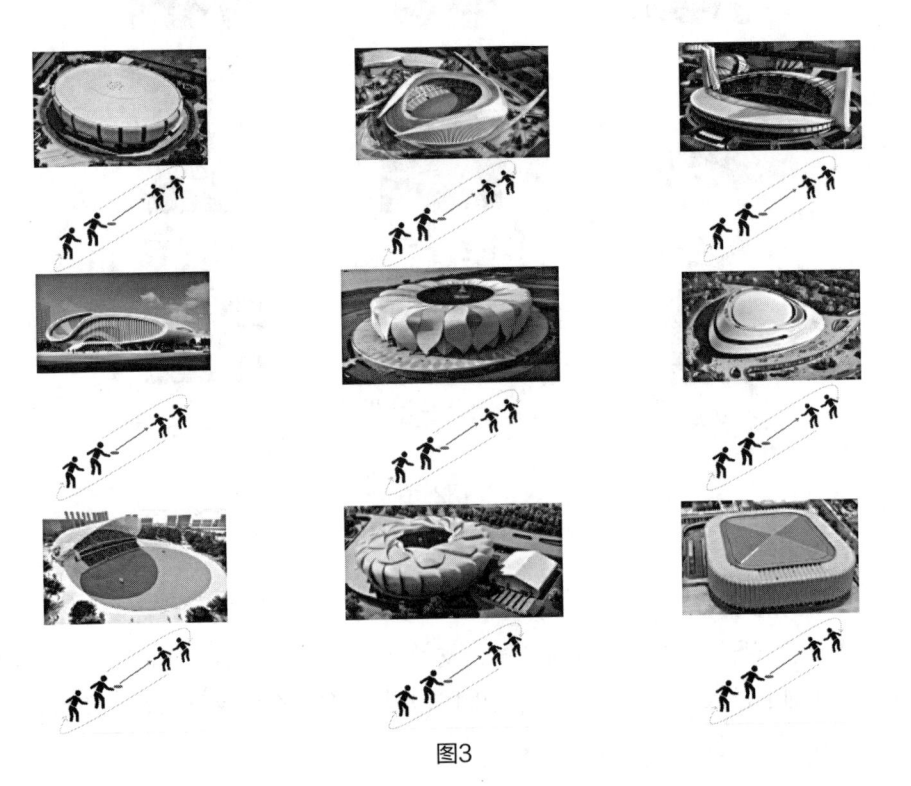

图3

活动三:"飞"一般的亚运会代言人

教师语言导入:"非一般的亚运会,需要非一般的代言人。有了传接和跑位意识可以顺利进入第三关'团队比赛'挑战,考验同学们在飞盘比赛中的跑位意识和飞盘传接稳定性,享受文明比赛,提升飞盘传接技能。"

1. 组织

师:引导学生组成6人学习小组,并由队长互相邀请进行"代言赛"。比赛不另设裁判,倡导人人自觉遵守规则、同伴配合、发挥团队优势。

生:组成6人飞盘小队,设定团队口号和代言目标,通过积极跑位完成飞盘传接与团队配合,争取在得分区内接住飞盘,完成得分。

2. 评价

团队飞盘比赛,6分钟内得分多的小组获胜。坚持诚实互信、公平竞赛,给获胜队颁发"亚运使者"奖章并允许其优先演说。各队代表进行30秒"杭州亚运我代言"微演说,根据表达流畅度、内容丰富度和团队口号等方面组织学生进行举手表决,评出一星级代言团队、二星级代言团队和三星级代言团队。

3. 活动形式

"'飞'一般的亚运会代言人"活动形式见图4。

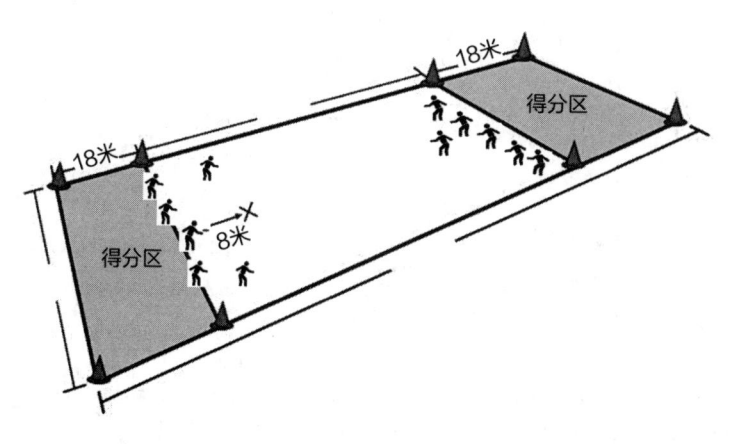

图4

（三）结束部分

1. 拉伸放松

播放杭州亚运会主题曲《从现在到未来》，在音乐的伴奏下，教师边口令引导、边示范动作，带领学生进行上下肢各关节肌肉的动态和静态拉伸，同时带领学生学唱杭州亚运会主题曲，放松身心。

2. 小结与评价

（1）体会

组织学生聊一聊本课学习的体会、感想与收获，引导学生感悟飞盘精神、亚运会精神及杭州历史文化。以主人翁精神助力杭州亚运会隆重举行，把自己在课堂上展现出来的积极向上的精神融入生活，传递真善美。

（2）学习评价：集体进行"'飞'一般的运动"学习评价

根据"'飞'一般的运动"课堂表现评价表（见表1）对学生的表现进行评价。

①学生自评：根据课堂学练情况，客观地自评。

②学生互评：根据小组合作情况，公正地互评。

③教师点评：根据学生学习情况，鼓励性点评。

表1 "'飞'一般的运动"课堂表现评价表

评价维度	评价标准（达到一点，得一星）	自评	互评	点评	总评
学习认知	1. 说出至少1个杭州历史名人 2. 认识至少1个杭州亚运会场馆 3. 说出至少1个杭州亚运会知识点				
健康行为	1. 练习中具有良好的安全意识 2. 学练中正确面对成功与失败 3. 课堂中学会调控自己的情绪				
运动能力	1. 2人合作传接盘连续15次以上 2. 4人合作传接盘连续20次以上 3. 飞盘比赛中完成2次以上配合				
体育品格	1. 乐于参与学习，敢于接受挑战 2. 坚持公平公正，勇于拼搏进取 3. 遵守文明礼仪，自信展示发言				

拓展作业：

加强飞盘传接练习，利用周末或假期，实地参观一座自己喜爱的杭州亚运会场馆，感受现代化体育场馆的魅力，并在场馆前与家长完成合作传接飞盘10次的挑战；走访1处杭州历史古迹，感受杭州的风土人情、人文历史。

课例点评

该课引入新兴体育项目极限飞盘，以"'飞'一般的运动"为主题展开设计，又巧妙地与杭州亚运会相结合，具有积极的时政意义和文化价值。以杭州亚运会为背景来展开飞盘学习，以"杭州亚运我代言"为引导，让学生在学习过程中人人都有更自主的参与感和主动性。学习过程设计合理，让学生既体验了"飞"一般的运动，又感受到不一般的杭州亚运会风采。把体育课程与社会时事有机地融合在一起，很好地激发了学生的学习热情和内驱力。学习过程中，教师巧妙地融入并渗透了社会主义核心价值观、杭州的地方人文以及极限飞盘的运动精神，打破了学科之间的壁垒，促进了多学科共融、共育、共生，让学生在巩固、提高极限飞盘基本运动技能的同时，又感受到了杭州籍亚运会冠军奋勇拼搏的体育品格和积极向上的精神风貌，较好地发挥了以体育人的价值。

在该课的基本部分，以团队飞盘为学习重点，突出了飞盘运动中的诚信、文明、平等、公正的运动精神和基本准则，引导学生在飞盘合作学练和团队竞赛中增强飞盘专项运动技能，树立健康行为意识，培养良好的体育品德，促进学生核心素养的形成。教学中借助任务单，学生充分进行合作学练、分层学习、团队学习，将个体与团队融合在一起，把"学、练、赛、评"贯穿于课堂的始终，将"教会、勤练、常赛"理念落到实处。

课例 12

五十六朵花
——竹竿舞跨学科主题学习[①]

本课以《义务教育体育与健康课程标准（2022年版）》的课程理念为依据，与音乐、道德与法治、美术、综合实践活动等学科巧妙融合，充分挖掘跨学科课程的综合育人价值，促进学生德智体美劳全面发展。本课以"五十六朵花"为主题创设情境，以问题为导向，引导学生采用自主、合作、探究的学习方式学习竹竿舞技能，将民族音乐与竹竿舞中的打竿、跳竿节奏相融合，让民族音乐和传统民间体育活动实现文化的碰撞与交融，让学生在欢唱中打竿、跳竿、赛竿，在习得竹竿舞技能的同时感受中华优秀传统文化的熏陶，增强民族自豪感和凝聚力。

课例名片

年　级：四年级
课时数：6
学　科：体育与健康、音乐、道德与法治、美术、综合实践活动

主题分析

本课是小学四年级专项运动技能中的民族民间体育活动的主要内容，以四年级人教版音乐课本第三单元的"五十六朵花"为主题。通过课前带领学生自制简易竹竿、绘制挂图，培养学生的动手能力，使其了解部分少数民族的风土人情。通过创设情境"民族文化之旅"导入课题，激发学生的学练兴趣；通过"学习单排""多种创编""携手挑战"等活动学习竹竿舞的技术动作；通过"参观各寨""篝火晚会"等一系列民族活动，学生穿着民族服装，在有节奏、有规律的碰击声里体验竹竿分合的韵味，感受竹竿舞的乐趣，享受民族文化的熏陶，增强音乐节奏感，提升艺术修养。统一节奏，统一步伐，集体展示，不仅

[①] 本课由安徽省合肥市行知小学的王忠群老师设计和执教，由安徽省合肥市教育科学研究院的郭齐智老师和合肥市瑶海区小学体育学科教研室的陶庆桂老师修改与点评。

将课堂氛围推向了高潮，还培养了学生团结协作、互帮互助等体育品质。

学习目标

知识技能学习目标：了解少数民族的节日风俗，能说出壮族竹竿舞的相关知识及单人单排的动作方法，列举出竹竿舞运动的锻炼价值。通过一系列活动，能够在音乐伴奏下协调连贯地完成单人单排动作，并结合所学动作进行创编与展示，在小组合作中完成两个及以上动作的组合练习。

体能素质锻炼目标：通过单人单排、双人单排、挑战双排等动作的学练，发展协调、灵敏、力量等身体素质，提升节奏感。

情感品格培养目标：在教师和同伴的帮助下，积极参加学练，勇于克服困难，大胆展示，自尊自信，传承和弘扬中华优秀传统体育，增强中华民族认同感和文化自信。

学习规划

本课是竹竿舞单元教学的第二课时，第一课时已经学习了打竿节奏和跳竿步伐。本课与音乐、道德与法治、美术、综合实践活动等多学科融合，以"五十六朵花"为主线，以打竿节奏、跳竿步伐与音乐相融合为重点，通过单人单排、多种创编、挑战双人双排等一系列结构化教学，引导学生沉浸式参与"学、练、赛、评"，发展学生的身体素质，引导学生体会打竿和跳竿的节奏，认识到音乐节奏统一对于学习竹竿舞的重要性。本课以"如何跳好竹竿舞？"为核心问题，引发学生主动思考，创设各种情境活动推动目标达成：通过情境"做客壮族之家，欣赏舞蹈之美"学习单人单排技术；通过情境"融入民族元素，实现多种创编"进行双人单排的创编；通过情境"各民族心连心，携手挑战双排"进行比赛和挑战；通过情境"体验风土人情，参观各寨"进行逆时针的旋转跳单排竿或双排竿。充分关注学生的个体差异，进行分层教学，利用信息技术手段，让学生直观地观察跳竿与打竿的配合，以学定教，发展学生的韵律感与创编能力。最后，伴随着《爱我中华》悠扬的旋律，一起进行"篝火晚会"，放松身心的同时，激发文化自信与文化认同感。本课设计框架如图1所示。

```
                          五十六朵花
        ┌──────────────┬──────┴──────┬──────────────┐
        学             练            赛             评
   ┌────┴────┐    ┌────┴────┐   ┌────┴────┐    ┌────┴────┐
  利用打   利用微   单人单排   多种创编   挑战双排  参观各寨  打竿节   跳竿
  击乐器   课自主                                    奏与跳   动作
  复习打   尝试跳   6人一组，2人边唱  小组合并，根据学生   竿节奏   连贯、
  竿及跳   动态竿   2人打竿，边跳单排  尝试双排  的掌握情  协调一   协调、
  竿口令            4人依次  竿，并集   竿       况选择单   致       优美
                    跳单排竿 体创编多            排竿或双
                             种跳竿形            排竿进行
                             式                  旋转跳竿
                                        练习一轮  进行德育，
                                        后根据能  旋转跳竿
                                        力选择继  时注意保
                                        续挑战双  持安全距
                                        排竿还是  离，礼让
                                        继续练习  三分
                                        单排竿
```

图1

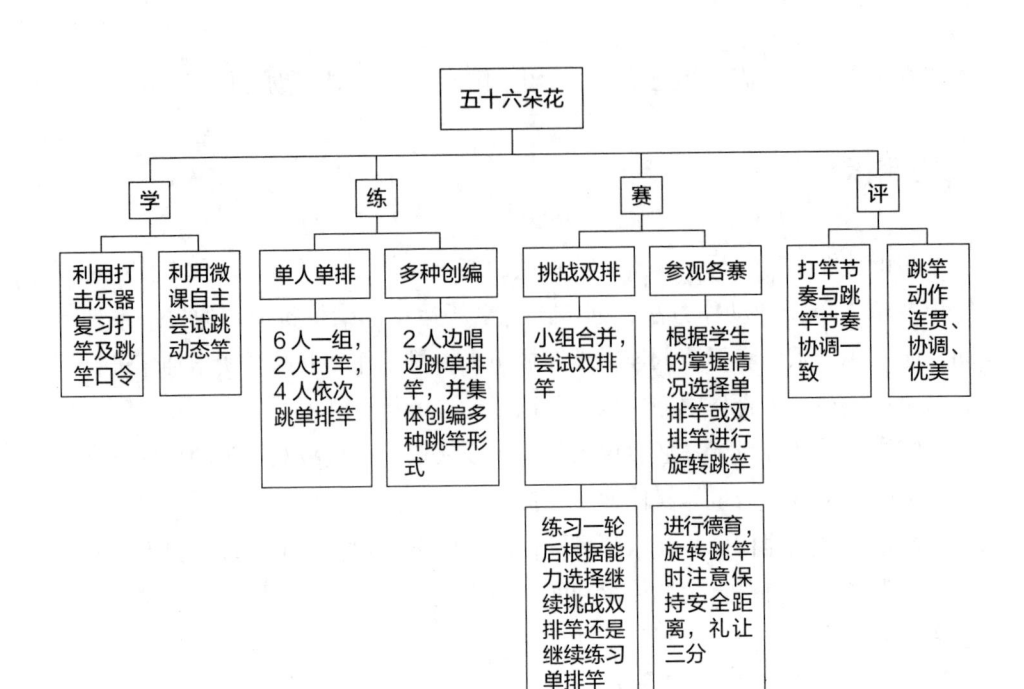

教学准备

1. 学习材料

评价量表，音乐，视频。

2. 活动器材

自制简易竹竿9对，标志盘8个，展板4块，平板4块，音箱1个，打击乐器32对，手绘挂图4块。

3. 课前准备

从视觉、听觉感官出发，感受壮族的民族文化、风土人情。

教师下发如下预习作业：①查找资料，观看视频，了解壮族竹竿舞的相关知识和跳法，以及壮族的风土人情；②收集易拉罐，用竹节绳和易拉罐自制简易竹竿；③手绘侯家寨、廖家寨、那岩古寨、金竹壮寨、山苗寨风景或人文挂图。

学习过程

（一）准备部分

1. 情境导入

视频导入，开启民族文化之旅。播放体现节日风俗的视频，伴随不同民族的音乐，带领学生领略不同民族的节日氛围，感受民族文化的魅力。

2. 热身活动

教师设置不同民族节日情境，带领学生进行散点热身：伴随音乐《欢乐的海洋》进入藏族人民赛马的场景，伴随音乐《哈尼宝贝》模拟欢快的傣族泼水节，伴随音乐《草原就是我的家》模仿豪迈奔放的蒙古舞，伴随音乐《古丽》和维吾尔族人民一起学习新疆舞，在热烈、活跃的氛围中充分活动身体各个关节。最后通过游戏报数分组，单数站到圈内，双数站到圈外，完成自然分组。

活动规则：①保持间距，注意安全；②活动在走动中进行。

（二）基本部分

活动一：做客壮族之家，欣赏舞蹈之美（单人单排练习）

由"如何跳好竹竿舞？"问题导入本节课内容，将民族音乐《竹竿舞跳起来》的节奏，与打竿口令"开合开开合"、跳竿步伐"进出进进出"的口令相结合，增强练习效果，活跃学练气氛，提升学生的音乐节奏感。

1. 组织

师：全班分为8组，6人一组，利用打击乐器复习打竿口令"开合开开合"、跳竿步伐"进出进进出"，组织学生利用微课自主学习并尝试跳动态竿。

生：6人一组进行单人单排练习，2人打竿，4人站在标志盘后统一喊口令，依次跳竿。每人练习3次后开始轮换，出现困惑可以寻求帮助（如就近观看微课、同伴帮助、教师解惑）。

2. 评价

学生学会将竹节绳拉直打出节奏，学会将打竿节奏与跳竿步伐协调配合，倾听老师的教导和同伴的建议。

3. 练习动作和队形组织

"做客壮族之家，欣赏舞蹈之美"活动的动作练习和队形组织见图2和图3。

图2

图3

注：▲表示老师，━━表示竹竿。

活动二：融入民族元素，实现多种创编（双人单排创编）

创编环节中，以学生发展为中心，学习过程突出学生主体地位，利用平板创设自主学习、合作探究的学习空间，帮助学生学会学习。

1. 组织

师：语言提示，引导学生进行竹竿舞创编。

生：6人一组，2人打竿，另外4人自由组合进行2人面对面手拉手、背对背以及旋转等动作创编，要求每组练习3次后进行轮换，学生可以就近观看微课进行创编。

2. 评价

学生学会倾听老师的教导和同伴的建议，学会团结合作，勇于展示，大胆挑战。保持打竿口令和跳竿步伐一致，2人配合默契。

3. 练习动作

"融入民族元素，实现多种创编"活动的练习动作见图4、图5。

图4

图5

活动三：各民族心连心，携手挑战自我（双排挑战赛）

1. 组织

师：引导各组利用平板尝试跳双排竿，找到秘诀（双排竿打竿节奏要统一，跳与打竿节奏要统一）。教师巡回指导，提示排与排之间要保持合理的间距，同时关注个体差异，区别对待。

生：根据自身掌握情况进行小组合并，自主选择跳单排竿或挑战双排竿。

2. 评价

学生学会团结合作，勇于展示，大胆挑战。组织学生评出"优秀团队奖""优秀进步奖"等。

3. 练习动作

"各民族心连心，携手挑战自我"活动的练习动作见图6、图7。

图6 　　　　　　　　　　　　　图7

活动四：体验风土人情，共建民族团结（循环跳竹竿）

情境导入，伴随《丽江三部曲》欢快的旋律，热情的壮族人民盛装出席，邀请嘉宾一起参观各寨。该活动既是6人一组的小任务打卡，同时也是全体学生的大任务挑战。

1. 组织

师：根据学生掌握情况选择单排竿或双排竿进行逆时针旋转，教师统一口令。

生：了解循环跳竹竿的方法，逆时针旋转依次参观侯家寨、廖家寨、那岩古寨、金竹壮寨等，旋转一圈以后与打竿同学进行轮换。

2. 评价

学生统一打竿节奏与跳竿步伐，相互配合，倾听老师的教导和同伴的建议，学会团结合作，勇于展示，大胆挑战，并依据评价量规（见表1）进行自评和互评。循环跳竹竿时能够做到保持安全间距。

表1　评价量规

星级	具体内容
★★★	参与运动兴趣浓厚，完成动作协调连贯，动作优美，善于创编，勇于展现自我，体育品德方面表现突出。
★★	参与运动兴趣较浓厚，完成动作较协调连贯，动作较优美，创编能力较好，勇于展现自我，体育品德方面表现较好。
★	参与运动兴趣一般，完成动作质量一般，动作不协调，创编能力一般，体育品德方面表现合格。

3. 队形

"体验风土人情，共建民族团结"活动的队形组织见图8（包含单排竿和双排竿）。

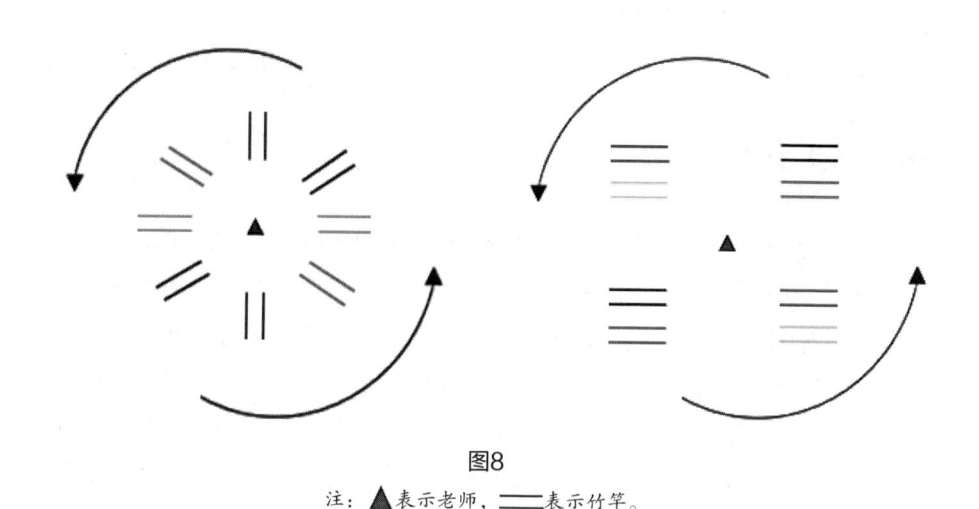

图8

注：▲表示老师，══表示竹竿。

（三）结束部分

1. 拉伸放松

播放音乐《爱我中华》，伴随悠扬的旋律，教师带领学生手拉手围成一个圆圈进行"篝火晚会"活动，愉悦身心，充分放松。

2. 小结

组织学生谈收获和体会，引导学生了解更多民族的风土人情。

3. 作业

作为小老师回家教授自己的爸爸妈妈跳竹竿舞，共同感受悦动竹竿的魅力。

> 拓展作业
>
> 1. 坐位体前屈20次/组×2组。
> 2. 俯卧撑30秒/组×2组。
> 3. 巩固竹竿舞单人单排动作。

课例点评

竹竿舞教学体现了《义务教育体育与健康课程标准（2022年版）》对少数民族传统体育资源开发与利用的现实性。该课以"五十六朵花"为主线，以增强学生音乐韵律感、弘扬民族传统文化为重要抓手，将民族音乐知识与竹竿舞技术教学进行巧妙融合，在有节奏、有规律的碰击声里体验竹竿分合的韵味，提高学生的音乐节奏感，通过"单人单排""多种创编""携手挑战""参观各寨"等一系列情境活动，提高练习的趣味性，感受竹竿舞的乐趣，实现沉浸式学习。在感受少数民族风情与文化的同时，学生的竹竿舞技能也得到了提升。让学生在丰富的教学活动中享受美、创造美，将德育落到实处。该课以问题为导向，少讲多练，少等多做，将"学、练、赛、评"有效地贯穿于教学过程，把课堂还给学生，将体育与德育、智育、美育、劳动教育相结合。达到学有自主、练有合作、赛有乐趣、评有促进的教学效果，学生在欢唱中打竿、跳竿、赛竿，既掌握了竹竿舞单排跳竿技术，又提升了艺术修养，培养了团结协作、互帮互助的体育品质，也激发了对五十六个民族是一家的认同感知爱国情怀，感悟了民族团结的魅力和精神，增强了民族自信心和自豪感。

课例 13

少年强则国强
——武术跨学科主题学习[1]

武术作为中国的瑰宝之一，其构成和发展具有丰富的文化含义，其中蕴含的爱国主义精神与优秀传统文化具有重大的传承和弘扬价值。本课以落实"立德树人"为根本任务，基于《义务教育体育与健康课程标准（2022年版）》中重视中华优秀传统体育、落实培养学生民族精神和文化自信的课程理念，以"少年强则国强"为主题，融合体育与健康、语文、艺术等学科，创设武术求学情境，通过任务引领的探究式教学，促进学生武术知识和技能的掌握，培养学生自强不息、不畏困难的尚武精神，让学生养成吃苦耐劳、坚持不懈、团结协作等良好品质，激发学生的家国责任感，增强他们的民族自信心和自豪感。

课例名片

- 年　级：五年级
- 课时数：1
- 学　科：体育与健康、语文、艺术

主题分析

本课以小学五年级武术"少年拳第一套（3—6式）"为主要内容，以五年级语文课文《少年中国说（节选）》中的"少年强则国强"为主题，通过前置影片和微课的学习，带领学生走进20世纪初的历史环境，感受爱国武术家霍元甲运用一身武艺保家卫国的爱国行为，教育学生牢记历史、奋力拼搏，为实现伟大中国梦而努力奋斗。通过"走进精武门""精学武艺""刻苦练习""崭露头角""国际展示"等学练环节，逐步帮助学生掌握少年拳第一套（3—6式）动作，促进学生对于武术学习方法的理解和运用。学生在整个学习过程中塑造

---

[1] 本课由安徽省合肥市经开区合肥一六八玫瑰园学校的胡为为老师设计和执教，由安徽省合肥市教育科学研究院郭齐智老师、安徽省合肥市经开区合肥一六八玫瑰园学校袁圣云老师点评。

强健的身体素质和朝气蓬勃的尚武精神，形成健康的行为习惯、心态和体魄，培养团结协作、不畏困难的体育品德和立身正直、自强不息、保家卫国的爱国主义情怀。

学习目标

知识技能学习目标：能正确说出少年拳第一套（3—6式）的名称，会描述动作方法，了解动作攻防含义；全体学生能正确做出少年拳第一套（3—6式）动作，80%的学生能正确且连续做出第3—6式动作，65%的学生能够独立流畅且有力度地做出第3—6式动作。

体能素质锻炼目标：通过武术动作的学练，发展灵敏、力量、协调、柔韧等身体素质。

情感品格培养目标：崇尚武德，建立正确的胜负观；提升对中华传统体育文化的认同感，增强民族自信心和民族自豪感。

学习规划

本课是大单元教学的第2课时，通过与历史人物对话穿越到20世纪初的中国，引入主题"少年强则国强"，感受爱国武术家霍元甲维护国家尊严的一片赤诚之心和英勇行为，激发学生学习武术的热情和深切的爱国情怀，树立"少年强则国强"的信念。具体内容为课前引导学生观看少年拳第一套动作微课，了解动作路线和方向；观看影片《霍元甲》，感受自强不息、保家卫国的爱国心；课中通过"学、练、赛、评"环节逐步掌握第3—6式动作技能，渗透"保家卫国是每个中国人的使命"的理念，增强学生的家国使命感和民族自豪感；课后通过作业拓展继续巩固所学的武术知识和技能，强化爱国情怀。本课设计框架如图1所示。

```
                                        ┌─ 观看少年拳第一套（3—6式）微课
                        ┌─ 课前准备 ─────┼─ 发送练习视频给学生
         ┌─ 准备部分 ────┤                └─ 观看电影《霍元甲》
         │              └─ 课堂导入 ────── 观看霍元甲对抗外国大力士影视片段
         │
         │              ┌─ 复习（走进精武门）  组间比赛
         │              │                    ┌─ 认真观看教师动作，仔细聆听动作讲解
         │              ├─ 学（精学武艺）────┼─ 自主学习
         │              │                    └─ 学成互教
少年强则  │              │                    ┌─ 练动作准确度
国强 ────┼─ 基础部分 ───┼─ 练（刻苦练习）────┼─ 练动作力度
         │              │                    └─ 练动作整齐度
         │              │                       ┌─ 组间展示
         │              ├─ 赛（崭露头角、国际展示）┤
         │              │                       └─ 全体展示
         │              ├─ 评    根据评价卡中标准对学生学练过程进行评价
         │              └─ 能量补给站  人体呼啦圈—蜘蛛爬—折返跑—钻山洞循环运动
         │
         │              ┌─ 放松活动 ────── 运用"五禽戏"放松
         │              ├─ 课堂小结 ────── 各小组根据小组学练评价卡做汇报
         └─ 结束部分 ───┤                 ┌─ 观看攻防视频
                        ├─ 作业拓展 ──────┤
                        │                 └─ 加强薄弱动作练习
                        └─ 师生再见 ────── 行抱拳礼
```

图1

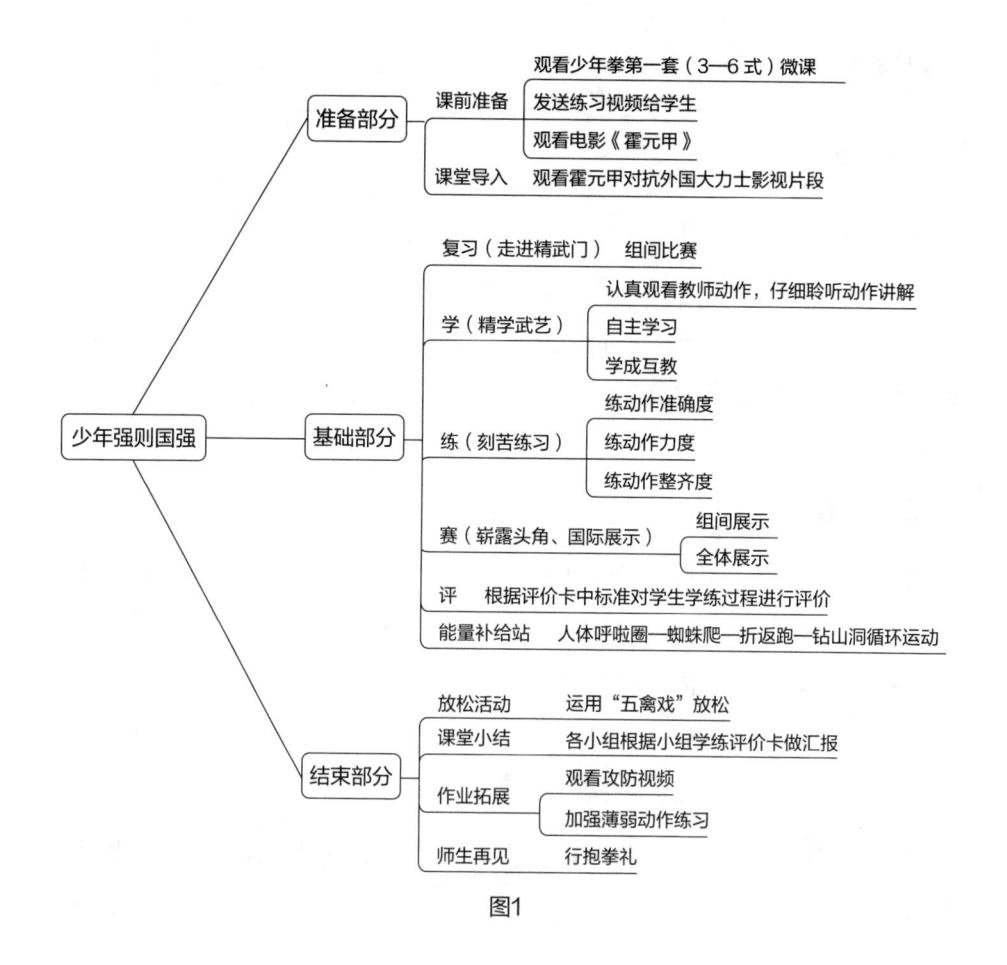

教学准备

1. 学习材料

少年拳第一套（3—6式）学练微课，体能练习方法视频。

2. 活动器材

平板电脑6台，任务板6块。

学习过程

（一）准备部分

1. 情境导入

带领学生观看霍元甲为打破"东亚病夫"称号对战外国大力士的影视片段，引导学生思考"20世纪初的中国同胞为什么被称为'东亚病夫'？若你身处当时的中国，你会怎么做？"，激发学生精炼武艺、强健体魄、保家卫国的强烈愿望。

2. 热身活动

教师带领学生一起做武术专项热身操《少年中国说》，鼓舞学生：少年强则国强！

（二）基本部分

活动一：走进精武门

教师语言导入：欢迎各位武者走进"精武门"，让我们来看看大家的武艺如何。

1. 组织

师：全班分为4个大组，组织组间比赛。检查学生对已学动作的掌握情况。
生：以小组为单位展示少年拳第一套1—2式。

2. 评价

组间互评，教师巡视中诊断各组对已学动作的掌握情况，了解课后作业落实效果。

3. 队形

"走进精武门"活动的队形组织见图2。

图2

注：○表示学生，▲表示老师。

活动二：精学武艺

下达总任务：学练动作达到正确、有力、整齐，最终进行比赛，选出"最强中国队"。

1. 组织

师：进行少年拳第一套（3—6式）动作示范，并讲解细节要求；组织学生到各基地的"武术门派"游学，提出学成后返回精武门并互教所学的要求。

生：了解总任务要求；认真观看教师动作和细节，并思考少年拳第一套（3—6式）出现了哪几个步法；到指定"武术门派"游学，并返回精武门，分享和互教所学。

2. 评价

在练习中组内学生互评，观察同学是否做到中华武术传统礼节——抱拳礼，动作路线、方向等是否正确，动作要点描述是否准确。

3. 队形

"精学武艺"活动的队形组织见图3、图4。

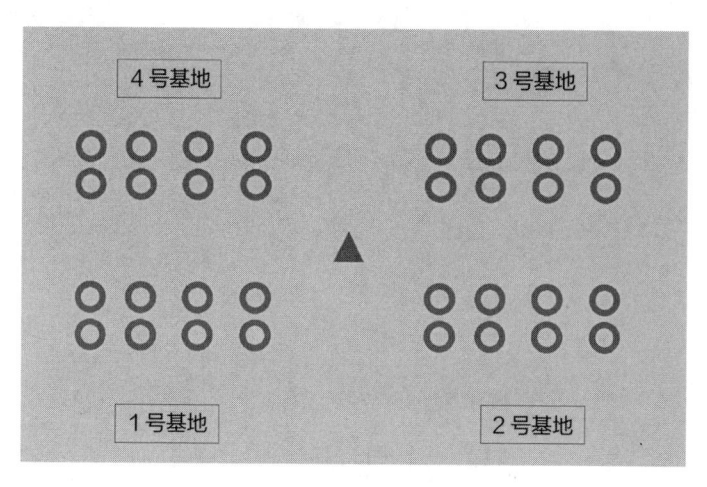

图3 游学

注：○表示学生，▲表示老师。

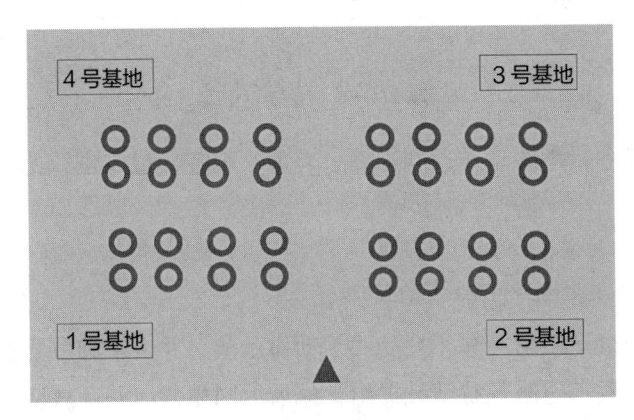

图4 互教

注：○表示学生，▲表示老师。

活动三：刻苦练习

明确练习要求：在动作正确的基础上在准确度、力度、整齐度方面加强练习，精进动作。

1. 组织

师：巡回指导小组练习，提示学生关注动作的准确性；在学生练习过程中强调眼随手动和发力技巧，注意手脚协调发力；鼓励组员间相互比赛；点拨各位组长，让其思考有什么方法可以做到动作整齐。

生：组长带领组员练习，注意动作细节，做到动作准确；在准确的基础上，注意眼随手动，动作要有力度；通过口令指挥或集体发声等方式达到组内动作整齐划一；组内互评学练情况，并写在评价卡上。

2. 评价

各组按照小组学练评价表（见表1）上的标准对本组学练情况进行评价。

表1　小组学练评价表

星级	评价内容与标准
★★★	动作表现力强，流畅，有力度，有精气神，体现合作精神
★★	有一定表现力，动作正确且能连续完成，有力度，能合作
★	表现力不足，动作完成中有停顿，力度弱，基本能合作

3. 队形

"刻苦练习"活动的队形组织见图5。

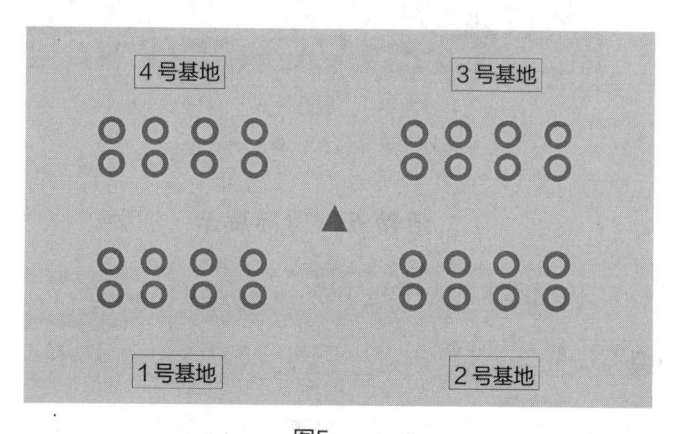

图5

注：〇表示学生，▲表示老师。

活动四：崭露头角

小组展示，并评选出综合实力最强的小组。

1. 组织

师：讲解展示规则和评价方式；组织小组展示，评选出"最强中国队"。
生：认真倾听展示规则，勇于展示。

2. 评价

根据评价卡内容，生生互评选出"最强中国队"。

3. 队形

"崭露头角"活动的队形组织见图6。

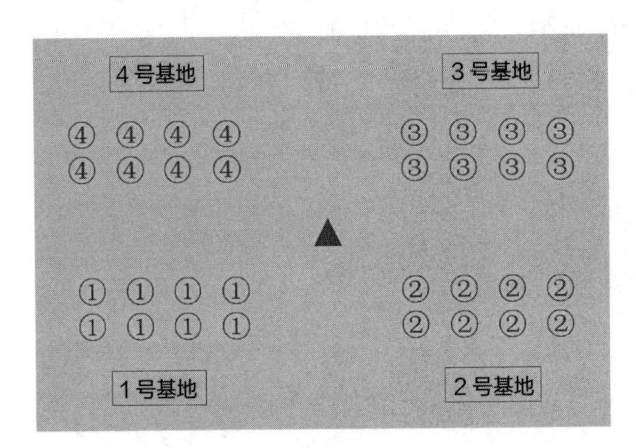

图6

注：○表示学生，▲表示老师。

活动五：国际展示

集体展示，体现武术的力度和气势。

1. 组织

师：在歌曲《霍元甲》的音乐背景下，带领全体学生一起展示少年拳第一套（1—6式）。

生：跟随教师一起展示少年拳第一套（1—6式）。

2. 评价

评价学生伴随音乐展示动作的力度、流畅度以及表现力。

3. 队形

"国际展示"活动的队形组织见图7。

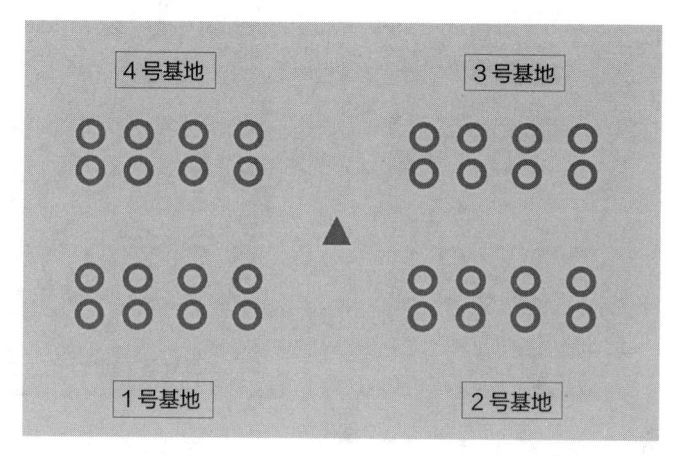

图7

注：〇表示学生，▲表示老师。

活动六：能量补给站

为更好地进行武术学习，增强学生的上肢力量和核心力量，促进学生提升整体力量和协调性，开展体能练习。

1. 组织

师：随着节奏感强的音乐响起，组织学生进行人体呼啦圈、蜘蛛爬、折返跑、钻山洞等团队循环练习活动。

生：根据音乐提示进行逆时针循环练习。

2. 评价

评价学生蜘蛛爬等动作是否标准，折返跑速度是否达标以及折返动作是否敏捷。

3. 队形

"能量补给站"活动的队形组织见图8。

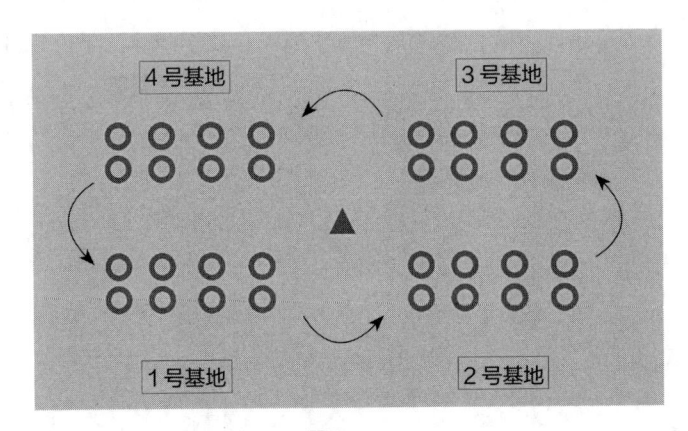

图8

注：◯表示学生，▲表示老师。

（三）结束部分

1. 拉伸放松

教师带领学生随音乐练习传统养生动作"五禽戏"，进行拉伸放松。

2. 小结

各组根据小组学练评价卡汇报练习情况和学习感悟。

3. 作业

带领学生观看攻防视频，结合小组比赛情况号召学生针对薄弱动作加强课后练习，下节课再次进行比赛。

课例点评

从"走进精武门"初次展示，到通过游学和互教方式精学武艺，再到刻苦练习，引导学生感受武术技能的学习不是一蹴而就的，需要不怕吃苦的精神和刻苦的练习。一步步从正确到准确再到做得有力有神，最终展现出中华武术气势的闭合性学习过程，帮助学生在技能掌握上呈现螺旋上升的状态，并且在体验过程中潜移默化地培养保家卫国的家国责任感，树立少年强则国强的信念，在学生心里埋下热爱祖国的种子。同时，通过小组合作学习的方式，在边练习边探究中让学生体会动作的力度和速度，学会发力方法，在合作练习中互评、互助，培养学生的合作能力和良好的人际交往能力。

课例 14

火线支援
——篮球跨学科主题学习[①]

本课以《义务教育体育与健康课程标准（2022年版）》的课程理念为依据，在核心素养的指导下，融合国防教育，引导学生在学习体前变向换手运球的同时，体验革命英雄们为国防事业所付出的努力，感受不畏艰险、不怕困难的意志品质。本课以"火线支援"为主题，创设不同环境下的战争情境，以问题为导向，启发学生深度思考，主动参与学练，引导学生将已有知识与技能合理地运用到模拟情境中，培养学生解决问题的能力。

课例名片

年　级：五年级
课时数：1
学　科：体育与健康、国防教育

主题分析

本课以篮球体前变向换手运球教学内容为主，结合国防教育进行活动设计。通过讲述抗战英雄故事，引导学生理解国防教育的重要性，激发学生强烈的爱国主义信念和完成"支援前线"任务的决心。通过模拟"争做'侦察兵'""'排雷'小分队""冲破封锁线""翻山越岭"等情境，引导学生积极参与学练，提高快速移动能力、敏捷反应能力和观察能力；在"火线支援"游戏比赛中，采用层层递进的教学手段，让学生体会国防建设的重要性，培养团结协作、敢于拼搏的体育精神。

---

① 本课由华东师范大学附属杭州学校周夏岚老师设计和执教，由浙江省杭州市启航中学蒋海明老师点评。

学习目标

知识技能学习目标：通过"长津湖战役"这一背景知识，了解国防教育的重要性；了解体前变向换手运球的动作方法，掌握变向换手的时机，并连贯地完成体前变向换手运球动作。

体能素质锻炼目标：通过不同形式的运球学练，发展协调、灵敏以及耐力等身体素质。

情感品格培养目标：在游戏和比赛中能主动与同伴交流合作，遵守规则，养成敢于吃苦、克服困难的优良品质，提高判断能力和团队协作能力。

学习规划

本课将体育与健康和国防教育进行融合，通过创设"长津湖战役"红色主题教学情境，以国防教育中士兵的演练活动为主线，通过闯关任务，引导学生参与"学、练、赛、评"，发展身体素质。一开课便提出问题：如何才能顺利完成"物资输送"任务？在热身慢跑时，突然听到敌机来袭、炮弹爆炸等声音，采用曲线跑迅速"躲避袭击"，充分激发学生的参与热情；通过不同的脚步移动、防守练习，让学生明白成为一名优秀的"侦察兵"需要具备多项运动技能；创设"雷区"场景，将红黄蓝绿四种颜色的标志盘一字形摆放，引导学生两人一组，在规定时间内成功完成不同的"排雷"任务；创设"物资输送"中途受阻情境，引导学生7人一组分工协作，进行"冲破封锁线"练习；设置"翻山越岭"情境，让学生综合运用各种技能，顺利完成"物资输送"任务；最后，在胜利的歌声中一起庆祝胜利，激发学生的爱国情怀和勇于拼搏、敢于担当的责任意识。本课设计框架如图1所示。

```
                            火线支援
         ┌──────────┬──────────┼──────────┬──────────┐
         学                    练                    赛              评
    ┌────┴────┐    ┌─────┬─────┼─────┬─────┐         │
  学习"火  体验徒  争做   "排雷" 冲破   翻山          体前变向
  线支援"  手曲线  "侦察兵" 小分队 封锁线 越岭          换手运球
  红色主题  跑动，                                    在实战场
  背景知识， 了解曲线                                  景中的运
  了解本节  跑在战争                                  用时机，
  课需要完  中的作用                                  动作的规
  成的任务                                           范性、正
                                                     确性，小
                                                     组合作情
                                                     况
```

通过不同的脚步移动、防守练习，让学生理解成为一名优秀的"侦察兵"需要具备相应的运动技能

了解四种颜色的含义，红色代表"高爆雷"、绿色代表"假雷"、蓝色代表"子母雷"、黄色代表"定时雷"，让学生在规定时间内成功完成"排雷"任务

创设"物资输送"中途受阻情境，7人一组分工协作，完成"冲破封锁线"任务

设置"翻山越岭"情境，让学生综合运用各种技能协作完成"物资输送"任务

评价点：跑动路线正确，脚步移动规范

评价点：遵守规则，积极参与，辨别准确

评价点：看谁"突破防线"快、穿越能力强

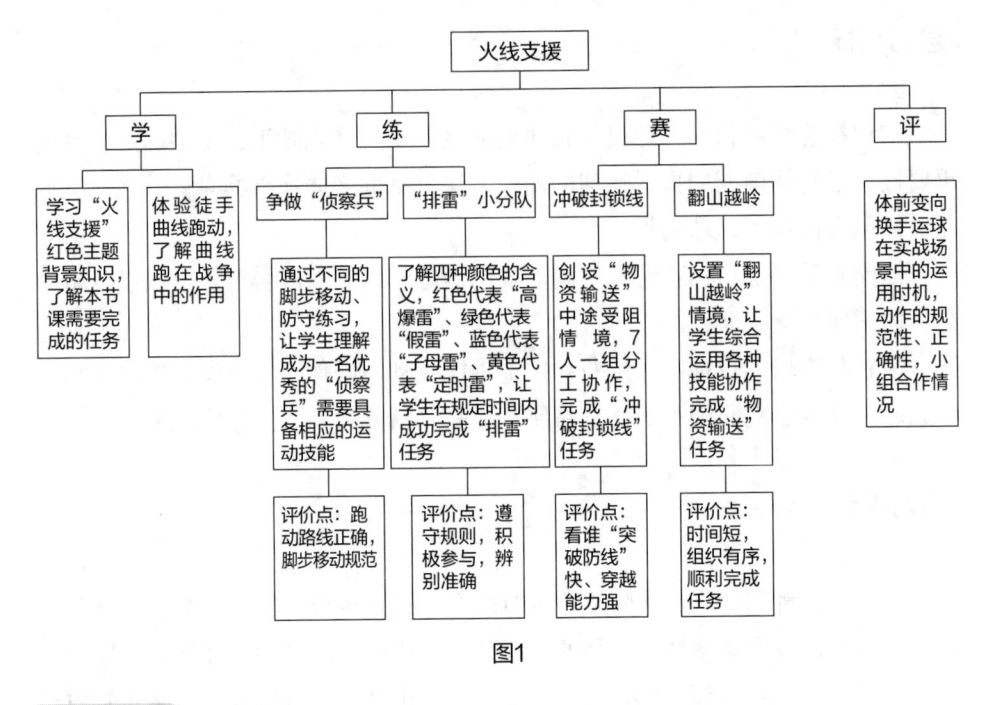

评价点：时间短，组织有序，顺利完成任务

图1

教学准备

1. 学习材料

音乐，视频。

2. 活动器材

篮球41个，带孔标志桶40个，标志盘40个，小组评价展示牌6个，小栏架24个，黄色胶带1卷，地贴10副，音箱1个。

学习过程

（一）准备部分

1. 情境导入

创设"长津湖战役"红色主题情境，提出本课学习内容，引导学生进入"士兵"角色，把篮球场当作战场，让学生知道要完成侦察兵素质练习、排

雷、输送物资的任务，开展一系列作战训练活动。同时抛出核心问题：如何才能顺利完成"物资输送"任务？

2. 热身活动

带领学生进行各种曲线跑练习，听到轰炸声学会躲避，感知士兵在战场上的不易，在不同战争音乐背景下引导学生进入角色。提醒学生思考：在战场上跑动前进时为什么要采用曲线？除此以外，作为一名优秀的战士，还需要掌握哪些作战技能？

3. 队形

热身活动队形组织见图2。

图2

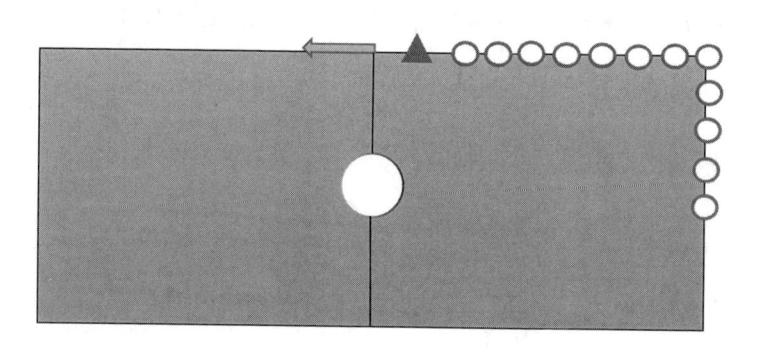

注：〇表示学生，▲表示老师。

（二）基本部分

活动一："争做'侦察兵'"

创设"争做'侦察兵'"体验情境：我军在前方遭受袭击，缺少战备物资，我们要想办法进行支援，现在需要"侦察兵"去了解敌情。通过模拟"侦察兵"，让学生掌握侧身跑、滑步、防守等步伐动作与方法，同时让学生明白要想成为一名优秀的"侦察兵"，需要具备优良的身体素质、敏锐的观察能力以及团队协作能力，如此才能确保完成任务。

1. 组织

师：播放战争音乐，引导学生进行各种徒手跑动、跨越练习。提出问题：不同的曲线跑动需要注意什么？在慢跑前进时，模拟各种变向躲闪的脚步练习，让学生用简单的语言说出注意事项，如"蹬地""转体""探肩"等。

生：在规定区域内进行快速躲闪练习，每人不少于10次，每次至少包含变向跑、跨越、滑步3个基本动作，注意有序进行和快速避让。

2. 评价

小组之间相互学习、相互评价。每个组展示完成"侦察"任务的方式，组间互评"侦察"动作。评价维度：一看是否能够快速做出相应的躲避动作；二看动作模仿是否真实；三看是否遵守规则，是否规范有序练习。

4. 活动路线

"争做'侦察兵'"活动路线见图3。

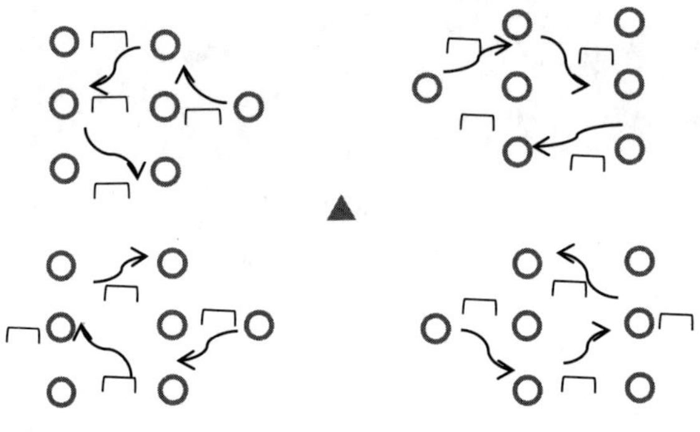

图3

注：↑表示不同的曲线跑动，□表示小栏架（练习钻、跨），〇表示学生，▲表示老师。

活动二："排雷"小分队

创设"'排雷'小分队"体验情境：前方行进的路线已经被敌人埋了许多"地雷"，现在需要每支"排雷"小分队协作完成"排雷"任务，确保大部队能够按时完成"物资输送"任务。

> **动作要领**
>
> "排雷"动作方法和要求：场地上有红、黄、蓝、绿四种不同颜色的标志桶和标志盘：红色代表"高爆雷"，需要降低重心低运球；绿色代表"假雷"，可以行进间运球通过；蓝色代表"子母雷"，需要快速变向换手运球躲闪；黄色代表"定时雷"，需要原地运球并拆除。在规定时间内安全有序地运球通过"雷区"，完成"排雷"任务。
>
> "排雷"方式：组长指挥，其余学生左手持"排雷器"（标志盘），右手持"物资"（篮球），向前跑动。当看到不同颜色的标志物后迅速做出相应的"排雷"动作，然后用手中的标志盘覆盖相应的标志桶，依次运球通过。

1. 组织

师：创设情境，布置任务要求。引导学生尝试完成"排雷"任务，每人完成5—8次，在2分钟内看哪个组按照要求把"地雷"排完，按时通过"雷区"，完成"物资输送"。

问题：如何才能安全快速通过"雷区"？不同颜色的标志桶、标志盘代表不同的"地雷"，尝试正确的"排雷"动作。

生：根据教师示范的过"雷区"的动作，7人一组，在"排雷"过程中，注意快速准确地做出相应的动作，并且与同伴击掌互动，互相鼓励，直至本组所有同伴都顺利通过"雷区"，完成"排雷"任务。各组学生按照自定队形，在2分钟内完成"排雷"。

2. 评价

"排雷"动作是否符合标准，动作是否熟练，是否能够准确快速辨认危险信号，是否能够安全、有序、积极参与，是否协同合作完成任务。

3. 活动路线

"'排雷'小分队"活动路线见图4。

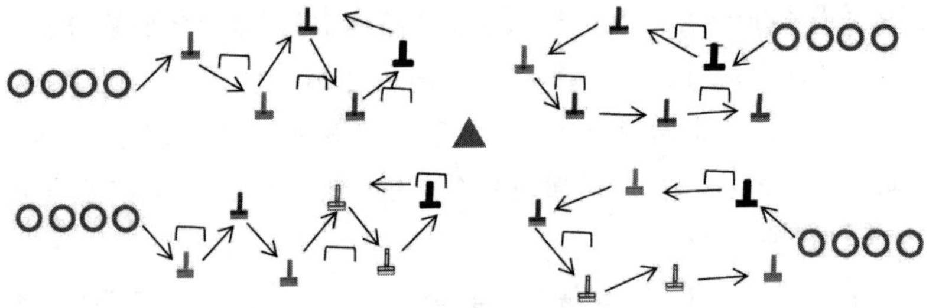

图4

注：┻表示标志桶（练习"排雷"），→表示"排雷"路线，┌┐表示小栏架（练习钻、跨），〇表示学生，▲表示老师。

活动三：冲破封锁线

创设"冲破封锁线"教学情境："物资输送"途中突然受到敌人的火力阻挠，需要学生分工协作，找出突破口快速冲破封锁线。模拟战场中各种突发现象，在不同的困难情境中培养学生的快速应变能力。

1. 组织

师：创设情境，引导学生按照要求依次进行不同难度的突破防线练习，强调运用行进间曲线运球绕过各种障碍。通过不同音乐控制"突围"节奏，让学生完成不同数量的障碍穿越练习。

生：在规定的时间内，每人练习5—8次，采用曲线运球、急停急起或运球突破等方式，依次尝试突破防线。练习过程中可根据自身能力，适当增减难度，强调安全有序、运球动作规范。

各组根据实际情况，完成穿越不同难度障碍的练习，比反应速度、观察能力以及合作能力。

2. 评价

按照规则要求，看谁"冲破封锁线"快，运球过障碍技术娴熟，穿越时应变能力强。

3. 活动路线

"冲破封锁线"活动路线见图5。

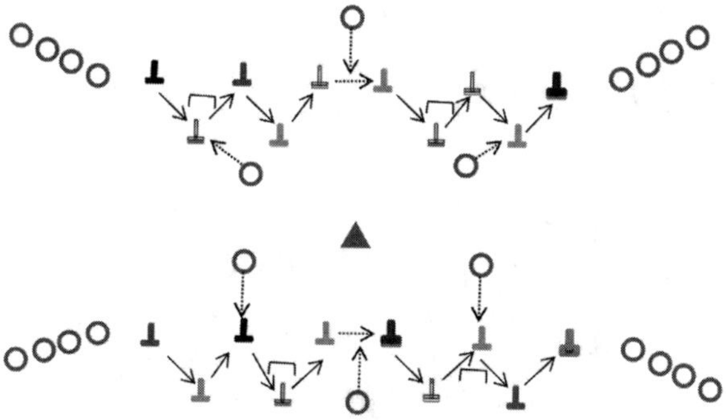

图5

注：┻表示标志桶（练习突围），→表示冲破封锁线路线，┌┐表示小栏架（练习钻、跨），
○表示学生，▲表示老师。

活动四：翻山越岭

创设"翻山越岭"教学情境：模拟战场中遇到的各种复杂地形，将传、运、绕杆等多种技术组合应用，培养学生在复杂情境中的"物资输送"能力，教育学生在战场上遇到困难时要学会与队友合作，攻坚克难。在比赛中，激发学生的求胜欲，提高团队协作能力，增强其运动体能和实战技能，确保最终完成任务。

1. 组织

师：创设情境，引导学生按照要求依次进行不同难度的情境挑战赛，强调"物资输送"和运球过障碍要求。请学生根据音乐节奏的变化，完成相应的挑战任务。

生：在规定的区域内，将移动、防守、运球过障碍等动作进行组合，完成挑战赛，每人不少于6次。练习过程中要求安全有序、输送物资动作规范、标志盘颜色分类快速准确、组合技术使用流畅。

各组按照实际要求完成组合练习，比运用，比配合，比完成情况。

2. 评价

按照规则要求，看哪个小组"物资输送"时间短，组织有序，顺利完成任务。

3. 活动路线

"翻山越岭"活动路线见图6。

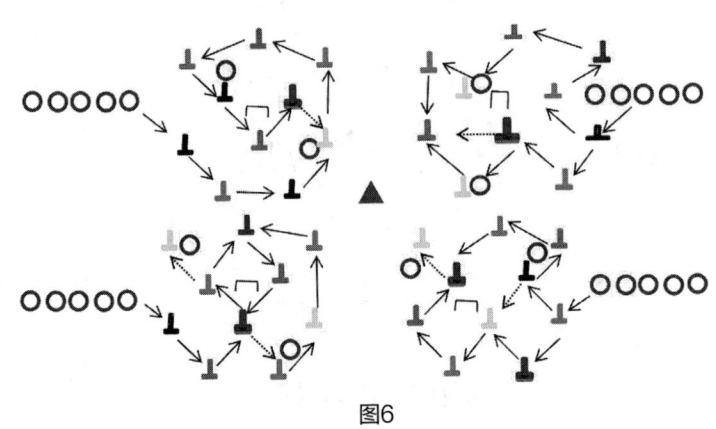

图6

注：┻表示标志桶（练习运、传、变向），→表示不同的穿越路线，┌┐表示小栏架（练习钻、跨），○表示学生，▲表示老师。

（三）结束部分

1. 拉伸放松

播放胜利歌曲，教师带领学生跟随音乐节奏进行身体各部位的拉伸放松。

2. 小结与作业

①体会：学生谈一谈本节课的学习收获与体会。
②讨论：如何掌握更多的技能，为国防事业做贡献？
③引导学生体会战争胜利后的喜悦，感受解放军战士在面对各种苦难时坚持不懈、顽强拼搏、团结协作的爱国情怀。

拓展作业

请你结合所学技能，在家里练习：
1. 复习原地运球100次/组×2组。
2. 行进间体前变向换手运球50次/组×2组。
3. 拍一段20秒内连续运球过障碍表现最佳的视频发给老师。

课例点评

该课将国防教育与篮球体前变向换手运球进行融合教学。课堂中创设了"争做'侦察兵'""'排雷'小分队""冲破封锁线""翻山越岭"等教学情境，引导学生在不同情境下熟练掌握篮球专项技术动作。通过创设各种复杂场景，将篮球教学中基本的移动技术、防守、侧身跑等动作与不同的"作战任务"进行有机结合，引导学生尝试自主、合作、探究学习，提高技术应用水平。"学、练、赛、评"贯穿课堂始终，将"教会、勤练、常赛"落实到位，引导学生在"争做'侦察兵'""排雷""突围"等学练的过程中逐步掌握"物资输送"的知识与技能。以小组为单位进行学习，使学生在情感交流中发展人际关系。教师把评的权力交给学生，组织学生互评，激发学生学习积极性，提高了教和学的效果。教师积极融入学生的"作战任务"，"零距离"接触让师生之间产生了很好的教学互动效果。

课例 15

跨越四季的"象形"之旅
——武术跨学科主题学习[1]

本课以《义务教育体育与健康课程标准（2022年版）》的课程理念为依据，坚持"健康第一"的教育理念，关注教与学方式的转变。本课融合科学知识，创设"森林四季"学练情境，引导学生观察了解动物的外形特征、生存环境、生活规律、生活习性以及在气候、食物等环境变化时的行为。通过对动物形态模仿取意，解决武术学习中单一枯燥的学练问题，展现人体在运动中的蓬勃活力和不同状态下的形态美；通过对动物生存技能和技击方式的学习，促进学生攻防意识的提升和技击能力的发展；通过对动物觅食、捕猎、迁徙、冬眠等四季生活规律的模拟和学习，使学生感受到人与自然和谐相处之美。

课例名片

年　　级：六年级
课 时 数：1
学　　科：体育与健康、科学

主题分析

体育与健康课程中的传统武术项目与德育、智育、美育等有着密切的联系。武术源于自然、兴于自然。象形拳源于武术，取意于自然科学，为武术与科学等学科的融合提供了可能。

本课围绕跨学科主题"大自然的神奇之旅"进行活动设计。以"观察自然、情景模拟、模仿取意"聚焦科学知识与象形拳的紧密关系，引导学生在体育活动中运用科学知识更好地习得及运用象形拳，挖掘武术与科学学科相结合的育人价值。通过前置任务单、视频、图片等方式引导学生观察动物的外貌特征、生活习性、生存环境，了解不同生物的食物网关系、种群结构、生存技能

---

[1] 本课由浙江省杭州市永正实验学校施碧芳老师设计，由浙江省杭州市拱宸桥小学王振威老师执教，由浙江省杭州市和睦小学严伟良老师点评。

等；通过模拟动物的四季生活：生长迁徙、捕食生存、春生冬眠等场景，建立基本的动物生态网，沉浸式参与武术"学、练、赛、评"活动；通过对动物狩猎技能的模仿取意，学习动物的环境适应知识，提高学生防身自卫能力。在学练过程中渗透礼仪和规则意识，帮助学生养成良好的竞争意识和协作精神，感受运动中的健康美，增进对大自然的认识。

学习目标

知识技能学习目标：能说出所学象形拳及所模仿动物的名称、习性特点、适应环境变化的行为，描述动物一年四季的生活规律与生存技能方面的异同，描述攻防动作的意义、要点与转换时机。

体能素质锻炼目标：根据动物四季生活的变化，做出相应的象形拳动作及相关组合动作，表现出动作的速度和力量，以及季节行为的合理性；比赛中根据规则展现出良好的攻防意识、手眼身法的配合以及身体的刚柔与灵敏，发展速度、灵敏、平衡、柔韧等身体素质。

情感品格培养目标：通过角色扮演及比赛，学会在活动中与同学互帮互助、合作探究，形成良好的武术礼仪习惯。

学习规划

本课将体育与健康课程和科学学科的内容相融合，由"学、练、赛、评"四部分组成。本课以小组学习为组织形式，以动物四季生活为情境，通过角色扮演推动学习目标达成。第一部分观察与了解自然界中虎、熊、蛇、角马等动物的动作特征与习性，学习动物行走、活动、捕食等动作，展现出良好的取意形态，树立正确的身体观。第二部分通过练习攻击与防御体会象形拳的精髓，外练形而内求神。第三部分以攻防演练、生存技能比赛的形式，学习动物的搏击特长，提高学生的攻防意识与技击能力，并以此丰富和完善学生自身的技能，提高学生对象形拳的理解，以此培养学生自主学习的能力以及与同伴合作探究和分析问题、解决问题的综合能力。最后，从动物环境适应行为的习得、运动能力、健康行为、体育品德等方面加以评价。本课设计框架如图1所示。

```
                    跨越四季的"象形"之旅
        ┌──────────────┬──────────────┬──────────────┐
        学             练             赛             评
        │              │              │              │
   大自然之春──    大自然之夏──    大自然之秋──    大自然之冬──
   森林漫步者      森林捕食者      森林争夺者      森林栖息者
        │              │              │              │
   观看视频,了解   在小组长的带领   动物对抗赛,运   动物环境适应行为
   虎、蛇、熊、    下,寻找小组内   用所学象形拳技   运动能力
   角马等动物的    或其他组的不同   法根据对手的招   健康行为
   外貌特征、生    "动物",根据    数适时做出攻防   体育品德
   活习性、动作    捕食关系及攻防   动作
   特点、环境适    动作图解进行捕
   应行为,学习    食攻防练习,思
   动物行走、活    考和探究制胜要
   动、捕食等动作  点及方法
        │              │              │              │
   通过动作姿态    建立捕食关系生   学习动物的搏击   创设情境,链接
   模仿,展现良    物网,外练形而   特长来提高攻防   多学科知识,开
   好的取意形态,  内求神,体会象   意识与技击能力   展综合评价
   树立正确的身    形拳的精髓
   体观
```

图1

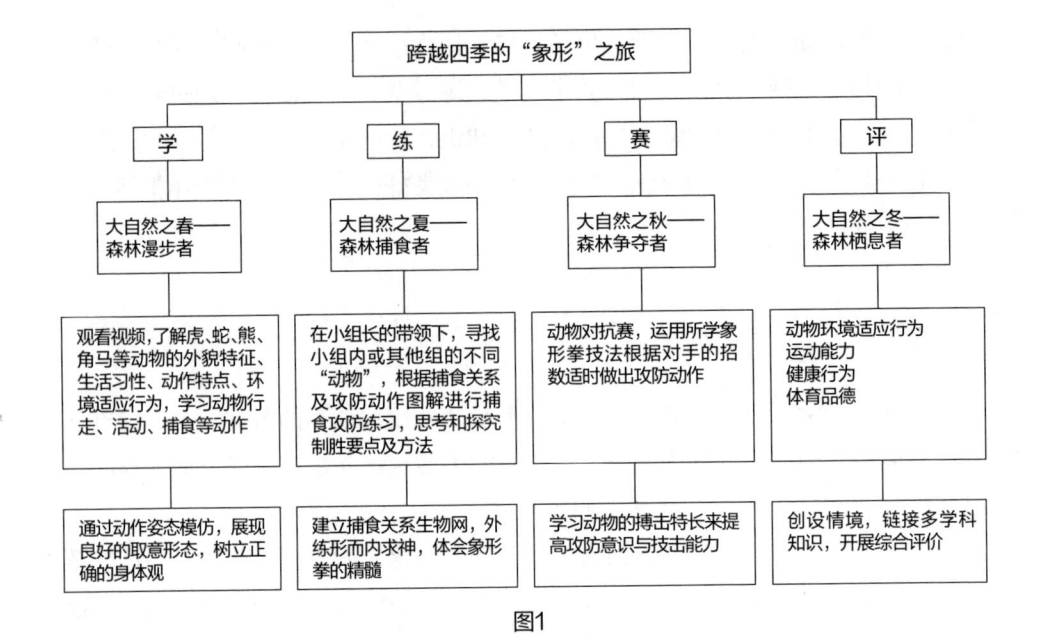

教学准备

1. 学习材料

前置任务单,视频。

2. 活动器材

音箱1个,垫子36块,标志盘若干。

学习过程

(一)准备部分

1. 情况导入

观看《动物世界:森林奇境》视频,激发学生的学习热情。提问:自然界动物的身体形态、生活习性、行为动作有什么特点?它们有哪些四季环境适应行为?在面对危险的时候,它们是以怎样的动作姿态进行攻击和防守的?学生

通过前置任务单收集的材料和观看视频的收获，在组内与组间分享。

前置任务单

任务一：查阅收集关于虎、熊、蛇、角马等动物的外貌特征、生活习性、动作特点、生存技能、捕食关系等资料，填写下表。

动物	身体形态	生活习性	动作特征
虎			
熊			
蛇			
角马			

任务二：根据蛇、角马、虎、熊等动物在不同季节适应环境变化的行为，如生长发育、捕食、迁徙、冬眠等，将下表内容补充完整。

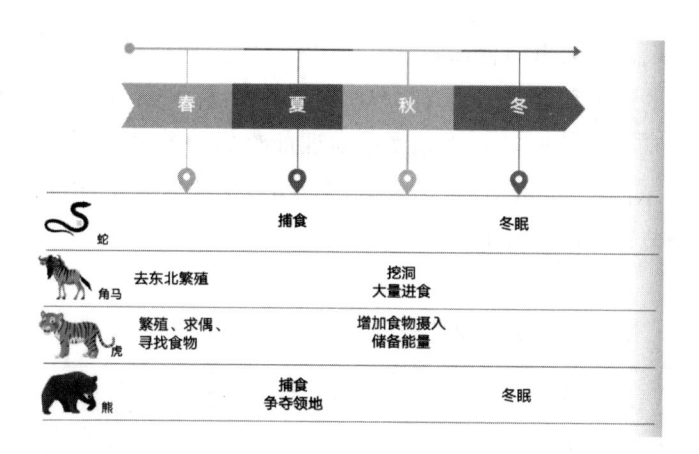

	春	夏	秋	冬
蛇		捕食		冬眠
角马	去东北繁殖		挖洞 大量进食	
虎	繁殖、求偶、寻找食物		增加食物摄入 储备能量	
熊		捕食 争夺领地		冬眠

任务三：复习已学武术中关于攻防的知识内容：左防右攻，如弓步勾手；下潜进攻，如马步冲拳；守高进低，如提膝插掌；指上打下，如虚步推掌。

2. 热身活动

教师创设"森林模仿秀"情境，带领学生在音乐伴奏下走入或慢跑进入"奇幻森林"，提示学生做出冲拳、插掌、勾手等动作，模仿多种动物形态，感受武术中的"静若处子、动如脱兔"。引导学生进入角色情境，活动身体各关节，充分热身，形成最初的动作表象，同时与课程主题相呼应。

3. 队形

热身活动队形组织见图2。

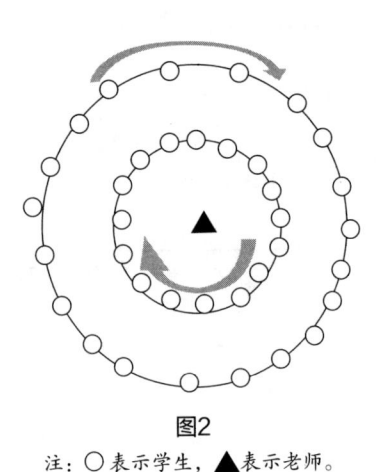

图2

注：○表示学生，▲表示老师。

（二）基本部分

活动一：大自然之春——森林漫步者

教师创设"春天里的森林漫步者"体验情境。教师提问：虎、熊、蛇、角马四种动物的形态和动作分别有哪些特征？在温度适宜、日照充足的春天，它们的环境适应行为有哪些？学生基于对课前收集的资料和视频的学习得出答案。教师演示四种动物的动作（见表1），引导学生观察动作神情、姿态特征等，根据季节行为做出行走、奔跑、捕食等动作。

表1 动物形态及春季环境适应行为

动物	形态特征	生活环境影响因素	春季行为
虎	凶猛威武，健壮勇猛	温度	繁殖、求偶、寻找食物
熊	躯干粗壮，头圆颈短	温度	寻找食物
蛇	蛇行百态，蜿蜒曲折	温度、食物	生长发育
角马	体形硕大，颈长有力	气温、日照、湿地、食物	去东北繁殖

1. 组织

师：将班级学生分成若干小组，每组4人。组织学生细读学习任务单，观察动物的动作姿态、眼神，根据形态特征与环境适应行为学习模仿3种动物的动作姿态。

生：根据拳术特点和动作过程图解，做出猛虎扑食、白蛇吐信、棕熊甩膀、烈马疾蹄中的3种拳术。表现出所做动作的特征，如根据老虎"隐蔽性""凶猛"的习性特征做出觅食时斜向前进、束身而起、连环猛扑的拳术。

2. 评价

小组之间互相评价总结，看看哪个同伴模仿得更像、身体姿态更好，评价整体学习效果和同伴之间的互动性。要求动作风格明显，用眼神和姿态表现出所模仿动物的神韵，环境适应行为合理。

3. 练习动作

活动一中的练习动作见表2。

表2　学习活动任务卡

学习活动	学、练、赛	问题	评价
活动一：森林漫步者 ①观察动物的动作姿态、眼神，学习模仿3种动物的动作姿态 ②结合拳术特点和动作过程图解，学习模仿3种拳术	捕食技能：猛虎扑食 动作特点：提膝蹬脚，前扑下按，腰脊发力 拳术特点：直行前进，束身而起，连环猛扑 捕食技能：棕熊甩膀 动作特征：虚灵顶劲，含胸拔背，松肩坠肘 拳术特点：竖项之力，甩膀之劲，雄旷之威	1. 动作形态和特征有哪些？ 2. 四种动物在春季做出的适应环境的行为有哪些？（如生长繁殖）	动作风格明显，用眼神和姿态表现出所模仿动物的神韵。拳术刚柔适宜，特征鲜明

续表

学习活动	学、练、赛	问题	评价
活动一：森林漫步者 ①观察动物的动作姿态、眼神，学习模仿3种动物的动作姿态 ②结合拳术特点和动作过程图解，学习模仿3种拳术	捕食技能：白蛇吐信 动作特点：力从地起，斜行上步，轻灵快捷 拳术特点：开合得意，刚柔相济，快如闪电 捕食技能：烈马疾蹄 动作特点：两肘裹肋，丹田提气，双拳栽胸 拳术特点：四蹄如铁，马奔疾蹄，外刚内柔	1. 动作形态和特征有哪些？ 2. 四种动物在春季做出的适应环境的行为有哪些？（如生长繁殖）	动作风格明显，用眼神和姿态表现出所模仿动物的神韵。拳术刚柔适宜，特征鲜明

活动二：大自然之夏——森林捕食者

夏季，草木茂盛，生机盎然，动物世界进入了捕食季。（见表3）生物之间有着吃与被吃的关系，同一种动物可以捕食多种生物，它们之间形成了一种食物网状结构。（见图3）想一想，生物之间存在怎样的捕食关系，结合已经掌握的动作模仿虎、熊、蛇等动物进行捕食者游戏。

表3 动物夏季环境适应行为

动物	夏季行为
虎	高活动时期，巡视、觅食、争夺领地
熊	捕食、争夺领地
蛇	捕食
角马	在东北生活

图3

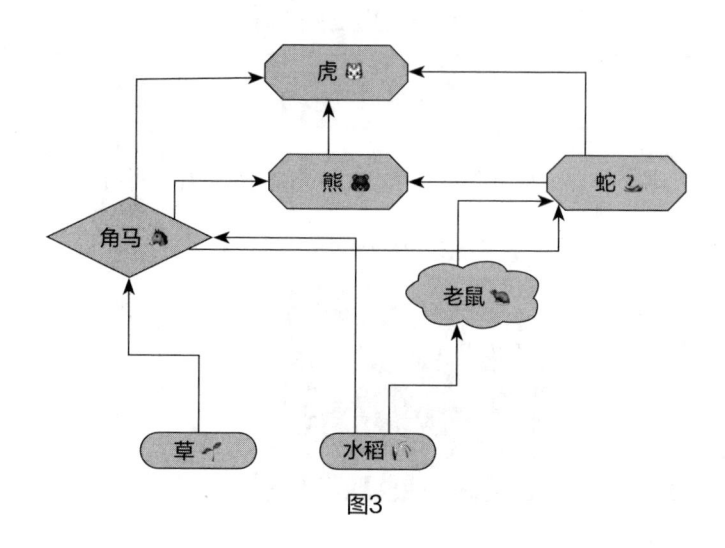

1. 组织

师：组织学生以小组为单位，了解动物的季节环境适应行为，观察所模仿动物的捕食姿态和攻防技能。引导学生根据捕食关系及攻防动作图解进行攻防练习。

生：在组长的指导下，寻找小组内或其他组的"动物"，进行攻防练习，表现出动物的攻防动作特点和行进路线变化。例如，虎与虎为争夺领地，熊与蛇因捕食关系而争斗时，能表现出老虎直线进攻、蛇曲线行进等特点。

2. 评价

学生之间互相评价总结，看看哪个同伴能够展现出虎的凶猛迅捷、熊的憨厚雄壮、蛇的轻灵快速，评价同学之间对抗关系的合理性，攻防动作转换的适时性和对步法、时机把握的准确性。教师对小组的学习做整体性评价，包括学生合作学习情况、技能掌握情况、是否具备"点到为止"的安全意识。

3. 练习动作

活动二中的练习动作见表4。

表4 学习活动任务卡

学习活动	学、练、赛	问题	评价
活动二：森林捕食者 根据攻与防的动作图解，找其他小组的"动物"，进行一攻一防练习，随后转换角色	"虎"与"熊" 甲以虎爪向前上方对乙肩膀至胸口做前扑进攻 乙以熊掌双掌上托甲双肘 "蛇"与"虎" 甲以蛇拳双手做蛇头，一手攻击对方胸口，一手攻击对方肩膀 乙以虎拳直行，一手按压对方下手，一手以虎爪攻击对方侧耳 "蛇"与"熊" 甲以蛇拳进攻，一手进攻对方胸口，一手进攻肩膀 乙以熊掌侧身防守，一掌按压下肘，一掌按压上肘	在攻与防的过程中动作位置、发力方向有什么变化？	对抗关系合理，动作连贯有效，攻防进退、刚柔虚实兼备；具备"点到为止"的安全意识

活动三：大自然之秋——森林争夺者

秋天，郁郁葱葱的树木开始变黄，天气变得寒冷起来，昆虫数量减少，一些动物向温暖的南方迁徙，一些动物开始挖洞储存食物，森林里即将拉开一场食物争夺大战。面对凶残的对手，动物们会怎么做呢？从我们已经学习过的攻防技术中，快速挑选可以使用的技能，完成这场"遭遇战"吧。

表5　动物秋季环境适应行为

动物	秋季行为
虎	增加食物摄入，储备能量
熊	储存食物
蛇	挖洞、大量进食
角马	向南方迁徙

1. 组织

师：引导学生根据动物迁徙、捕食、储备食物等行为，仔细思索猛虎扑食、白蛇吐信、棕熊甩膀、烈马疾蹄等动作的要领与使用时机，根据动物季节行为特征进行攻击或者防守。

生：小组4人分别扮演4种不同的动物，在安全前提下自由攻防。通过观察对手，仔细分析对手的意图，灵活运用动物动作，以获得食物或成功迁徙。点到为止，三局两胜。

2. 评价

学生之间互相评价总结，看一看哪位同伴"捕食猎物"更迅猛，比一比哪位同伴身法更快捷，说一说哪位同伴"躲避捕食"最灵活，评一评哪位同伴在攻防中对身法、时机运用得最好。

3. 练习动作

活动三中的练习动作见表6。

表6　学习活动任务卡

学习活动	学、练、赛	问题	评价
活动三：森林争夺者 动物对抗赛，运用所学象形拳技法，根据对手的招式、站位选择适当的时机进攻或防守，在对练中注意安全。	白蛇吐信VS白虎摇头 猛虎扑食VS棕熊甩膀 白蛇吐信VS棕熊甩膀 猛虎扑食VS烈马疾蹄	1. 四种动物在秋季时分别表现出怎样的环境适应行为？ 2. 当对方攻击你的时候，你应该用什么步法和动作进行防守和反击？	遵守规则，把握进攻与防守的时机；正确看待比赛场上的输与赢

（三）结束部分

活动四：大自然之冬——森林栖息者

1. 放松与小结

草木变得枯萎，角马来到了温暖的南方，熊和蛇进入了冬眠，虎的活动也变得少了起来，森林又恢复了宁静。（见表7）教师带领学生跟着音乐进入森林的冬季，模仿不同动物在冬季的行为，调息放松。

表7　动物冬季环境适应行为

动物	冬季行为
虎	行动减少，节省能量
熊	冬眠
蛇	冬眠
角马	在温暖的南方生活

组织学生谈一谈收获和体会。说一说所学象形拳动作的特点、攻防含义与学习价值；根据动物环境适应行为的季节性变化，说一说所模仿动物的特征、生活习性；对自己和同伴在活动中的表现做出评价。

2. 评价

对学生在活动中根据所选动物做出的环境适应行为的合理性以及在运动能力、健康行为、体育品德等方面的表现做综合评价。（见表8）

①学生自评：对照"运动能力"维度进行自我评价。

②同伴互评：对照"健康行为"维度对同伴进行评价。

③教师点评：教师在"体育品德"维度上进行评价，学生认真听，并总结反思。

表8 综合评价

评价维度	评价观测点	优秀	良好	再努力	评价方式
运动能力	1. 动作的形象、速度、力量、神韵 2. 攻防意识，手眼身法的配合 3. 综合运用多学科知识完成任务				学生自评
健康行为	1. 认真听讲，积极讨论 2. 保护同伴和自己的安全 3. 具备"点到为止"的安全意识				同伴互评
体育品德	1. 遵守规则，以礼相待 2. 顽强拼搏，勤学苦练 3. 团结协作，互相鼓励				教师点评

课例点评

该课坚持"健康第一"的教育理念，充分发挥体育与健康学科的育人功能，注重专项运动技能与科学、艺术等学科的融合。课前，教师通过"了解动物、再现动物、关联动物"三个任务，让学生对动物形态、动作结构、生存关系、环境适应行为等方面建立具体的认知，提高学生的观察、审美能力，促进知识与技能的融合构建。课中，教师创设了多种动物形态运用情境，引导学生分别体验猛虎扑食、白蛇吐信、棕熊甩膀等动作；以拳、掌、勾、爪、扑、按、提、点等武术专项运动技能的结构化学练为核心，在提高学生运动能力的同时，带领学生学习观察、体验自然界中动物运动的特征和形态之美，形成点到为止、以礼相待的行为品德；渗透科学知识，促进学生全面发展。课后小结，教师引导学生回顾和总结全课内容，形成学习闭环。

教学中重视引导，借助学习任务，将武术基本动作与攻防技术组合，用不同现实情境的"赛"来提高学生在场域空间中"打"的意识，培养学生的攻防意识。该课以观察模拟、完成任务、解决问题为途径，在课堂教学中潜移默化地让学生掌握象形拳。教学中利用任务单、运用小组学习组织形式，以问题为导向，引导学生自主合作探究，将"教会、勤练、常赛"落到实处。

此外，该课在学练内容资源开发方面可以提供更多的内容选择，如动物的种类选择上除了虎、熊、蛇、角马以外，还可以增加猿、猴、鹬、鸡等，让学生了解、模仿更多动物的生活习性和行为动作，挑战不同动物的攻防技法，有更加丰富的体验和对传统武术更深入的了解，达到身体在攻防演练中的整体协调。总之，该课既把握了体育与健康学科的本质，又融合了多个学科，体现了知识教学的体系效果。

课例 16

探游西湖，定向指引
——校园定向运动跨学科主题学习[1]

本课是以《义务教育体育与健康课程标准（2022年版）》的课程理念为依据，遵循"健康第一"的教育理念，以发展学生核心素养为目标。本课创新性地将体育与健康和数学、科学、语文等学科相融合，通过创设探游西湖景点的情境，将语文中的诗词描写，科学中的使用指北针，以及数学中的认识方位等融入本次跨学科主题学习中，培养了学生的深度思维能力、合作探究能力，提升了学生的有氧耐力等身体素质。

课例名片

- 年　级：六年级
- 课时数：3
- 学　科：体育与健康、数学、科学、语文

主题分析

本主题主要是在体能学练中，引导学生正确使用指北针和简易的西湖景点地图，促进学生在增强体能的过程中，发展自主探究、合作学习和团队协作的能力。本课结合各类定向游戏，引导学生理解定向运动，并在模拟探游西湖景点的过程中，学会正确使用指北针和地图，充分发挥定向运动的生活价值。

学习目标

知识技能学习目标：通过"蛛网定向"游戏，能比较熟练地使用指北针指示方向和利用地图规划路线。

---

[1] 本课由浙江省杭州市大成实验学校郑华老师设计和执教，由浙江省杭州市拱墅区教师教育学院徐敏老师点评。

体能素质锻炼目标：在根据指北针和地图指示进行定向奔跑的过程中发展耐力等身体素质。

情感品格培养目标：乐于参加各项活动，能积极与同学协作，形成顽强进取、吃苦耐劳的精神品质。

学习规划

当今，学生生活在用钢筋水泥建造起来的高楼大厦的丛林中，对自然地形、地貌的了解少之又少，在野外不知如何寻找回家的方向，甚至传出有大学生在新生报到当天迷路的新闻。为什么明明在数学课上学了方位、在科学课上认识了地图，学生还是会迷路呢？这不得不引起我们的思考和担忧：究竟是什么影响了学生的实践认知能力？基于此，本课贯彻"健康第一""学生为本"的教育理念，创设和谐、平等、友好的竞争活动环境，通过与数学、科学、语文学科的融合，激发学生主动参与体育运动的兴趣，为学生提供较大的自主学习空间，挖掘学生的学习潜能，让每一个学生都能从中受益、喜爱体育。

本课是水平三的课程，采用"模拟定向"的方式，将数学学科中方位的认识、科学学科中指北针的使用、语文学科中的古诗词等知识融入其中。本课以"探游西湖，定向指引"为主题，在"超级密码"和"看谁方向指得对"两个热身游戏中，让学生感受数学中方位在实际生活中的应用；在"齐心协力"环节，与小学语文中关于西湖的古诗词相结合，鼓励学生找准方向前进，并最终找到"课题"；在"蛛网定向"这一环节，将指北针的使用等知识融入其中，帮助学生理解定向运动的生活价值。让学生在游戏、活动中发展思维能力，在获得喜悦和快乐的同时，能够在模拟真实情境中运用所学的知识，从而真正掌握数学、科学和语文知识，并且在学习中感知协作的力量；同时培养学生与同伴友好相处、互帮互助、合作探究以及分析问题和解决问题的综合能力。本课设计框架如图1所示。

```
                        ┌──────────────────┐
                        │ 探游西湖，定向指引 │
                        └──────────────────┘
         ┌──────────┬──────────┴──────────┬──────────┐
        学          练                    赛          评
```

学：
- 学习使用指北针，认识方向
- 学会看地图，按照线路完成打卡

练：齐心协力

赛：蛛网定向

评：会用指北针找方向；会看地图，按照线路完成打卡

练·活动场景：将学生平均分成若干组，自由分散在足球场上，各组人员进入到呼啦圈内，根据教师发出的指令进行比赛，学生回答并移动，直到碰到标志桶，找到锦囊停止运动

学·评价点：1. 对出教师出的古诗词后才出发寻找相应的标志桶；2. 找到有锦囊的标志桶才是最终的胜者，可以宣布本课的学习内容

赛·活动场景：将学生平均分成4队，按照线路和方向依次完成所有方向的打卡，打卡后向相反方向对应点跑动，以此类推，直到跑完所有点，回到终点（出发点），最快队为胜

评价点：1. 运用指北针，按照地图的线路，打卡所有点；2. 每个点需要回答指定问题，最后完成一句话，并写完整；3. 完成所有打卡点任务，用时最少的队为胜

图1

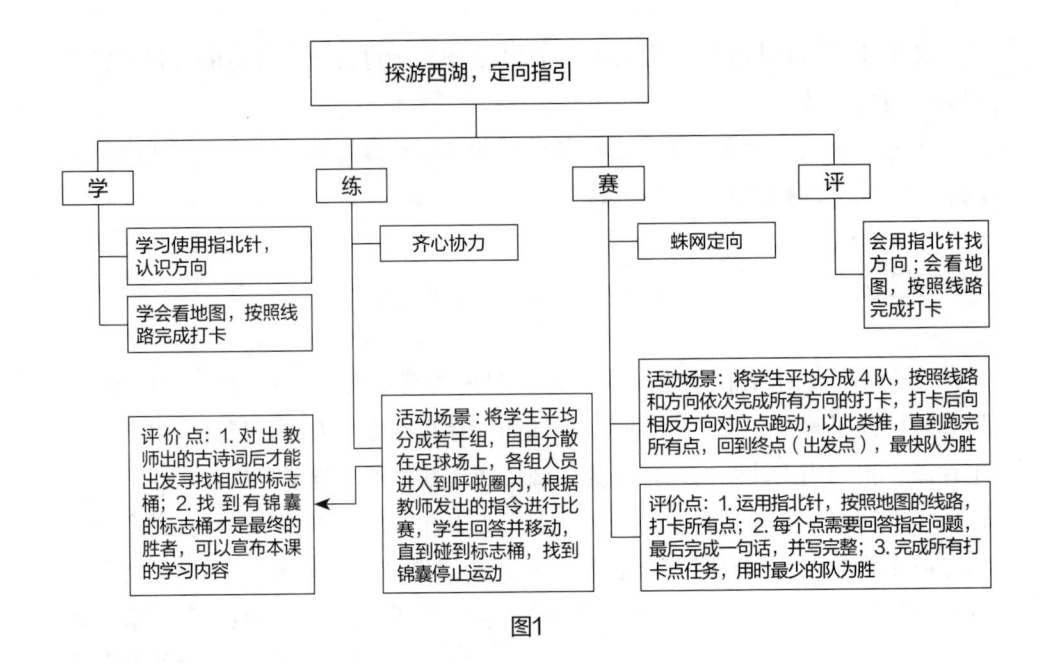

教学准备

1. 学习材料

发放课前任务单。

《探游西湖，定向指引》课前任务单

任务一：制作运动场简易地图（以小组为单位）。

任务二：学会指北针的使用方法。

---

2. 场地与器材

场地：整个校园运动区域。

器材：指北针每组一个，地图每组一张（学习任务单），图章12个，笔12支。

学习过程

（一）准备部分

1. 情境导入

教师语言导入：如果你们第一次来到美丽的西湖，又是采用自由行的方式，你们能够利用指北针和地图进行游玩吗？

2. 热身活动

师："同学们在数学课上已经学过了方位的判断，现在请你们帮一个忙，老师忘了今天上课的内容，不过还好老师分别在操场上放了锦囊，而上课的内容就在里面，待会儿看哪组同学能够先帮助老师找到锦囊。"

生：在组长带领下有组织地寻找锦囊，先找到的小组将锦囊交还老师，老师让学生自己宣布本课学习内容。

（二）基本部分

活动一：齐心协力

1. 组织

师问："欲把西湖比西子。"生答："淡妆浓抹总相宜。"回答完毕，立即向西移动。师问："孤山寺北贾亭西。"生答："水面初平云脚低。"然后可以选择向北面或者西面前进。教师进行示范，先碰到标志桶的小组为胜。教师在出题时，必须含有方向词，无论是上句，还是下句。学生需要先回答完古诗词的上下句，才能出发寻找标志桶（先碰到标志桶的队为胜），并且查看是否有锦囊。若拿到锦囊，游戏结束，获胜队宣布游戏名称。未能抢答或者答错的小分队需要面向四个方位完成深蹲任务。

学生"1—6"报数，平均分成6组。教师讲解游戏方法、规则。以呼啦圈作为道具，各组成员进入呼啦圈，根据教师发出的指令进行各方向的前进练习。

2. 评价

首先学生需要答对古诗词；其次要齐心协力到达标志桶处，查看是否有锦囊，最终找到锦囊的组长宣布游戏名称。

3. 活动形式

"齐心协力"活动形式见图2。

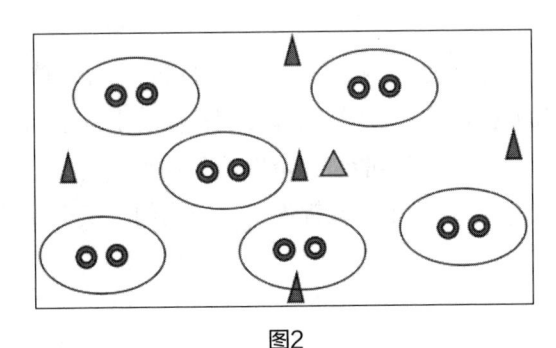

图2

注：▲表示标志桶，⬭表示呼啦圈，◉表示学生，▲表示老师。

活动二：蛛网定向

1. 组织

师：介绍游戏方法。一组从起点出发后根据第一组地图跑向1号点（双峰插云），打卡后向1号点的相反对应点2号点（花港观鱼）跑去，打卡后跑向2号点的顺时针方向的另一点3号点（平湖秋月），打卡后向相反对应点4号点（南屏晚钟）跑去，依次类推，直到跑完5号点（柳浪闻莺）、6号点（曲院风荷）后到达终点。二组则根据地图从2号点出发，途径3号点、4号点、5号点、6号点，最后到1号点结束；三组按照3号点、4号点、5号点、6号点、1号点、2号点循序完成；四组按照4号点、5号点、6号点、1号点、2号点、3号点循序完成。起点和终点在场地中央。

"蛛网定向"答题卡（第一组路线）

起点→1→2→3→4→5→6→终点

答题处：（　　）（　　）（　　）（　　）（　　）（　　）

题目1：北京、南京、东京的共同点是什么？

题目2：著名歌手姓刘，曾演唱过《水浒传》主题曲，他的名字是什么？

题目3：南的相反面是（　　）。

题目4：（　　）风招展。

题目5：对客人、长辈的尊称，你的敬称是什么？

题目6：将其余五题的答案连成一句话。

生：平均分成6组，以小组为单位运用手中的地图以及说明完成一个比较难的任务："蛛网定向"。观看任务单，分组集体赛。（见图3）一组成员由中间出发按照1号点、2号点、3号点、4号点、5号点、6号点顺序完成以后回到中间。

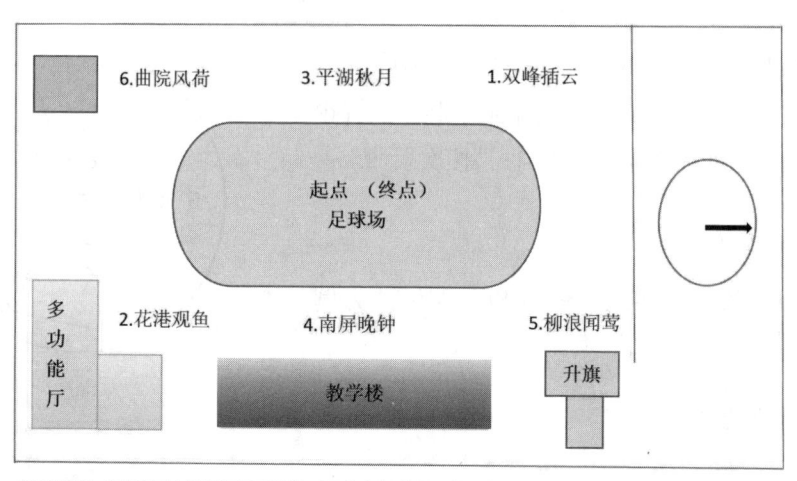

规则说明：各组按上述线路所示前进，要求小组成员手拉一根跳绳集体行动，到达指定地点，找到信封回答问题，回答完毕重新放好题目，继续寻找下一个目标，以同样的方法打卡所有点，以返回终点所花时间少的队为胜。

图3　集体学习任务单

学生明确个人学习任务单（见图4），完成个人定向计时赛。

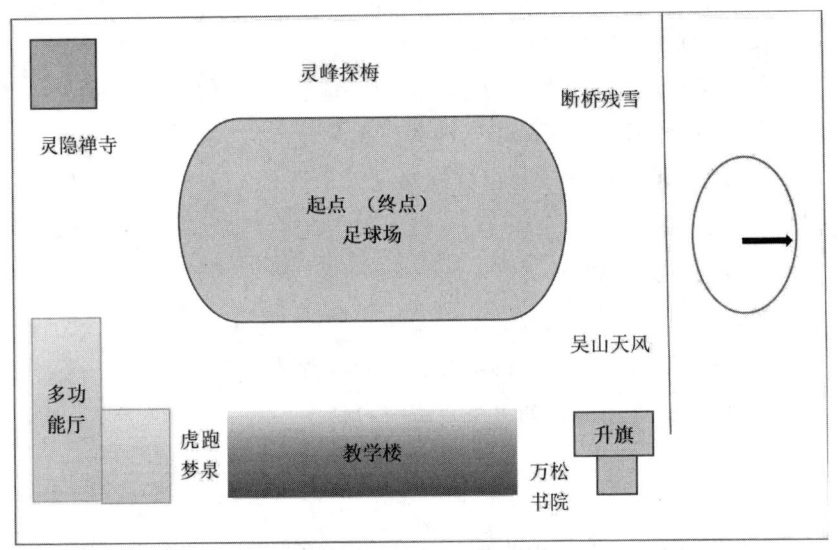

规则说明：个人根据上述线路按照地图所示前进，到达指定地点，找到图章进行盖章，然后继续寻找下一个目标。以同样的方法打卡所有点，最快返回终点的个人为胜。

图4　个人学习任务单

2. 评价

队形整齐、没有落队；找位准确、回答正确、盖章及时；用时最少的小组获胜；如有跑错线路的，在所需总时间上加5秒，按次累加。

3. 活动形式

"蛛网定向"活动形式（以一路纵队为例）见图5。

图5

（三）结束部分

1. 拉伸放松

听清方法，组织尝试，每个小组围站成一个圆圈，组长站在圈中间，跟着音乐节奏，领做放松操。教师站在各组中间，师生共同进行身体放松练习。

2. 评价与作业

师生根据表现性任务评价单对学生表现进行评价。
①学生自评：对照"运动能力"维度进行自我评价。
②同伴互评：对照"健康行为"维度对同伴进行评价。
③教师点评：教师在"体育品德"维度上进行评价，学生认真听并总结反思。

蛛网定向——表现性任务评价单

评价维度	评价观测点	☆☆☆	☆☆	☆	评价方式
运动能力	1. 正确看地图，会使用指北针 2. 能全力完成集体赛和个人赛 3. 综合运用多学科知识完成各项任务				学生自评
健康行为	1. 认真听讲，积极思考与讨论 2. 在练习、比赛过程中积极投入 3. 安全意识强，具有团队和个人保护意识				同伴互评
体育品德	1. 遵守规则，友爱谦让 2. 顽强拼搏，勇于挑战 3. 团结协作，互相加油				教师点评

拓展作业

1. 校园地形跑。
2. 制作三里亭区域地形简图。

课例点评

该课坚持"健康第一"的教育理念，充分发挥了体育与健康学科的育人功能，注重将体育运动技能与数学、科学、语文学科相融合，瞄准内容的合理性和精准性，通过指北针和地图的使用打破学科之间的壁垒，使体育课堂与真实生活有效融合。学生在诗词的氛围中寻找方向，学会运用校园地图和指北针，灵活调用方位知识，并运用体育基本运动技能——合作跑，按照指定线路完成校园定向任务。教学中运用任务单，让学生进行自主学习、合作学习、探究学习等，将合作学练、个人学练有机结合。关注个体差异，对学生的实时评价紧贴生活核心，评价形式丰富多样，使"学、练、赛、评"贯穿课堂，将"教会、勤练、常赛"落实落细。该课将答题融入到体育课当中，让学生在剧烈的奔跑过程中得以调整，做到了劳逸结合，同时还促进了智力的发展。由学生宣布游戏名称是一个创新，体现了以生为本。课堂是师生共同的舞台，应充分发挥学生的主观能动性，这样更有利于培养学生成为有本领、有担当的时代新人。

下编

初中典型课例解析

课例 17

伟大历程，重走长征路
——田径项目跨学科主题学习[①]

本课以《义务教育体育与健康课程标准（2022年版）》的课程理念为依据，以发展学生核心素养为目标，创设历史情境，将历史学科和体育与健康学科进行融合，在田径教学中渗透长征精神，提高学生的合作意识，培养学生不畏艰难、顽强拼搏的意志品质和集体主义、爱国主义精神。

课例名片

年　级：七年级
课时数：1
学　科：体育与健康、历史

主题分析

本主题教学围绕课标中跨学科主题"钢铁战士"（水平四）进行活动设计。教师通过让学生观看课件了解红军长征的背景、路线和概况等，引出长征精神，提示本节课的学练内容。学生观看图表，将自己的发现表达出来。本主题学习通过场景模拟，让学生体验长征的艰险，提高学生的田径综合能力，培养学生的核心素养。

学习目标

知识技能学习目标：综合运用历史学科知识，了解红军长征的背景、路线、概况等，结合本节课的体验能说出什么是长征精神、红军在长征途中遇到了什么困难以及长征的胜利给我们留下了哪些宝贵的精神遗产。能说出田径运动技能的动作名称和练习方法，并了解其在实际生活中的运用。

[①] 本课由华东师范大学附属杭州学校的周夏岚老师设计和执教，由浙江省杭州市启航中学的蒋海明老师点评。

体能素质锻炼目标：在小组合作练习中，能连续跨过3个60厘米高的垫子、翻越不同高度的软式跳箱等，运用田径运动技能，发展力量、速度和耐力等身体素质。

情感品格培养目标：在重走长征路的体验中不怕困难、迎难而上，树立合作意识，具有良好的体育道德，形成顽强拼搏的意志品质和爱国主义精神。

学习规划

本课与历史学科相融合，由"学、练、赛、评"四部分组成。通过观看课件，学习红军长征的背景、路线和概况等。通过完成渡过湘江（走过平衡木）—强渡乌江（绳梯开合跳练习）—巧渡金沙江（连续跨过3个60厘米高的垫子）—飞夺泸定桥（利用小栏架的灵活性练习）—翻越夹金山（翻越0.9米、1.2米、1.5米3个不同高度的软式跳箱）—匍匐前进过草地（爬过3块平铺的体操垫）的练习和比赛，引导学生灵活运用田径运动技能完成长征这个艰险过程的体验。通过本课学习，培养学生不怕困难、迎难而上、顽强拼搏、坚持到底的意志品质和集体主义、爱国主义精神。本课设计框架如图1所示。

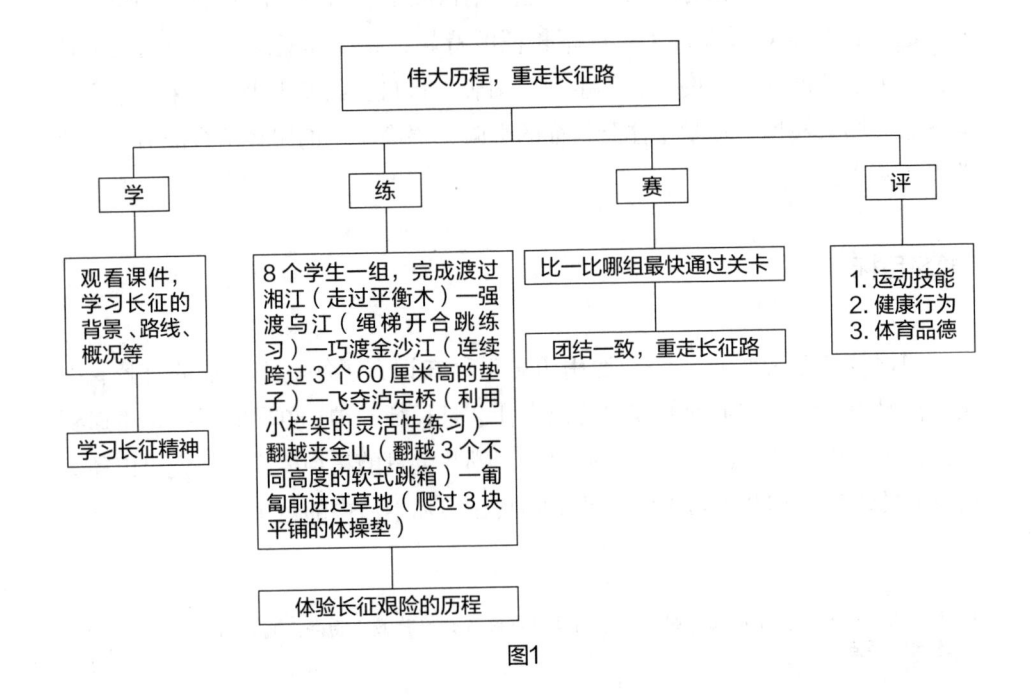

图1

教学准备

1. 学习材料

课前发放红军长征知识调查表（见表1），学生学习红军长征知识，了解绳梯的练习方法等。准备好上课课件。

表1　红军长征知识调查表

目标问题	不知道	了解一点	了解挺多
你对红军长征了解多少？			
你是否知道什么是长征精神？			
你是否害怕翻越软式跳箱？			
你是否能结合器材进行组合练习？			

2. 活动器材

白板，投影仪，软式跳箱1—4号，平衡木，60厘米×120厘米体操垫12个，绳梯4个。

学习过程

（一）准备部分

1. 情境导入

教师带领学生观看课件、学习资料，了解红军长征的背景、路线和概况等。

2. 热身活动

教师带领学生一起围绕场地进行多种形式的慢跑，做热身操，引导学生看任务单。

> **任务单一**
> 观图表学习长征知识、了解长征背景。
> 同学们通过学习资料了解了红军长征的背景、原因、路线、概况。对此，大家有什么发现？

（二）基本部分

活动一：设障碍克难关——历长征艰险（长征过程初体验）

将学生分成3组，8人一组，在小组长的带领下认真细读任务单。

> **任务单二**
> 小组内部完成以下练习活动：渡过湘江（走过平衡木）—强渡乌江（绳梯开合跳练习）—巧渡金沙江（连续跨过3个60厘米高的垫子）—飞夺泸定桥（利用小栏架的灵活性练习）—翻越夹金山（翻越0.9米、1.2米、1.5米3个不同高度的软式跳箱）—匍匐前进过草地（爬过3块平铺的体操垫）。

1. 组织

师：全班分成3个大组，每个大组一个训练场地，每个训练场地一套器材，学生8人一组进行练习。

生：8人一组，听到统一指令后，第一名学生开始练习渡过湘江（走过平衡木），直到完成匍匐前进过草地（爬过3块平铺的体操垫）后，下一名学生出发，以此类推，直到最后一名学生完成任务，算完成一轮。最后一名学生是第一名学生的保护者、帮助者，照此类推。每人完成3—5组练习。

2. 评价

在运动能力方面，完成包含走、跑、跳、翻越、爬等田径综合运动技能；

小组所有学生顺利完成1轮加1分。在健康行为方面，树立合作、安全的意识。在体育品德方面，培养不畏艰难、迎难而上、坚持到底、承担责任的意志品质。

3. 活动路线

"设障碍克难关——历长征艰险"活动路线见图2。

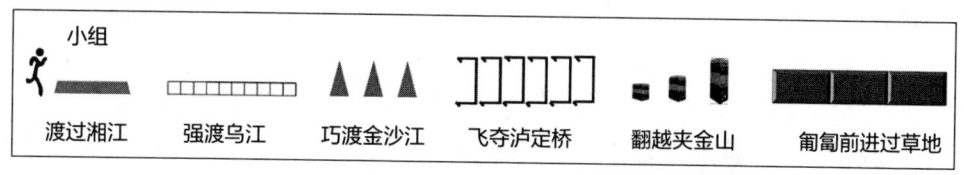

图2

注：▬▬表示平衡木，▭▭▭▭表示绳梯，▲表示垫子，⊐表示小栏架，■表示软式跳箱，▬▬表示体操垫。

活动二：团结一致，重走长征路（比一比）

根据个人练习情况，开展组间比赛。

1. 组织

每组8人，分成3组。听到统一指令后开始计时，第一名学生完成所有的关卡后，下一名学生出发，最后一名学生完成时，把终点的红旗举起来算胜利，计时结束。最后一名学生是第一名学生的保护者、帮助者，照此类推。第一关渡过湘江，从平衡木上掉落1次加3秒；第二关强渡乌江，绳梯上开合跳漏做1次加3秒；第三关巧渡金沙江，跳垫子漏跳1次加5秒；第四关飞夺泸定桥，小栏架漏做1次加5秒；第五关翻越夹金山，漏翻1次加5秒，翻过1.5米高度减5秒，翻过1.2米高度减3秒。第六关匍匐前进过草地，胸部未贴垫子加5秒。某小组"团结一致，重走长征路"成绩记录表如下（见表2）。

表2　某小组"团结一致，重走长征路"成绩记录表

小组成员姓名	第一关 渡过湘江		第二关 强渡乌江		第三关 巧渡金沙江		第四关 飞夺泸定桥			第五关 翻越夹金山		第六关 匍匐前进过草地	完成时间	失误时间	综合时间
	掉落（是/否）	掉落次数	漏做（是/否）	漏做次数	碰倒（是/否）	漏跳次数	碰倒（是/否）	漏做次数	完成方式	选择难度	漏做（是/否）	胸部贴垫子			
小张…															

2. 评价

在运动能力方面，用时最短的小组获胜，评选出"最佳长征精神"奖，小组积3分；在健康行为方面，保持积极进取的心态进行比赛；在体育品德方面，培养学生不畏艰难、勇敢顽强的意志品质和集体主义精神、爱国主义精神。

3. 活动路线

"团结一致，重走长征路"活动路线见图3。

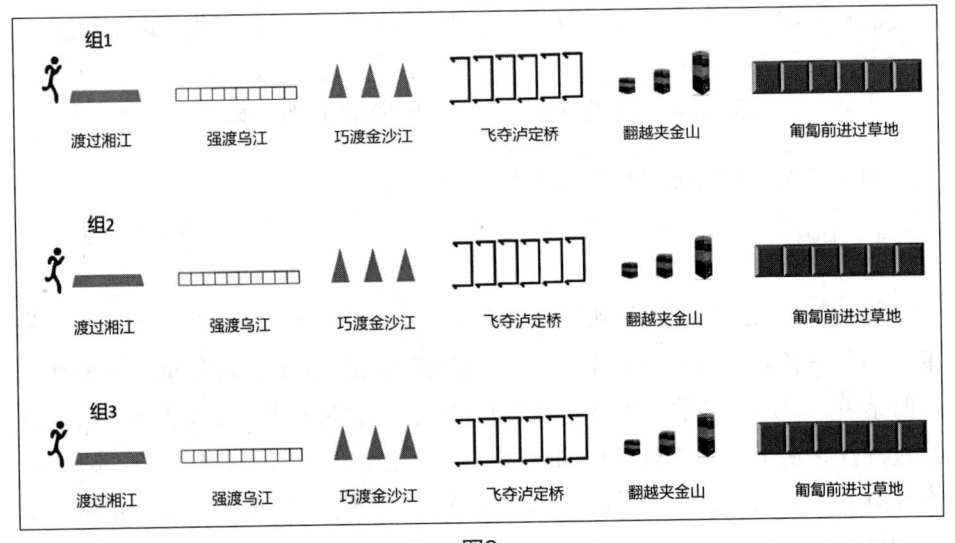

图3

（三）结束部分

1. 拉伸放松

提炼长征精神并带领学生跟随音乐节奏进行身体拉伸，放松身心。

2. 评价与作业

根据小组积分总和，评选出"最佳团队奖"。组织学生谈收获和体会，歌颂长征精神。

> **拓展作业**
> 设置一个合理利用校园、公园自然地形的模拟军事训练场景，完成跑、跳、投田径专项运动技能综合活动练习。

课例点评

该课以"钢铁战士"学习主题水平四田径专项运动技能内容为基础，融合历史学科进行跨学科教学设计。通过"知—历—练—颂"优化活动设计，尊重学生认知规律，注重真实情境下的体验感和参与度。基本部分以"学、练、赛、评"为学习主线，环环相扣。将学习主题与历史学科相融合，在障碍设置时用长征途中的典型情境命名，让学生经历"创设情境—体验长征—团队合作—提炼精神"的活动过程，把田径综合运动技能这些枯燥的内容变得鲜活起来，增加了练习的趣味性。学生对练习产生浓厚的兴趣和强大的内驱力。学生在练习过程中体验艰难，在同伴的鼓励下，在团队精神的鼓舞下，克服胆怯心理，积极、主动、快速地越过障碍。通过"学、练、赛、评"，进一步加深学生对红军长征主要事件的理解和掌握，同时让学生得到一次集体主义和爱国主义教育。课堂中把长征精神作为育人切入点，创设了体现艰难险阻的长征情境。学生扮演红军，推选宣传员，将学、练、赛内容与长征路线对应起来，以跑、跳、跨、翻等技能的结构化学练为核心，在主题学习过程中发展体能，运用和巩固田径综合运动技能，形成正确的价值观，培养不怕困难、迎难而上、顽强拼搏、敢于担当的体育品质，培养集体主义和爱国主义精神。

课例 18

探究最美抛物线

——田径投掷类项目跨学科主题学习[1]

本课以《义务教育体育与健康课程标准（2022年版）》的课程理念为依据，以发展学生核心素养为目标，将体育与健康和物理进行融合，引导学生运用科学知识"力的三要素"探究解决实心球投不远的真实问题。在探究实践过程中，达到提高学生投掷实心球远度的目的，提升学生在真实情境中分析问题和解决问题的能力。

课例名片

年　级：七年级
课时数：1
学　科：体育与健康、物理

主题分析

本课以初中七年级田径投掷类项目双手头上前掷实心球为教学内容，结合七年级物理知识"力的三要素"（大小、方向、作用点）进行设计。教师让各小组课前设计并完成"弹弓射远"的探究实验，激发学生学习兴趣，探究出实心球投不远的原因。学生观看"钢尺投石"实验视频，理解"超越器械"的动作原理。通过"满弓发射""投墙反射""穿越皮筋""实力折返"一系列活动，探究最美抛物线，引导学生积极参与"学、练、赛、评"，发展学生柔韧、协调、速度、力量等身体素质，提高实心球投远能力；培养学生敢于挑战、团结协作的体育精神和合作探究意识，提高学生分析问题和解决问题的能力。

---

[1] 本课由浙江省杭州市文晖中学张雪飞老师设计和执教，由浙江省杭州市启航中学蒋海明老师点评。

学习目标

知识技能学习目标：经历"弹弓射远"的探究过程，能依据"力的三要素"说出影响双手头上前掷实心球投远的因素，观看"钢尺投石"实验视频，理解"超越器械"的动作原理，通过多样的活动设置，提高实心球投远的能力。

体能素质锻炼目标：通过多种练习发展柔韧、协调、速度、力量等身体素质。

情感品格培养目标：积极主动参与各项活动，与同伴积极合作交流，敢于挑战，激发学习兴趣，体验成功乐趣，发展深度思维能力，提高分析问题和解决问题的能力。

学习规划

本课将体育与健康和物理学科相融合，以"学、练、赛、评"为学习主线，教学过程环环相扣。通过分享"弹弓射远"实验数据，得出影响实心球投远的主要因素是出手速度、出手角度和出手高度。通过观看"钢尺投石"实验视频，理解"超越器械"的原理，正确掌握"满弓"姿势；通过"满弓发射"活动，体会做功距离的重要性，探究个人最佳做功距离；通过"投墙反射"活动，提高实心球出手速度，探究个人最佳出手速度；通过"穿越皮筋"活动，改进出手高度和角度，探究个人最佳出手高度和角度；通过"实力折返"比赛，探究个人最美抛物线，提高投远能力。本课设计框架如图1所示。

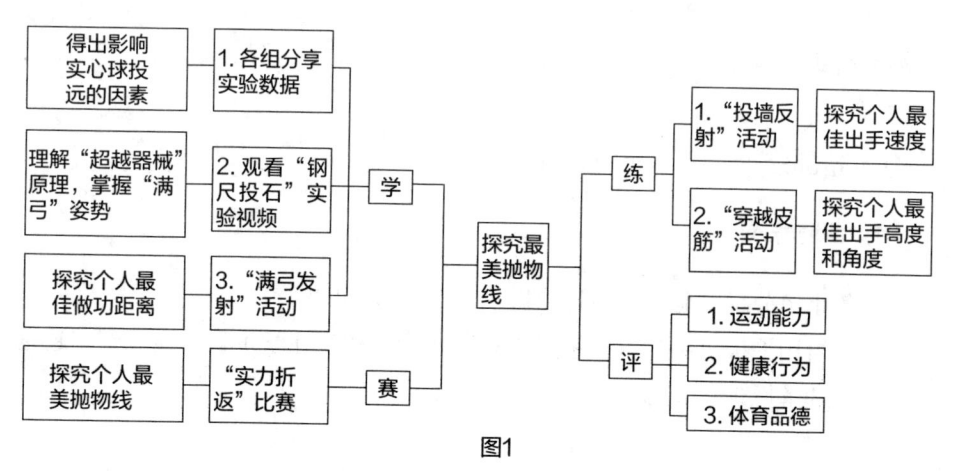

图1

教学准备

1. 学习材料

课前下发任务单并请学生完成预学任务。

任务一：组长带领组员学习七年级物理知识"力的三要素"（大小、方向、作用点），依据力的三要素对影响双手从头上向前投掷实心球（质量2千克不变）投远因素提出合理猜想。

提出猜想：影响实心球投远的因素有_____、_____、_____。

任务二：各组依据猜想，运用"控制变量法"完成"弹弓射远"的模拟实验（质量不变），设计实验步骤，收集数据，得出结论。

实验次数	自变量	控制变量	水平距离（米）
1			
2			
3			

2. 活动器材

沙包6个，篮球6个，实心球6个，标志桶36个或标志杆12根，皮筋24根，胶带纸若干，粉笔若干，平板电脑6个。

学习过程

（一）准备部分

1. 情境导入

①各小组分享实验数据，得出影响实心球投远的因素。

②小组用平板电脑观看"钢尺投石"实验视频，让学生直观地观察"超越器械"并理解原理。

2. 热身活动

教师带领学生在歌曲《梦想的翅膀》的伴奏下慢跑，完成头部、肩部、腰部、腿部、脚踝自编操，活动身体各个关节，充分热身。模仿"超越器械"的"满弓"姿势，体验站姿身体后仰成反弓的姿势传递沙包比远专项准备活动。将准备活动与本课内容紧密连接。

（二）基本部分

活动一：满弓发射

问题1：以怎样的"满弓"姿势能将沙包投得更远？通过"满弓发射"活动，探究个人最佳做功距离。

1. 组织

师：将学生分成6组，每组5人，引导小组长带领组员认真落实任务要求：练习者两脚前后开立，前脚脚尖在起点线，模仿"超越器械"的"满弓"姿势，将沙包放于额前，通过由下而上的发力顺序将沙包顶向远处。

生：5人一组，听到统一指令后第一名学生"满弓"发射，第二名学生前脚脚尖在沙包的掉落处，同伴捡起沙包，帮助练习者放在额头上进行"满弓"发射，依次完成，直到最后一名学生将沙包发射出去结束。

2. 评价

在运动能力方面，根据沙包最终落地距离，评选出"最佳射远"组，同时小组积1分。在健康行为方面，树立互帮互助意识。在体育品德方面，遵守规则，团队合作。

3. 活动示范

"满弓发射"活动示范见图2。

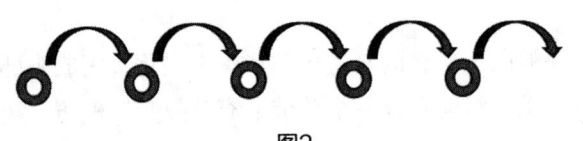

图2

注：◎表示学生。

活动二：投墙反射

问题2：在怎样的出手速度下能将篮球反弹得更远？通过"投墙反射"活动，探究个人最佳出手速度。

1. 组织

师：将学生分成6组，每组5人，引导小组长带领组员认真落实任务要求：学生站在1米起点线后，两脚前后开立，身体后仰，形成"满弓"动作，双手头上向前将篮球快速投掷到高度2.5米至3.5米范围的墙壁上（控制出手高度和出手角度），以篮球第一次反弹至地上的距离为准。

生：5人一组，听到统一指令后开始练习，后面一名学生捡球，依次完成，目标为每人完成5次，投到高度2.5米至3.5米的范围内，算成功一次。

2. 评价

在运动能力方面，女生投到有效高度，反弹4—5米积1分，反弹5米以上积2分；男生投到有效高度，反弹5—6米积1分，反弹6米以上积2分。个人总积分在9分以上为优秀，获得个人"最佳出手速度"奖，同时获奖学生可为小组加1分。在健康行为方面，树立运用科学知识探究解决实心球出手速度的意识和安全意识。在体育品德方面，积极进取，培养敢于挑战的体育精神。

3. 活动示范

"投墙反射"活动示范（包括出手速度与远度的关系）见图3。

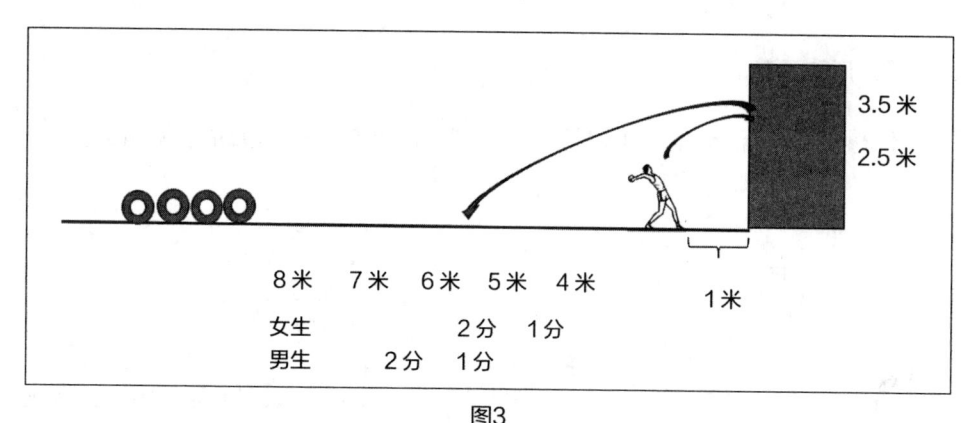

图3

注：⬤表示学生。

活动三：穿越皮筋

问题3：穿越皮筋哪个高度才能将实心球投得最远？通过"穿越皮筋"活动，探究个人最佳出手高度和角度。

1. 组织

师：将学生分成6组，每组5人，引导小组长带领组员认真落实任务要求：学生站在1米起点线后，两脚前后开立，身体后仰，形成"满弓"动作（控制出手速度），双手从头上向前将实心球投过不同高度皮筋之间，尝试从1.5—2.5米、2.5—3.5米、3.5—4.5米皮筋之间各穿过1次（不同出手高度和角度），探究"投出最远距离"的个人最佳出手高度和角度。

生：5人一组，听到统一指令后开始练习，每名学生在三个不同皮筋高度之间各投1次，同伴用平板电脑拍摄记录投出最远距离的皮筋高度。每名学生依据最远皮筋高度练习，自投自捡将球给下一名学生，依次完成，目标为每人完成5次。

2. 评价

在运动能力方面，每次成功投过自选皮筋范围，加1分；总积分达到5分，获得个人"最远穿越"奖，获奖学生可为小组加1分。在健康行为方面，运用物理知识探究出手角度、出手高度，树立安全意识。在体育品德方面，积极参与，体验成功乐趣，培养敢于展示自我的体育精神。

3. 活动示范

"穿越皮筋"活动示范（包括出手角度、高度与远度的关系）见图4。

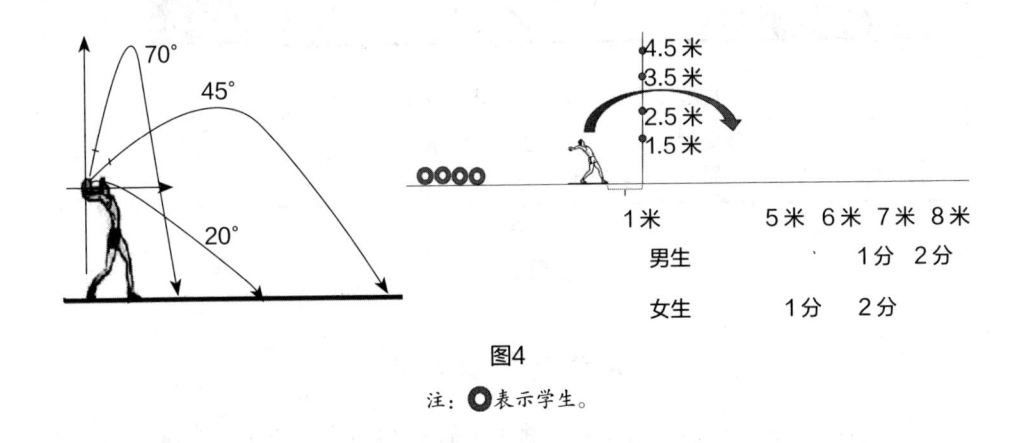

图4

注：●表示学生。

活动四："实力折返"比赛

问题4：在比赛过程中如何投出个人最美抛物线？通过"实力折返"比赛，培养学生的合作探究意识。

1. 组织

师：将学生分成6组，5人一组，引导小组长带领组员认真落实任务要求：练习者原地双手头上掷实心球1次，根据距离远近确定折返跑次数并依次触碰标志桶，从障碍物外侧返回。

生：5人一组，听到统一指令后计时开始，各小组用平板电脑记录，实心球未投过最近线折返4次，投过最近线折返3次，次远线折返2次，最远线折返1次。折返跑结束后将实心球交给下一名学生完成，最后一名学生将实心球放到起点线计时结束。投掷时脚不能越过投掷线或者踩线，脚越线或者踩线一次加5秒。

2. 评价

在运动能力方面，用时最短的小组获胜。前三名小组评选出"最美抛物线"小组奖，小组积分分别加3分、2分、1分。在健康行为方面，保持积极良好的比赛心态。在体育品德方面，保持正确的胜负观，培养遵守规则、团队合作的体育精神。

3. 活动示范

"实力折返"比赛示范见图5。

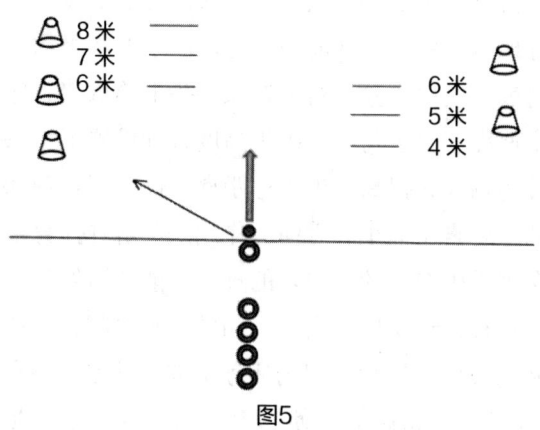

图5

注：●表示实心球，⌂表示标志桶，◎表示学生。

（三）结束部分

1. 拉伸放松

播放歌曲《世界的模样》，教师带领学生跟随音乐节奏进行身体拉伸，放松身心。

2. 评价与作业

根据小组积分总和，评选出"最佳团队"奖。组织学生谈收获和体会，引导学生运用物理知识解决体育学科问题。

拓展作业

1. 尝试用物理知识分析解释田径弯道跑如何摆臂才能跑得更快？
2. 田径蹲踞式跳远时为什么要助跑？

课例点评

该课以水平四专项运动技能中田径投掷类双手头上前掷实心球学习为基础，融合物理知识"力的三要素"进行跨学科教学设计。通过跨学科融合，打破学科之间的壁垒，突破学科教学和学生思维的定式，丰富、拓展学生的学习资源和认知视野，帮助学生更好地认识、理解体育知识技能，启发思维、帮助探究，让学生更好地运用所学。课前通过运用已学七年级物理知识"力的三要素"进行"弹弓射远"模拟实验，对影响双手头上前掷实心球投远因素提出合理猜想，围绕出手速度、出手角度和出手高度合理设置了一系列投远学、练、赛活动，探究最美抛物线，提高学生投远距离，体现了物理知识和体育实践的有效结合。从力的三要素（大小、方向、作用点）解释体育学科中影响实心球投远的因素，加深了学生对力的三要素的理解，能够激发学习兴趣，培养严谨的科学态度和科学精神，让学生学会分析问题、解决问题的科学方法，充分发挥学生的能动性和创造性。教学中利用任务单推动学习，将合作学练和个人学练有机结合，评价形式丰富多彩，使"学、练、赛、评"贯穿课堂，将"教会、勤练、常赛"落到实处，促进了学生核心素养的发展。

课例 19

越过山丘
——足球专项跨学科主题学习[1]

本课以《义务教育体育与健康课程标准（2022年版）》的课程理念为依据，以发展学生的核心素养为目标，聚焦足球的运球控球，通过沿等高线运球达到提高学生足球运球控球能力、掌握不同的运球技术的目的，同时也通过沿线运球的方式学习地理特征，思考不同环境对运球的影响，并将二者有机结合，在实践中运用，实现跨学科主题学习的目标。

课例名片

年　级：八年级
课时数：1
学　科：体育与健康、地理

主题分析

本课以"越过山丘"为主题，以八年级学习的地理知识等高线为切入点，通过制作山体模型、划分模型等高线、观察等高线山体模型，来学习理解等高线这一知识点，同时将足球的运球作为观察等高线的运动方式，在自由运球的过程中观察等高线、观察地形。将等高线作为足球的运球路线，熟悉地形后根据不同地形选择运用不同的运球方式，如脚背运球、脚内侧运球或者脚外侧运球。本课引导学生运用所学的地理知识，区分不同类型的地形图，通过小组合作设计科学合理的物资运输路线和运送计划，将理论知识真正应用到生活当中，在发展学生足球运动能力、实践地理知识的同时，培养学生的观察能力、判断能力、沟通能力和实践能力，促进学生的全面发展。

---

[1] 本课由浙江省杭州市凤帆中学的费志丹老师设计和执教，由浙江省杭州市观成武林中学的王伟鸣老师、浙江省杭州第十四中学附属学校的吕波老师点评。

学习目标

知识技能学习目标：以不同等高线为运动路径，完成足球的运球和停球，并且在运球的过程中，提高观察能力和根据等高线分辨山体不同地形的能力。

体能素质锻炼目标：通过运球练习和比赛，发展耐力、灵敏、协调等身体素质。

情感品格培养目标：能够积极主动地参与小组合作和练习，在练习过程中形成合作意识，提高沟通能力。

学习规划

本课将体育与健康和地理学科相融合，以认识等高线和山地地形为主线，设计以学练足球运球和停球技术为主的基础活动，通过沿着不同等高线运球来提高学生的运球技术，理解不同地形对于足球运球的影响。同时通过跑动更好地感受等高线的存在。经过不同的运球路线，观察等高线构成的山体地形图，认知等高线所显示出来的鞍部、陡崖（悬崖）、山顶、山脊、山谷。在比赛过程中，通过小组合作设置合理的运球路线，将足球运至指定位置，并且展示设计路线，以巩固等高线的知识，使学生更好地理解和运用这两个学科的知识。本课设计框架如图1所示。

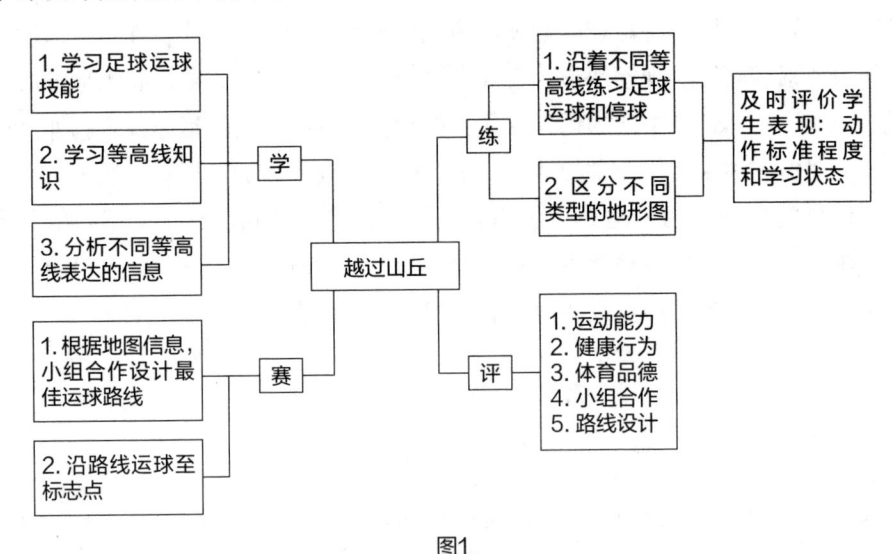

图1

教学准备

1. 学习材料

前置任务单，评价量表（见表1），音乐。

表1 评价量表

姓名	课堂表现				练习完成度				学习态度			合作参与		
	优	良	合格	不合格	优	良	合格	不合格	认真	较认真	不认真	全程参与	半程参与	不参与

2. 活动器材

足球40个，粉笔1盒，标志桶12个，等高线地形图泡沫板4组，等高线贴纸40张，音箱1个。

学习过程

（一）准备部分

1. 情境导入

教师语言导入：小明同学需要将物资运送到山上的物资补给站，但是他只有等高线地形图。现在需要同学们根据自己收到的等高线地形图帮助小明同学设计合理安全的运送路线。

2. 热身活动

①教师带领学生沿着不同的等高线慢跑，熟悉地形。
②教师带领学生一起做球性练习，提高学生的控球能力。

3. 学习等高线

学生通过制作模型，了解山体的等高线，通过观察自己做的模型，尝试思考并总结规律，为下一环节的活动奠定基础，同时激发练习积极性，为更好地完成本课任务营造浓郁的学习氛围。

（二）基本部分

活动一：火眼金睛

教师语言导入："场地上有不同的等高线，我们通过运球，一起去观察地形吧！"

教师讲解足球运球和停球技巧及其作用，并进行动作示范；组织学生在场地内自主运用不同的运球技术，熟悉地形并选择练习路线，同时分辨不同的等高线地形图。

学练要求

1. 学生在场地内，运用脚内侧运球、正脚背运球、脚外侧运球的方式观察了解各个场地的地形图，并将地形图正确地贴到泡沫板上。
2. 重心转换及时，脚拨球用力适当。
3. 练习过程中不能撞到同学。
4. 球在可控范围内，眼睛观察地形图。

---

1. 组织

师：将学生分成4组，每组9人，引导学生听到哨声后在场地中自由运球，观察地形图，并将地形图贴纸贴到相应的泡沫板上。

生：在场地内，运用脚内侧运球、正脚背运球、脚外侧运球的方式观察地形，并将足球运到自己设定的目的地。

2. 评价

评价同伴的动作完成是否完整、规范、协调、连贯，动作要领是否准确。教师评出运球速度最快和正确率最高的小组。

3. 练习动作和练习路线

"火眼金睛"活动的练习动作和练习路线见图2和图3。

图2

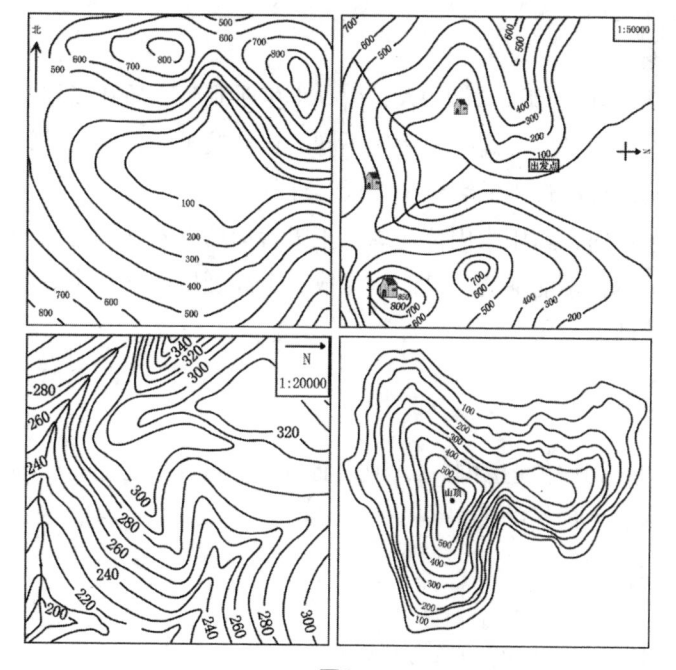

图3

活动二：勇攀高峰

教师语言导入："同学们，我们之前已经观察了不同的地形图，接下来，我们开始深入了解自己小组的地形图，探寻不同类型地形图的奥秘。"

教师引导学生按照小组的地形图沿等高线进行快速运球，在运球过程中，克服不同地形对运球产生的影响并登上山顶。

学练要求

1. 不能横向穿越等高线，在完成一个高度的闭环后才可以进入下一高度。

2. 直线运用正脚背运球，曲线运用脚外侧运球或脚内侧运球转换方向，可以左右脚交换运球，注意不同地形的影响。

3. 到达山顶及时停球，超过山顶未停球的学生要从停球位置的等高线继续往山顶运球。

---

1. 组织

师：将学生分成4组，每组9人，引导学生听到哨声后在场地中沿等高线练习运球，在不同类型的等高线上运用不同的运球技术。在练习的过程中，鼓励学生克服不同地形所带来的影响，完成运球任务。

生：在场地内，运用脚内侧运球、正脚背运球、脚外侧运球的方式在场地中沿等高线运球，不能漏绕等高线，完成一个高度后向下一个高度运球，最后到达山顶后停球。

2. 评价

学生之间互相评价运动能力、观察能力、小组合作能力。教师评出运球速度最快和控球能力最好的小组。

3. 练习路线

"勇攀高峰"活动的练习路线见图4。

图4

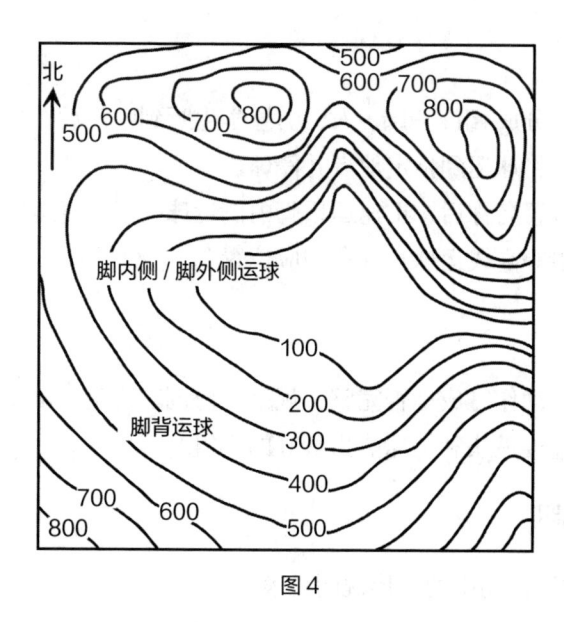

活动三：精准定位

教师语言导入："现在我们需要同时运用足球运球技能和地理知识，沿等高线运球，快速到达指定地点。"

教师抽取卡片说出山体各个位置的名称，学生快速运用上课所学的运球方法和地理知识，将球运到相应位置。

学练要求

1. 教师报出山体各个位置的名称，学生通过相应的运球方式，将球运送到指定位置，如鞍部、陡崖（悬崖）、山顶、山脊、山谷。运送最快的小组可以获得地形名称贴纸一张，并需要将其贴在泡沫板相应位置上。

2. 学生能够及时分辨判断教师说出的地点。

3. 熟练运用运球技巧，克服地形产生的影响。

1. 组织

师：将学生分成4组，每组9人，引导学生听到哨声后在场地中沿等高线运球，以最快速度将球运到指定地点并停球。

生：听到位置名称后，迅速运用脚内侧运球、正脚背运球、脚外侧运球的方式在场地中沿等高线运球，到达相应位置。

2. 评价

评价同伴的动作完成是否完整、规范、协调、连贯，动作要领是否准确。教师评出运球速度最快和控球能力最好的小组。

3. 地形说明

"精准定位"活动中的地形说明见表2。

表2 地形说明

地形	等高线特点	图示
山峰	等高线闭合，等高线数值内高外低	
盆地	等高线闭合，等高线数值内低外高	
山谷	等高线向数值增大的方向弯曲	
山脊	等高线向数值减小的方向弯曲	
陡崖	多条海拔不同的等高线重合	
鞍部	两侧均为闭合的等高线，山谷的最高处，山脊的最低处	

活动四：运货达人

教师语言导入："各位运货达人，现在需要我们运货小组设计合理的运送路线，将我们的物资送到补给站，你们准备好了吗？"

教师设置不同的物资存放点，学生根据所学地理知识设计合理的运球路线，并将球依次运到物资存放点。

> 学练要求
> 1. 学生在各自的活动场地内，根据小组地形图和标志点设计合理、连贯的物资运送路线与运送计划。
> 2. 运用本堂课学习的脚内侧运球、正脚背运球、脚外侧运球的技术将球运到物资存放点，并进行小组运送路线的设计分析与展示。

1. 组织

师：将学生分成4组，每组9人，引导学生在3分钟内小组合作设计合理的运球路线，听到哨声后根据设计的路线，以最快的速度将球运到指定地点并停球，每个点位3个球。

生：设计合理的运球路线，能够省力、安全地将物资送达存放点。

2. 评价

各小组互相评价运动能力、观察能力。教师评出运球速度最快、控球能力最好、设计路线最合理的小组。

3. 物资存放站点

"运货达人"活动中的物资存放点见图5。

图5

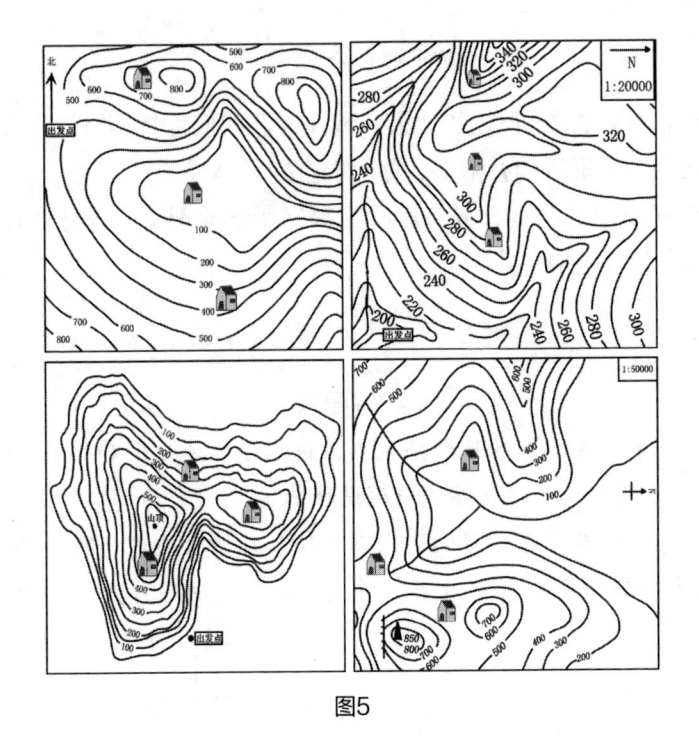

（三）结束部分

1. 拉伸放松

播放节奏舒缓的歌曲，带领学生跟随音乐节奏进行身体各部位的拉伸，放松身心。

2. 小结

①组织学生进行自评与互评，分享本课的收获和体会。
②引导学生将学到的知识运用到实际生活中，在生活中实践知识，在学习中感受生活。

课例点评

该课将课标中的情境化教学应用于课堂，将体育与健康和地理学科相结合，在提高学生足球运球能力的同时，提高学生对地理知识的学习兴趣与学习效果。一方面让足球运球的身体运动和地理知识学习的脑力活动相互协作、相互促进，运用足球运球带领学生学习地理的等高线知识，认知等高线所显示出来的山体的鞍部、陡崖（悬崖）、山顶、山脊、山谷。另一方面利用等高线的地形图，帮助学生掌握不同路线下的脚内侧运球、正脚背运球、脚外侧运球技术。将所学知识运用到实际生活当中，有助于将学科知识的作用真正发挥出来，以实现跨学科学习的目标。跨学科教学从实际情况出发，让体育与健康学科的作用不是单纯地培养技术，而是全方位地综合教学指导，涉及身体、心理、意志品质等方面。从"学、练、赛、评"四个方面对学生的运动能力、判断力、沟通能力、领导力、体育品德进行培养，以促进学生的全面发展。

课例 20

快乐的"循环记"
——篮球专项技术跨学科主题学习[1]

本课以《义务教育体育与健康课程标准（2022年版）》的课程理念为依据，坚持"健康第一"的指导思想，以学生为本，融入生物学的基本知识，在明确本学科要培养的核心素养的基础上，探寻体育与健康和生物学的融合，通过介绍或描述人体在篮球运动时的血液循环情况，深度挖掘综合学科育人的价值和功能，促进学生的全面发展。本课以"快乐的'循环记'"为学习主题，创设教学情境及闯关活动，以教学目标为导向，采用探究式教学方法，启发学生深度思考，积极参与练习，熟练掌握篮球的各种运球、传球技术；通过介绍或描述篮球运动时血液循环的路径，引发学生思考；通过一系列沉浸式活动，把整节课串联起来，让学生乐享课堂，同时培养学生在实际生活中的问题解决能力。

课例名片

年　级：八年级
课时数：1
学　科：体育与健康、生物学

主题分析

在本课中，教师通过引导学生观看视频《血液循环》，让学生回顾人体血液循环。心血管系统是由心脏和血管组成的封闭式管道系统，心脏是动力器，血管是运输管道，通过心脏有节律的伸缩与舒张，推动血液在血管中按照一定的方向不停地循环，称为血液循环。学生学习心血管系统，了解自己身体的构造，为掌握体育运动原理奠定坚实基础。

---

[1] 本课由浙江省杭州市明珠实验学校周微云老师设计和执教，由浙江省杭州市大关中学刘芗老师和浙江省杭州市安吉路实验学校李飞玉老师和滕金宁老师点评。

期待通过本课的学习，学生在运动能力方面能够利用已掌握的运球+多种形式行进间传接球进行练习，体验不同的传球方法，掌握正确的传球技能；在健康行为方面，学生能树立正确的体育锻炼意识，保持良好的精神面貌；在体育品德方面，学生能习得遵守规则、文明礼貌、团结协作的优良品质。

学习目标

知识技能学习目标：通过学练，能说出运球+多种形式行进间传接球注意事项，明确传接球技术在比赛中的运用时机；80%的学生能够正确合理地做出传接球技术动作，同时能够在对抗中熟练运用。

体能素质锻炼目标：在运球+多种形式行进间传接球的游戏中，发展协调、灵敏、平衡、耐力等身体素质；通过专项体能练习，提高下肢力量和爆发力。

情感品格培养目标：通过游戏和比赛，学习规则、熟悉规则并遵守规则；同时，在活动中与同学友好相处，互帮互助，提高团队合作能力。

学习规划

本课与生物学知识相融合，由"学、练、赛、评"四部分组成。以教学目标为导向设置了篮球运球和多种形式行进间传接球基础动作技术和组合动作技术等学习内容。对于有一定篮球基础的学生，可以通过学练巩固和提高技术水平；对于缺乏篮球基础的学生，可以通过学练基本掌握技术动作，从而满足简单比赛的需要。在技战术方面增加了传接基本配合战术，发展同伴之间的进攻配合能力。第一关，熟悉血液循环路线，在热身环节，沿着血液循环路线慢跑，回顾人体的血液循环系统，充分调动学生的参与热情；第二关，勤学善练，引导学生熟练掌握正确的技术技能；第三关，循环游，通过创意设计路线图，让学生身临其境；第四关，循环赛，通过比一比、赛一赛，检验在比赛中能否熟练运用技术。通过本课的学习，激发学生的学习兴趣，提高学生的自主学习能力和自我管理能力，培养学生与同伴友好相处、互帮互助、合作探究以及分析问题和解决问题的综合能力。本课设计框架如图1所示。

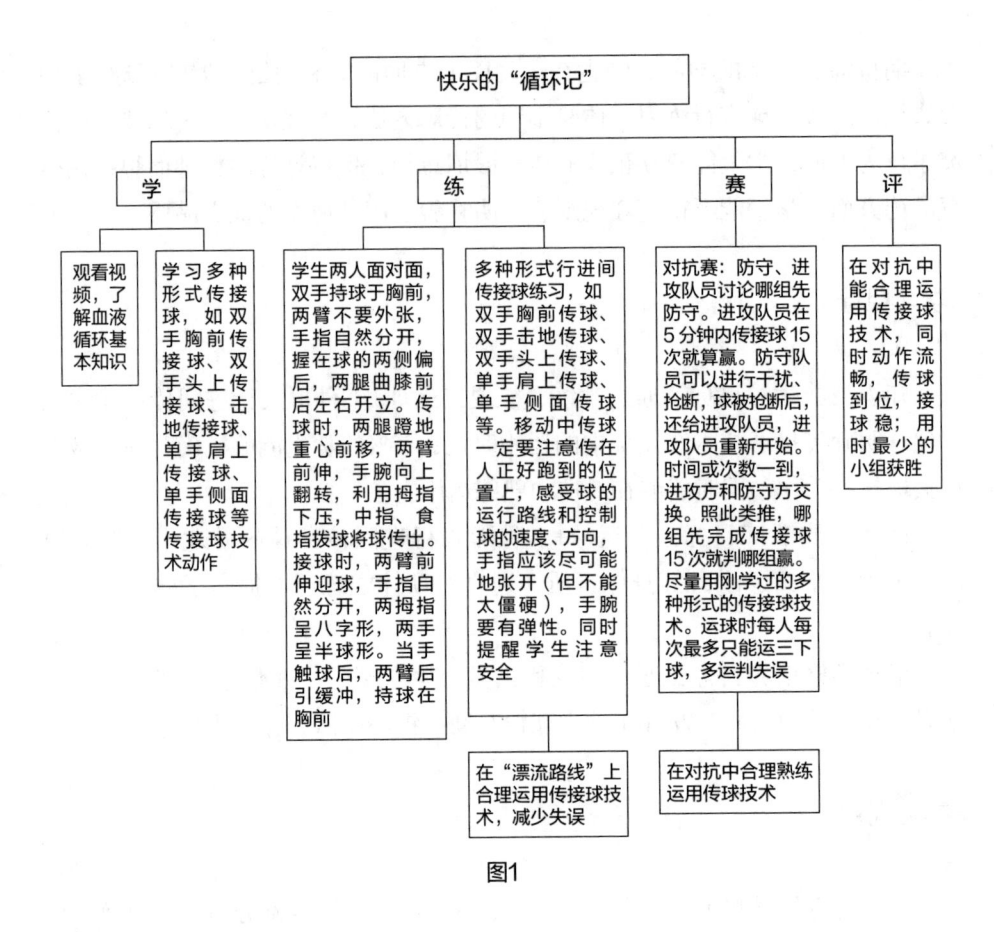

快乐的"循环记"

```
                        快乐的"循环记"
         ┌──────────────┬──────────────┬──────────────┐
         学             练             赛             评
```

学：
- 观看视频，了解血液循环基本知识
- 学习多种形式传接球，如双手胸前传接球、双手头上传接球、击地传接球、单手肩上传接球、单手侧面传接球等传接球技术动作

练：
- 学生两人面对面，双手持球于胸前，两臂不要外张，手指自然分开，握在球的两侧偏后，两腿曲膝前后左右开立。传球时，两腿蹬地重心前移，两臂前伸，手腕向上翻转，利用拇指下压，中指、食指拨球将球传出。接球时，两臂前伸迎球，手指自然分开，两拇指呈八字形，两手呈半球形。当手触球后，两臂后引缓冲，持球在胸前
- 多种形式行进间传接球练习，如双手胸前传球、双手击地传球、双手头上传球、单手肩上传球、单手侧面传球等。移动中传球一定要注意传在人正好跑到的位置上，感受球的运行路线和控制球的速度、方向，手指应该尽可能地张开（但不能太僵硬），手腕要有弹性。同时提醒学生注意安全

→ 在"漂流路线"上合理运用传接球技术，减少失误

赛：
- 对抗赛：防守、进攻队员讨论哪组先防守。进攻队员在5分钟内传接球15次就算赢。防守队员可以进行干扰、抢断，球被抢断后，还给进攻队员，进攻队员重新开始。时间或次数一到，进攻方和防守方交换。照此类推，哪组先完成传接球15次就判哪组赢。尽量用刚学过的多种形式的传接球技术。运球时每人每次最多只能运三下球，多运判失误

→ 在对抗中合理熟练运用传球技术

评：
- 在对抗中能合理运用传接球技术，同时动作流畅，传球到位，接球稳；用时最少的小组获胜

图1

教学准备

1. 学前材料

前置任务单，音乐，视频。

> **任务单一：根据你掌握的人体血液循环系统的基本知识，填写下图中有关信息**
>
> 体循环和肺循环记忆口诀："左体右肺，由心室开始，到心房结束，由动脉走向静脉。"其中，体循环的起点是左心室，终点是

上下腔静脉进入右心房；肺循环的起点是右心室，终点是肺静脉进入左心房。在体循环中，血液从左心室经过主动脉、各级动脉、全身毛细血管、各级静脉、上下腔静脉进入右心房；在肺循环中，血液从右心室经过肺动脉、肺部毛细血管、肺静脉进入左心房。

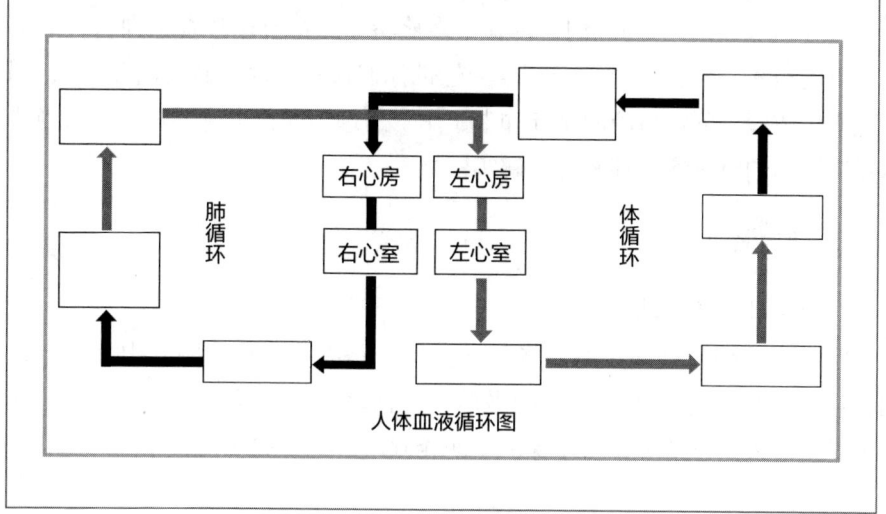

人体血液循环图

任务单二：请说说体循环和肺循环有何区别？

1. 循环途径不同：肺循环将静脉血转化为动脉血，而体循环将动脉血转化为静脉血。

2. 目的地不同：肺循环的支流到达肺部毛细血管进行气体交换后回到左心房，而体循环的支流到达全身各部毛细血管进行物质和气体交换后回到右心房。

3. 症状不同：肺循环淤血会出现呼吸困难、咳痰等症状，体循环淤血会出现水肿、肝肿大等症状。

2. 活动器材

篮球40个，卡片5张，水彩笔5支。

学习过程

（一）准备部分

1. 情境导入

教师语言导入："同学们，现在很多旅游景点都有循环赛道项目，如卡丁车，可能很多同学都玩过。老师今天想带你们体验一次'血液循环记'，同学们想不想体验一下？血液的循环和卡丁车赛道理一样，也有一定的动力规律，不知道同学们对血液循环系统了解吗？"

2. 热身活动

（1）基础准备活动

跟随血液循环路线慢跑做操。学生呈一路纵队，在慢跑途中拿篮球，跑到场地指定位置后，随音乐一起做球操，活动身体各关节，充分热身。同时引导学生进入角色情境，与本课的主题相呼应。（见图2）

图2

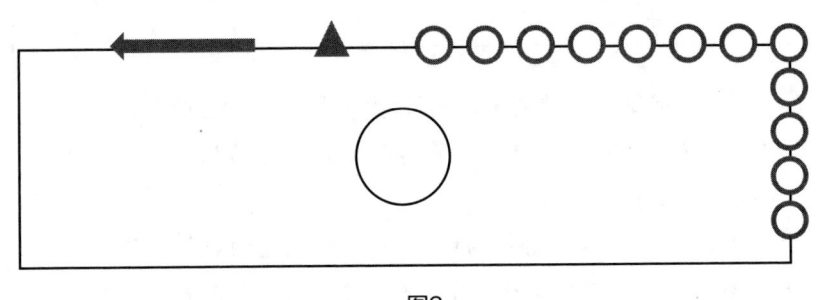

注：〇表示学生，▲表示老师。

（2）专项准备活动

复习多种形式行进间运球（见图3）；复习原地两人多种形式传接球（见图4）。

图3　　　　　　　　　图4

注：〇表示学生，▲表示老师。

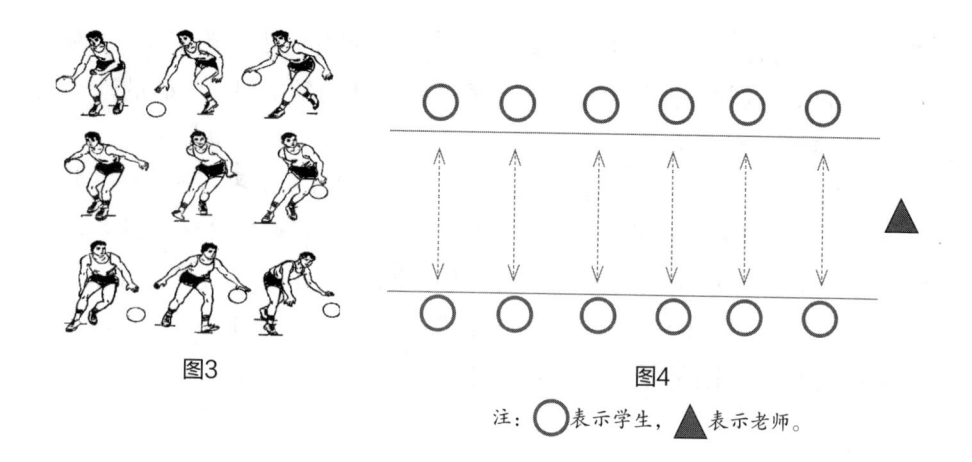

（二）基本部分

活动一：快乐循环传（球）

教师语言导入："同学们，刚才大家熟悉了人体血液循环系统的路线，那现在你们能在此路线上进行不同形式的行进间传接球吗？不得少于两种传接球形式。"各组在小组长的带领下认真细读任务单三。

> **任务单三：行进间传接球练习**
>
> 学生两人面对面，双手持球于胸前，两臂不要外张，手指自然分开，握在球的两侧偏后，两腿曲膝前后左右开立。传球时，两腿蹬地重心前移，两臂前伸，手腕向上翻转，利用拇指下压，中指、食指拨球将球传出。接球时，两臂前伸迎球，手指自然分开，两拇指呈八字形，两手呈半球形。当手触球后，两臂后引缓冲，持球在胸前。

1. 组织

师：按8人一组，将学生分成5组，引导学生观看多种形式的传接球视频并在两人之间进行自主学习和探究，明确动作要求及注意事项。各小组能在不同距离的循环路线上进行行进间传接球练习。每组在循环路线上完成不少于两种形式的传接球。教师根据学生的练习讲解动作，帮助学生建立正确的动作概念，同时提醒学生注意安全。

生：各组到卡片上标记的起点位置站立，练习信号发出后，各组一路纵队按图示在各个"组织"内进行"血液循环"，最先完成3遍血液循环且剩余人数最多的队为胜。如果在练习中有学生体力不支，只能在"肺"部位置掉队，当作"二氧化碳"排出体外（必须是循环1遍后且每次不超过4人），如果不在规定的位置掉队，则比赛结束后全队受罚。

2. 评价

小组之间相互评价，说说哪组同学传接球比较到位，传球动作比较协调、连贯、用力。能在4米、3米、2米的距离上准确地将球传到同伴胸口位置，掉球少，以小组为单位在总榜上积分。每组派出本组传接球较好的两人进行展示，并说说心得和注意事项。

3. 队形和练习要求

学生列队进行不同距离的行进间传接球练习。（见图5）根据教师事先在操场上画的图进行练习：体循环路线"左心室—主动脉—各级动脉—全身毛细血管—各级静脉—上、下腔静脉—右心房—右心室"，在全身毛细血管处氧气扩散进入组织细胞被利用，动脉血变成静脉血；肺循环路线是从"右心室—肺动脉—肺部毛细血管—肺静脉—左心房—左心室"，在肺部毛细血管处经过气体交换，氧气由肺泡扩散进入毛细血管血液中，静脉血又变成动脉血。（见图6）

练习要求：准备5张卡片、5支水彩笔，卡片上画上与操场布置一样的血液循环路线图，并在卡片上标出各组起点（各组不同），把学生男女混合分成人数相等、实力相当的5组，各组选一名小组长，自由讨论两分钟，以确定起点位置、正确的跑动路线、每次停止练习的人员等，并在卡片上画出路线，让教师检查正误。

图5

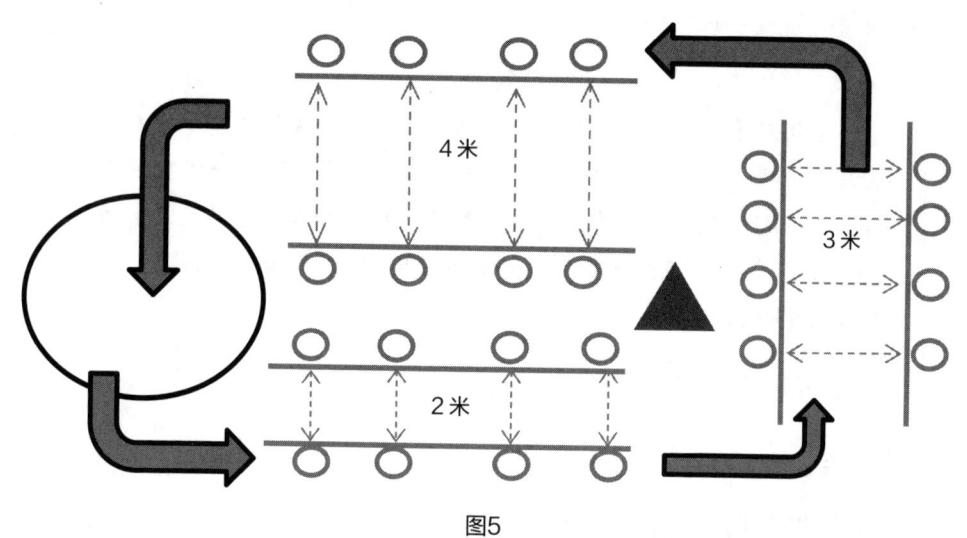

注：〇表示学生，▲表示老师。

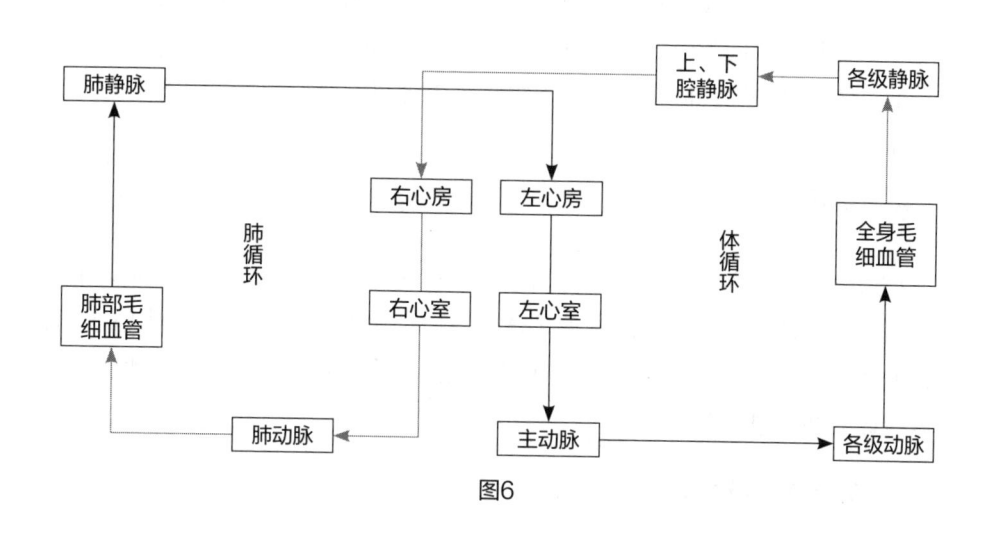

图6

活动二：快乐循环游

教师语言导入："同学们，非常棒，你们刚刚完成了不少于两种形式的传接球，那现在增加难度，你们能在不同的位置上用指定的传接球形式完成循环吗？"各组在小组长的带领下认真细读任务单四。

> **任务单四**
>
> 运用双手胸前传球、双手击地传球、双手头上传球、单手肩上传球、单手侧向传球等行进间传球技术。移动中传球一定要注意传在人正好跑到的位置上，感受球的运行路线和控制球的速度、方向，手指应该尽可能地张开（但不能太僵硬），手腕要有弹性。同时提醒学生注意安全。

1. 组织

师：组织学生站在循环线的不同起点处，根据路线提示两人面对面站立，在教师口令指挥下，进行练习，第一组传球回到本组的起点击球后，本组的第二组两人才能出发。要求在行进间传球，球掉了捡回来后，回到掉球的地方再开始，如有其他组同学经过，要及时"让路"，不能干扰。

生：各组呈一路纵队按图示在"组织"内进行"血液循环"，完成3遍"血液循环"的小组举手示意。

2. 评价

小组之间相互学习和评价，说说本组的传接球动作是否协调、连贯，能否运用不同的传接球技术，能否把握传球的方向和速度，准确地传到同伴胸口位置，掉球少。每组选出两人进行行进间传接球动作展示，并告诉同伴进行行进间传接球的注意事项和心得。

3. 队形和练习动作

学生在血液循环路线图上练习多种形式的传接球技术动作。（见图7）如：体循环路线是"左心室—（双手胸前传接球）—主动脉—（击地传接球）—各级动脉—（双手头上传接球）—全身毛细血管—（单手肩上传接球）—各级静脉—（单手侧面传接球）—上、下腔静脉—（任意一种传接球）—右心房—右心室"；肺循环路线是"右心室—（击地传接球）—肺动脉—（单手肩上传接球）—肺部毛细血管—（单手侧面传接球）—肺静脉—（双手头上传接球）—

左心房—左心室"。各组呈一路纵队按图示在"组织"内进行"血液循环",最先完成3遍"血液循环"的小组获胜。

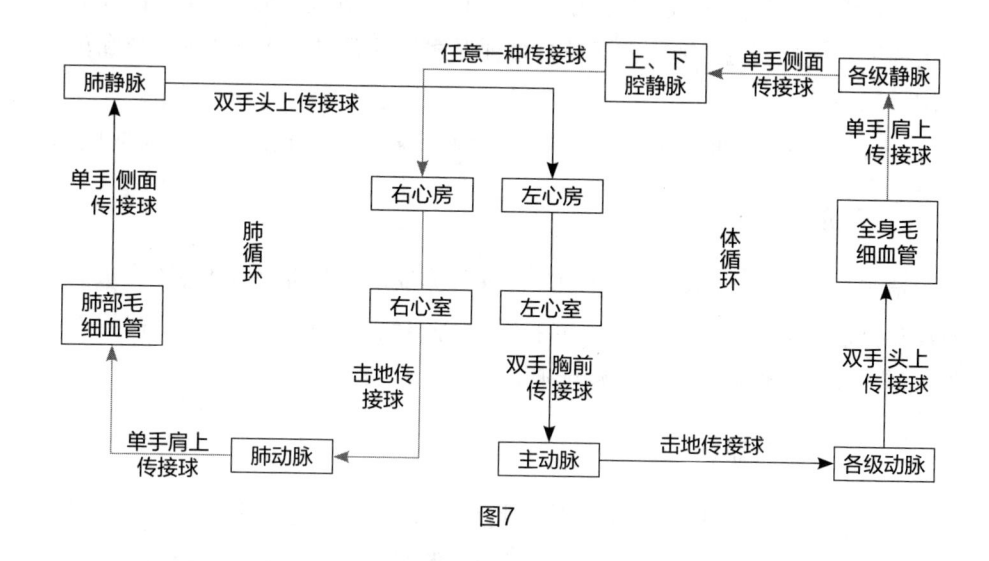

图7

活动三：快乐赛一赛（运球与多种形式行进间传接球）

教师语言导入："同学们，练习了不同形式的行进间传接球，那现在是检验学习成果的时候了，你们敢展示自己的技术水平吗？"各组在小组长的带领下认真细读任务单五：按照任务单完成比赛。

任务单五

对抗赛：防守、进攻队员讨论哪组先防守。进攻队员在5分钟内传接球15次就算赢。防守队员可以进行干扰、抢断，球被抢断后，还给进攻队员，进攻队员重新开始。时间或次数一到，进攻方和防守方交换。照此类推，哪组先完成传接球15次就判哪组赢。尽量用刚学过的多种形式的传接球技术。运球时每人每次最多只能运三下球，多运判失误。

1. 组织

师：将全部学生分成4个小组，每组10人，5人进攻，5人防守。在教师口令指挥下，进行练习。要求：运球与多种形式行进间传接球能熟练结合和转换运用。

生：在规定的时间和场地内，进行"快乐赛一赛"，要求遵守比赛规则。

2. 评价

请组长基于以下问题对自己和同伴进行评价：在有防守的情况下，如何及时准确地将球传到同伴手上？在对抗中是否能熟练运用运球和传接球技术动作？能不能给同伴或对手一些建议呢？

3. 练习动作和队形

学生在比赛中运用运球和传接球技术动作，同伴之间能相互配合。（注：白色是进攻，黑色是防守，实线箭头是跑动路线，虚线箭头是传球路线，波浪线代表运球。图10—图12中圆圈是进攻方，三角形是防守方。）

图8的技战术：白5往里切，白4传球给白5后，马上往篮下切，白5接到球后又传回给白4，白4接到球可以直接上篮。

图9的技战术：白4传球给白5后，虚晃黑4后往篮下空切，白5接到球后立刻返传给白4，白4接到球可以直接投篮。

图10—图12的技战术：从联防的后方发起进攻，通过向弱侧的长距离横传

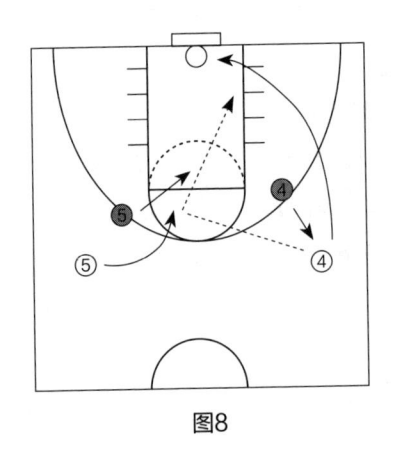

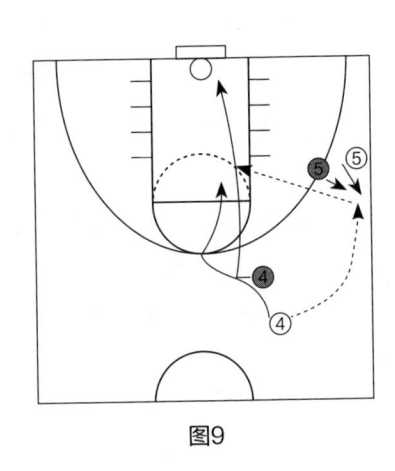

图8

图9

图10　　　　　　　　　图11　　　　　　　　　图12

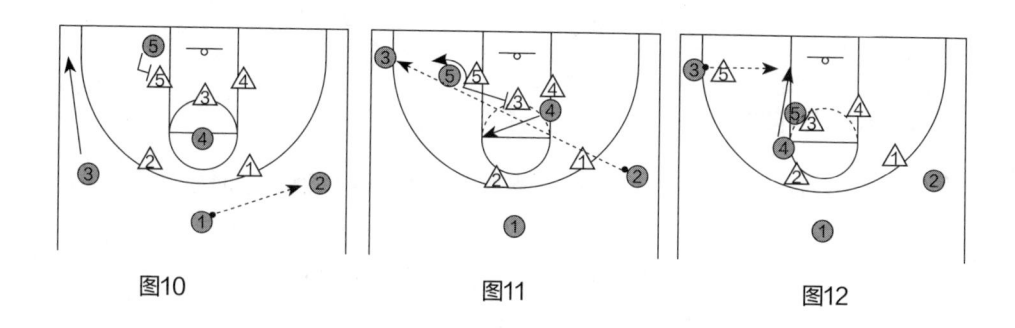

球来清空区域联防的后方。在图10中，①将球传给②，开始就能够带动区域联防的轮转。这时候③向弱侧的底角顺下。⑤挡住低位上实行联防的队员，这样②能够更容易地将球横传给③。球传过去的同时，④向有球的一侧"时区"横切。（见图11）球传过去后，⑤要让外侧的防守队员从自己的身边补防过去，而自己则继续提上挡住中间区域的防守队员。④借着⑤的挡拆冲向篮下，等待③的传球，上篮得分。（见图12）

篮球对抗中的基本技战术可以演变为更多的组合技战术，需要学生在平时多加练习、多加关注。

活动四：快乐评一评

学生评：让学生自己说说本组同伴都运用了哪些传接球技术，在兼顾防守的情况下我们的传接球要注意什么。

教师评：表扬和肯定在对抗中能主动合理运用传接球技术的学生，赞赏那些动作流畅、传球到位、接球稳的学生；公布获胜小组。

活动五：专项体能练习

①单手支撑，两人面对面进行滚球练习，交换手练习，每只手练习10次，共2组。

②双手持球，臀部着地，做左右转体练习，15次一组，共2组。

（三）结束部分

1. 拉伸放松

持球拉伸放松，播放音乐，教师带领学生跟随音乐节奏进行身体各部位拉伸，放松身心。

2. 小结与作业

①体会：谈谈学习收获以及对血液循环的理解，说说在平时生活中应注意的健康事项。

②反思：如何运用所学知识提高篮球比赛技战术水平？

③根据小组积分总和，评选出"最佳团队奖"。

拓展作业

请你用不同的运球形式和多种形式的传接球在家进行练习，并说出不同传接球在手型上有什么区别，应注意些什么。

每种运球和传球各一次，每一项运球和传球不得少于100个。

课例点评

该课通过体育与健康和生物学之间的融合，打破了学科之间的壁垒，促进学科之间的交流与融合，使学生能够更加全面地理解、应用人体血液循环系统的相关知识。跨学科教学可以培养学生的综合能力，如跨学科思维、创新能力、团队合作能力等。跨学科教学还可以使学生在学习中感受到不同学科之间的联系和互动，从而增强学习的兴趣和动力。中学生物学学科涉及人体结构，包括骨骼、肌肉、心血管系统和呼吸系统等知识，和体育与健康学科联系更加紧密。该课以八年级篮球多种形式的传接球及其综合运用为主要教学内容，以"快乐的'循环记'"为主题，围绕"学、练、赛、评"一体化思路设计教学过程。"快乐循环传""快乐循环游""快乐赛一赛"三个环节不仅与生物学学科相融合，更突出篮球专项运动能力的提升，而传接球的距离也可以根据运动强度自由调整。做此练习时，由于是呈一路纵队跑进，不仅不会影响其他班级的教学，而且学生通过听（听讲）、说（讨论）、思（思考）、练（体验）等，对血液循环系统的相关知识又有了进一步巩固与加深，一人违规全队受罚规则的运用也会提高学生的自我约束力。该课还结合男女生差异、男女生生理特点等进行体育教学，对男女生进行差异化训练，男生更适合强度较大的、技术要求更高的练习，如在篮球对抗比赛中能在快速、连续跑动中完成技战术的运用并赢得比赛；而对女生来说，训练强度就要小一些，只要能在对抗中合理运用篮球基本技术，掌握篮球基本知识，达到运动预期的增加血液循环、提升肌肉力量、增强柔韧性就可以了。该课不仅直接体现在使学生锻炼了身体，强大了心理，了解了血液循环系统，更大的价值在于通过体育锻炼，培养了学生体育锻炼的习惯与体育运动的意识。该课学练的情境都是和学生在生活中、学习中获得的知识相联系的，可以让学生学有所用，在用中深化提高，促使知识在不同学科之间迁移应用。运用多元评价判定输赢（速度和人数），可对各组学生进行有效约束，保证所有学生都能参与其中，不同体能层次的学生都能得到有效锻炼，进而实现增强学生体质的目的和效果。

课例 21

巧用力学原理助力破解双杠学习难题
——体操跨学科主题学习[①]

本课以《义务教育体育与健康课程标准（2022年版）》的课程理念为依据，坚持"健康第一"的教育理念，将体育与健康和物理相结合进行跨学科教学，通过练习使学生既能够运用所学力学原理解决双杠技术动作中的难点问题，又能够进一步加深对力学原理的理解，培养学生善于运用所学知识解决问题的能力，以及面对困难不畏惧、勇于思考、敢于面对的优良品质，帮助学生建立在探索中锻炼、在求知中锻炼的好习惯。

课例名片

- 年　级：九年级
- 课时数：1
- 学　科：体育与健康、物理

主题分析

双杠属于器械类体操项目，体操类运动是义务教育阶段体育与健康课程的重要内容之一，能有效提高学生的肌肉力量、肌肉耐力和灵敏性。本课围绕跨学科主题"破解运动的'密码'"（水平四）进行活动设计，以"学、练、赛、评"为主线，把惯性定律、力的作用是相互的、二力平衡、机械能及其转化、杠杆原理等物理知识的学习和双杠动作——跳上、支撑、坐杠、推手、进杠、前摆等动作技术训练有机融合，一方面为学生在课堂上更好地完成双杠基本运动找到新的突破口，另一方面通过练习也进一步促进学生对物理知识的深度理解，进而体现跨学科融合的双向促进作用。在练习过程中教师采取探究式学习方式，充分发挥学生的主动性，锻炼学生面对困难不畏惧、相信自己的优良品质，培养学生在练习中相互帮助的团队合作意识。

[①] 本课由天津市第四十五中学徐磊老师、金玉浩老师设计，由徐磊老师执教，由天津市教育科学研究院熊会安老师、天津市河东区教师发展中心徐连波老师、天津市第八十二中学唐广训老师点评。

学习目标

知识技能学习目标：以"巧用力学原理助力破解双杠学习难题"为主题，以运动中的力学原理为载体学习双杠跳上、支撑、坐杠、推手、进杠、前摆等基本运动技能中的动作和方法，提高探索知识、应用知识的实践能力。

体能素质锻炼目标：体验运动中的力学原理，提高完成双杠跳上、支撑、坐杠、推手、进杠、前摆的能力，发展灵敏、协调、平衡、力量等身体素质。

情感品格培养目标：感悟知识的力量与奥秘，形成勇敢果断、互帮互助、合作探究的良好品质，提高分析问题和解决问题的能力。

学习规划

本课围绕跨学科主题"破解运动的'密码'"（水平四）进行活动设计，以使用初中物理知识解决双杠运动技巧学习难题为主线，探究体育与健康和物理学科的深度融合，通过运用物理学科中的惯性定律、力的作用是相互的、二力平衡、机械能及其转化、杠杆原理等知识来解决双杠学习中的难点问题，以锻炼学生运用物理知识解决问题的能力，培养学生面对困难勇于思考、敢于面对的意志品质，使学生建立在探索中锻炼、在求知中锻炼的好习惯。本课设计框架如图1所示。

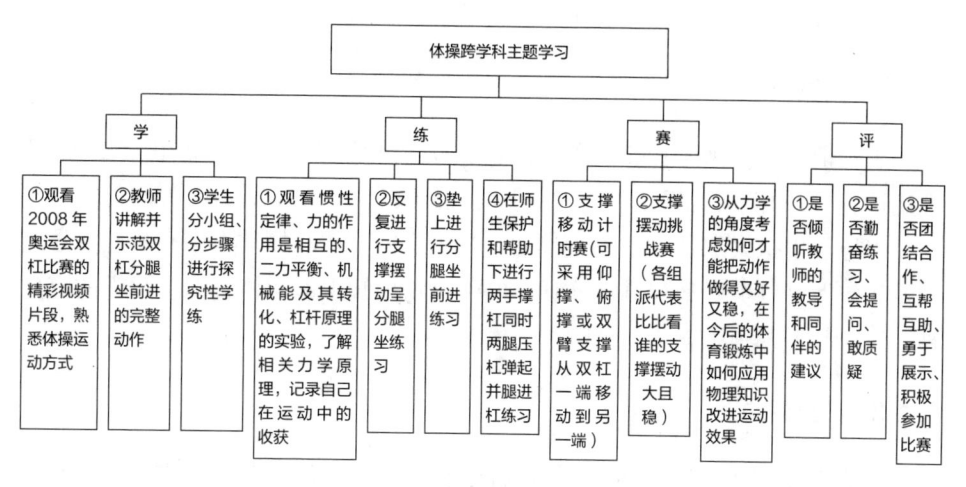

图1

教学准备

1. 学习材料

前置任务单，教学课件，音乐，视频。

2. 活动器材

电子播放大屏1块，双杠4副，小垫子16块，大垫子8块，秒表1块。

学习过程

（一）准备部分

1. 课前预习

教师布置预习作业。
①思考：双杠分腿坐前进动作蕴含哪些物理知识？如何利用物理学原理更好地完成动作？
②回顾牛顿第一定律（惯性定律）、力的作用是相互的、二力平衡、机械能及其转化、杠杆原理等物理知识。
③复习双杠支撑摆动的基本技术动作和器械体操比赛规则。
④观看2008年奥运会双杠比赛的精彩视频片段，感悟力学之美。

2. 情境导入

教师带领学生观看中国体操队夺金纪录片和物理学科关于牛顿第一定律（惯性定律）、力的作用是相互的、二力平衡、机械能及其转化、杠杆原理的实验视频，引导学生探索双杠中的物理奥秘。教师提问：在双杠动作中有哪些物理知识？如何做可以更好地提高动作质量？引出物理知识助力体育课堂教学的有效性，展示本课练习内容。

3. 热身活动

结合背景音乐《飞得更高》，教师带领学生一起做关节操，充分活动身体大肌肉群和大关节韧带。

（二）基本部分

活动一：运动力学初体验

结合物理知识"力的作用是相互的"，组织学生完成以下练习活动：垫上进行分腿坐前进练习，分腿坐推杠挺髋、立腰练习（每个动作练习20次，完成3组）；杠上支撑移动赛（比比谁更快）。

1. 活动流程

①教师结合物理学科中"力的作用是相互的"相关知识的应用，讲解并示范动作。

②组织学生分组进行垫上分腿坐前进练习。

③组织学生由分腿坐开始，进行推杠挺髋、立腰练习。

（在练习中研讨：做动作时有哪些物理知识存在？如何做可以更好地帮助我们完成动作？）

通过练习和研讨，学生发现做动作时始终存在相互作用的两个力，并且身体对垫子的压力与垫子对身体的支撑力始终大小相等、方向相反且作用在同一直线上。当两个力的支撑点完全重合时所需的支撑力最小，同时身体越保持紧绷所需的支撑力也越小。

④组织学生分组进行杠上支撑移动赛（比比谁更快）。

2. 活动意图

体会体育运动中"力的作用是相互的"这一力学原理，找到动作的正确发力点和发力时机，感受力学之美并加以合理利用。

活动二：学习体操明星，感受力之美

结合牛顿第一定律、杠杆原理，组织学生完成以下练习活动：杠上加标志物进行两手远撑杠练习，在师生保护和帮助下进行在两手撑杠的同时两腿压杠弹起并腿进杠练习。

1. 活动流程

①教师结合牛顿第一定律、杠杆原理等物理知识，讲解并示范动作。

②组织学生分组开展杠上加标志物进行两手远撑杠练习。

③组织学生在师生保护和帮助下进行在两手撑杠的同时两腿压杠弹起并腿进杠练习。

（在练习中研讨：做动作时有哪些物理知识存在？如何做可以更好地帮助我们完成动作？）

通过练习和研讨，学生发现做动作过程中的物理知识除了力的作用是相互的，还有惯性定律和杠杆原理。当我们的身体由一个状态变成另一个状态时，要有力的存在才可以发生，这就是牛顿第一定律原理所在；当做双手撑杠双腿弹杠和支撑摆动到最高点时，双手撑杠的支撑点越接近身体重心，双腿弹杠越容易，这是物理知识中的杠杆原理；当身体由后向前摆动到最高点时，在这一过程中存在一个能量转化的物理知识（动能完全转化成了重力势能）。

2. 活动意图

感受体育运动中的杠杆原理、惯性定律，对物理知识形成进一步的认知，促进学生更好地完成双杠动作。

活动三："双杠之王"争霸赛

教师组织分组团队赛，包括模拟设定不同的比赛对手、比赛得分等。

1. 活动流程

①教师讲解比赛要求，所做动作在本单元所学动作范围内均可，负责保护和帮助的学生要做到眼快、手快、反应快，确保做动作同学的安全。（单个动作最高完成分为1分，完整动作在总得分的基础上有附加分1分。）

②设定四个组别，分别代表中国、美国、日本、俄罗斯，抽签决定各组代表哪个国家，然后进行比赛。

③组织各小组按顺序进行比赛和打分。

2. 活动意图

进一步感受竞技体育的魅力，体现出比赛中的团队合作意识和凝聚力，不放弃每一分的争夺机会，发扬奥林匹克精神。

活动四：讲讲体育课堂中的物理奥秘

教师组织学生进一步探索体育运动中的物理知识，一方面让学生探索体育运动中的其他物理知识，另一方面请思路清晰的学生进行集中讲解分析。

1. 活动流程

①组织学生探索体育运动中的物理知识。
②组织学生进行讲解分析。

2. 活动意图

探索体育与健康和物理学科的联系，分析体育运动技术原理，在体育运动中感受物理知识的奥秘，实现体育与健康和物理学科的双向促进，培养学生多角度考虑问题、解决问题的能力。

（三）结束部分

1. 拉伸放松

播放音乐《我和我的祖国》，教师带领学生跟随音乐节奏进行身体各部位拉伸，放松身心。

2. 小结

组织学生总结本节课的体会和收获，引导学生在生活和体育锻炼中不断发现、挖掘物理知识的应用价值，促进学生更好地开展体育运动。

课例点评

该课是依据《义务教育体育与健康课程标准（2022年版）》中跨学科主题

之"破解运动的'密码'"水平四"给运动插上智慧的翅膀"来设计的。以往的双杠教学常局限在简单地模仿教师的动作，对动作有效性的理论支撑缺乏了解。通过运用力的分解、牛顿第一定律（惯性定律）、力的作用是相互的、二力平衡、机械能及其转换、杠杆原理等物理知识，对双杠跳上、支撑、坐杠、推手、进杠、前摆等动作进行技术分解，把物理知识和双杠技术动作有机融合，为学生在课堂上更好地学习双杠基本运动技能找到了新的突破口，为有效完成双杠动作提供了理论支撑，帮助学生高质量地完成了学习任务。该课教学中，教师利用任务清单，让学生通过自主学习、合作学习、探究学习等多样化学习方式，将双杠动作与物理学科的力学原理巧妙融合，展现出了教学内容的合理性和精准性。在充分关注个体差异、对学生进行实时有效评价和反馈的同时，使"学、练、赛、评"贯穿整堂课，将"教会、勤练、常赛"落实落细。

该课在场地与器材方面可以进行相应的优化，可通过增加防硌垫、弹力带等辅助器材，大大降低学生做动作的恐慌心理，从而有效提升学生完成双杠完整技术动作的质量。小组间的探究式学练和相互帮助也有效促进了学生之间的情感交流，培养了学生的责任意识。

课例 22

以劳强体，以劳促能
——体能跨学科主题学习[①]

跨学科主题学习是义务教育阶段体育与健康课程内容的重要组成部分。本课以《义务教育体育与健康课程标准（2022年版）》中所述的核心素养为导向，以中华传统文化"二十四节气"为素材，将体育与健康、劳动教育与地理等知识进行整合，结合体育课程的特点，通过创设一系列劳动情境将体育活动与劳动教育进行有机融合，构建具有体验性、实践性、真实性特点的课堂，激发学生的劳动兴趣，提高学生的劳动技能，改善学生的身体机能，真正实现"以体助劳"。

课例名片

- 年　级：九年级
- 课时数：1
- 学　科：体育与健康、地理、劳动教育

主题分析

体育与健康课程要培养的学生核心素养，主要是指学生通过课程学习逐步形成的正确价值观、必备品格和关键能力，包括运动能力、健康行为和体育品德等方面。教育根本任务的实施，必须坚持德育为先，加强体育美育，落实劳动教育，实现"五育"融合育人。体育作为与劳动密不可分的学科，在劳动教育里显得尤为重要。本课紧跟教育的时代要求，围绕跨学科学习主题"劳动最光荣"（水平四）进行活动设计，以中华传统文化"二十四节气"为素材创设情境，以劳动教育为主要脉络，引导学生综合运用劳动、地理等知识，以体育教学活动模拟主要节气的农业耕作场景，教学过程中既发展学生走、跑、跳、投、钻、爬、跨等基本运动能力与核心力量，增强身体素质，又帮助学生掌握劳动技能，树立劳动意识，养成终身受益的劳动习惯。

[①] 本课由天津市第七中学时少雄老师、郭建勤老师设计和执教，由天津市教育科学研究院的熊会安老师、天津市河东区教师发展中心的徐连波老师、天津市第八十二中学的唐广训老师点评。

学习目标

知识技能学习目标：通过视频、文字、图片等材料，了解"二十四节气"的起源和发展，记住节气名称，了解节气与人类生产、生活的密切关系；开展探究式学习，借助体育活动模拟劳动场景，记住主要节气对应的农事活动安排和民间劳作，在活动中掌握一定的劳动技能和体育运动技能，发展地理学科实践能力、综合思维能力和走、跑、跳、投、钻、爬、跨等运动能力，提升规划设计、组织协调、沟通表达、团结协作和解决问题的能力。

体能素质锻炼目标：通过模拟劳动实践活动，发展肌肉力量、肌肉耐力、协调性、位移速度和平衡能力，提高心肺耐力、反应协调等身体素质，全面增强体能储备。

情感品格培养目标：通过分组合作和"自主学习+体验"的方式，提高学科学习兴趣，获得学科知识学习和参加活动的愉悦感，增进身心健康；参与模拟农业劳作的活动，体验劳动的艰辛与快乐，磨炼吃苦耐劳、坚韧不拔、永攀高峰等优良意志品质，牢固树立"劳动最光荣"的观念。

学习规划

本课将体育与健康和地理、劳动教育等课程相融合，由"学、练、赛、评"四部分组成。通过各种素材帮助学生了解我国农历二十四节气相关知识，在农作物种植中感悟生命成长过程，模拟劳动情境开展春、夏、秋、冬各个节气劳动技能大比拼，充分发展学生走、跑、跳、投、钻、爬、跨等基本运动能力与核心力量，向学生传达中华农耕文化精神，培养劳动技能，引导学生在体育活动中综合运用体育、劳动和地理等知识与技能。在此基础上，巧妙地将体力活动与体验感悟融合到学生的日常学习、生活、劳动中，体现"以体育人"的本质特征。本课设计框架如图1所示。

图1

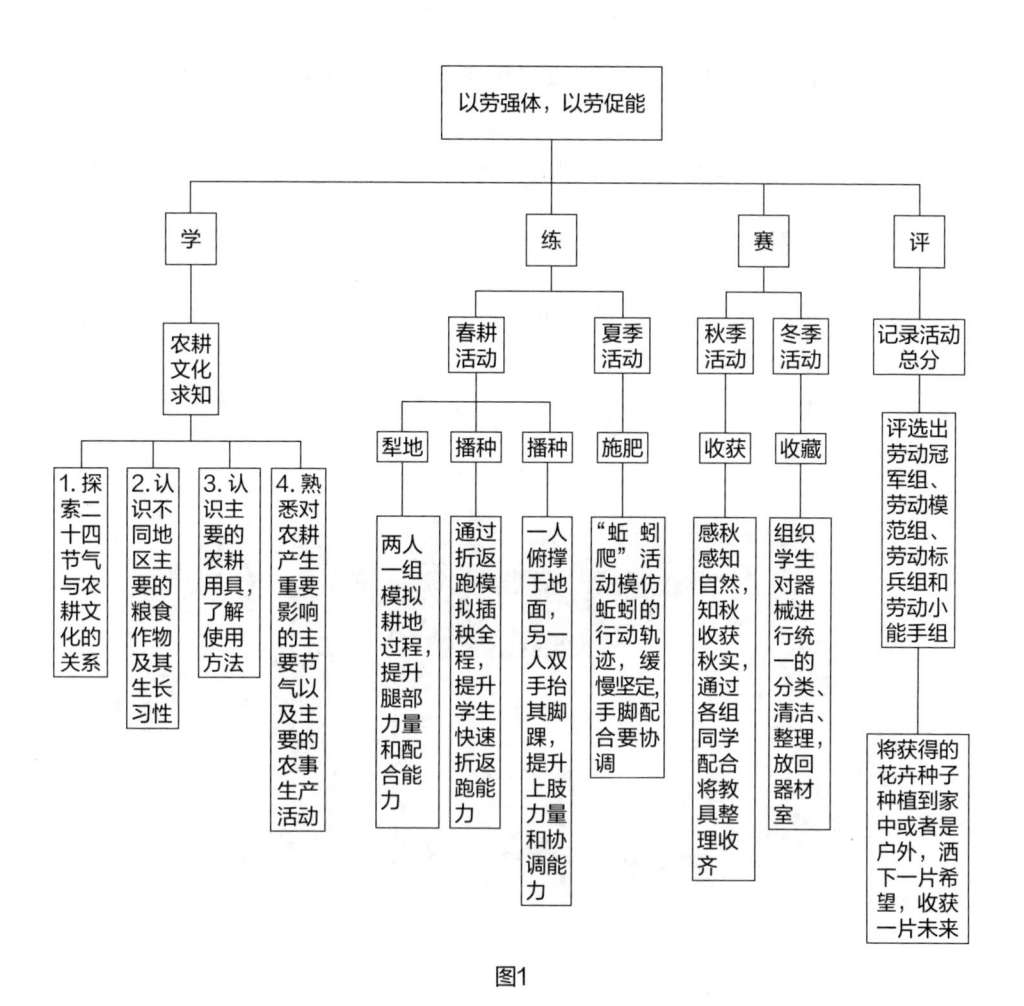

教学准备

1. 课前准备

按季节分4组（春翡组、夏翠组、秋金组和冬银组），每组8名学生，并推选出组长。教师布置预习任务，让学生采用查阅资料、实地调查走访等方式完成。

2. 共同任务

①二十四节气中蕴含哪些地理知识？

②二十四节气与人类的关系体现在哪些方面？为什么对农业劳作影响很大？

③主要农事活动包括哪些？（犁地、浇水、深耕、施肥、除草、收获等）

3. 场地与器材

场地：包括春翡、夏翠、秋金和冬银4个小组的训练场地，场地中心用来进行耕作技能大比拼。（见图2）

器材：智能屏幕1块，标志桶40个，标志盘40个，折叠体操垫4张，水桶4个，抹布8块。

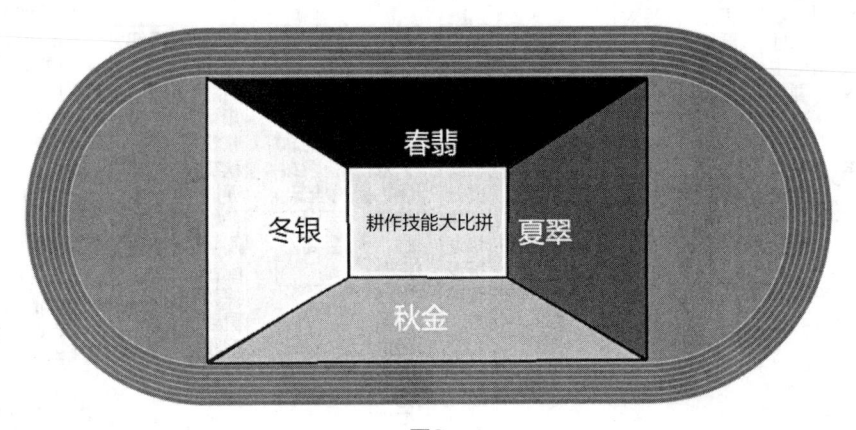

图2

学习过程

（一）准备部分

1. 情境导入

各组派代表介绍事先通过个人自主学习和合作交流学习获得的对二十四节气的深度认识，展示相关的研究成果，并指出每个季节6个节气对应的主要农事活动、民俗文化和饮食习惯等。播放纪录片《二十四节气》片段，学生回顾：二十四节气的名称（口诀）、由来和意义。

> 二十四节气
> 春雨惊春清谷天，夏满芒夏暑相连；
> 秋处露秋寒霜降，冬雪雪冬小大寒。

2. 热身活动

将学生分为春、夏、秋、冬4个小组，每组8名学生，图3中标有春、夏、秋、冬的圆圈代表地球绕日公转轨道，每组的8名学生分别站在代表立春、立夏、立秋、立冬、春分、秋分、夏至、冬至节气位置的点上（人数不均等时可两人代表一个节气或者一人代表两个节气）。

教师站在球场的中心，待学生就位后，以口哨为令，热身活动开始，学生听令在各自组所在的圆圈上仿照地球绕日公转，逆时针沿圆圈慢跑，体会地球一年四季的更替和二十四节气的循环往复。

教师随机说出一个节气名称，各组节气位置点上对应的学生需要立即跑到教师身前，与教师击掌。最后一名到达的学生做俯卧撑运动，以此增加游戏的趣味性，其他学生继续慢跑热身，帮助学生逐渐进入上课状态。（以上过程反复进行4次。）

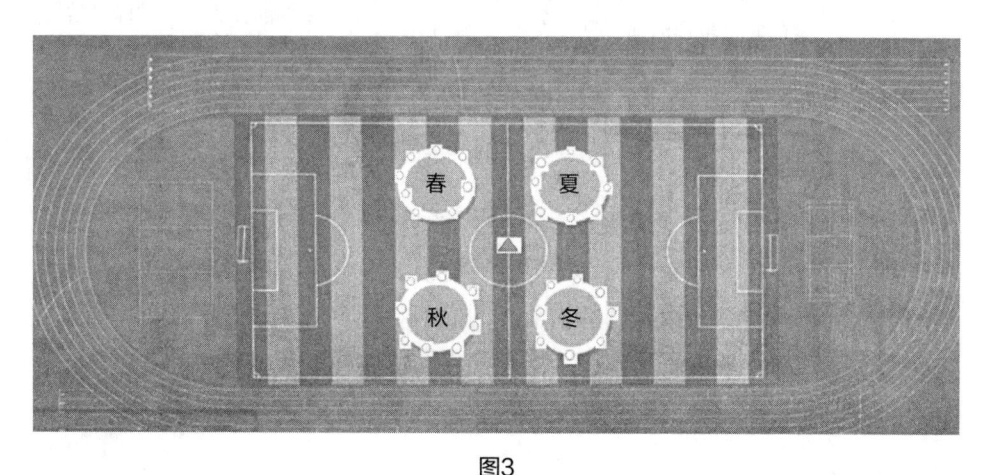

图3

注：○表示学生，▲表示老师。

> **小贴士**
>
> 通过观看视频，充分了解二十四节气知识，感受中国"第五大发明"的神奇魅力，惊叹中国传统文化之博大精深，引发情感共鸣。通过设计沿圈慢跑与击掌游戏，既让学生亲身感受二十四节气的形成是由于地球绕日公转，又锻炼了学生的反应速度和手脚协调配合能力。整个热身活动富有知识性和趣味性，暖场热身效果明显。

（二）基本部分

农耕八节

立春春分到春天，抓紧春播莫等闲。立夏夏至麦成熟，秋粮间作在此间。立秋秋分秋收忙，冬麦播种夏仓满。立冬冬至进冬闲，忙着筹耕备明年。

内容名称	具体活动	活动安排
农耕文化求知	1. 探索二十四节气与农耕文化的关系	课前任务、地理课上学习
	2. 认识不同地区主要的粮食作物及其生长习性	课前任务、地理课上学习
	3. 认识主要的农耕用具，了解使用方法	课前任务、劳动课上学习
	4. 熟悉对农耕产生重要影响的主要节气以及主要的农事生产活动（见《农耕八节》）	课前任务、劳动课上学习

春季活动一：犁地——蹲走前行

春季，一元复始、万象更新，有吉祥的含义。立春是农业生产的重要节气，习俗有打春牛、迎春、咬春等，意在祈福五谷丰登，迎接新的开始。在体育与健康学科教学中采用符合春季节气的模拟犁地、播种和浇水活动，加深学生对地理节气知识的理解和掌握，提升学生的各项身体素质，储备体能，并掌握相关的劳动技能。

1. 组织

师：引导学生了解犁地这一农耕活动，教会学生模拟犁地的方法。两名学生一前一后为一组，前方学生站立，双手伸向背后，手持体操垫前端；后面学生蹲下，双手揪住体操垫后端。

生：听到教师哨声口令，前方学生站立拖拽前行（注意强调拖拽的力量和速度），后方同学蹲走前行，采用一站一蹲、一前一后的方式沿着直线快速犁地前行，绕过场地对面的标志杆后，两人互换位置再原路返回，与后面两名同学击掌后完成接力。此项练习重点提升学生下肢力量和协调配合能力。

2. 评价

在练习过程中进行组内互评和组间互评，看哪组学生能更标准、更快速地完成"犁地"任务，同时学生之间要相互督促和指导，提高动作完成的质量。

3. 队形

"犁地"活动的队形组织见图4。

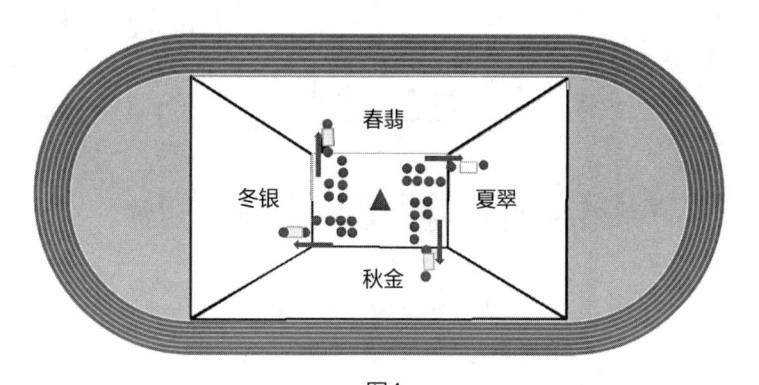

图4

注：□表示体操垫，●表示学生，▲表示老师。

春季活动二：播种——快速折返

1. 组织

师：组织学生进行快速插秧折返跑。各组队员在所在季节的场地内，利用标志桶代替秧苗进行模拟插秧活动。

生：手持秧苗跑到指定区域，将秧苗放下模拟种植过程，完成后迅速跑到最远端标志桶后绕回，与下一名同学击掌后，下一名同学出发。此项练习重点提升学生快速折返跑能力。

2. 评价

学生利用标志桶快速插秧，提升折返跑能力；教师记录每组学生完成时间，记录速度最快的小组。

3. 队形

"播种"活动的队形组织见图5。

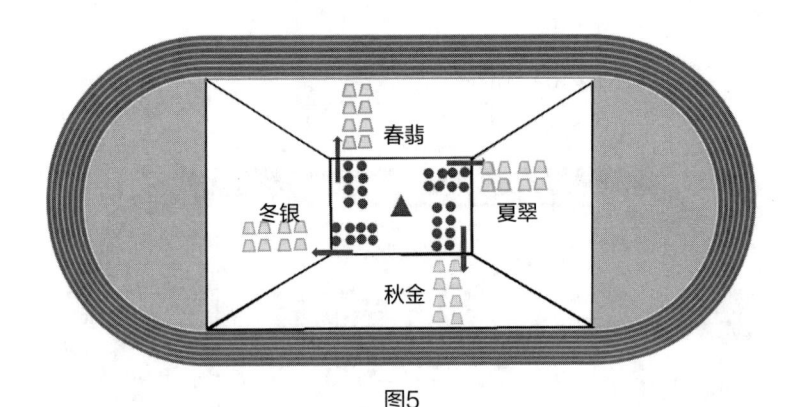

图5

注：▨表示标志桶，●表示学生，▲表示老师。

春季活动三：浇水——辅助爬行

1. 组织

师：帮助学生了解独轮车在农耕活动中的作用，认识独轮车，明确其使用方法。

生：模拟使用独轮车，两人一组进行练习，一人俯撑于地面，另一人双手抬其脚踝，进行独轮车运水游戏。此项练习重点提升学生的上肢力量和支撑能力。

2. 评价

独轮车运水练习是两人配合的爬行练习，在练习过程中教师要注意观察学生的核心部位是否收紧，是否弓背。

3. 队形

"浇水"活动的队形组织见图6。

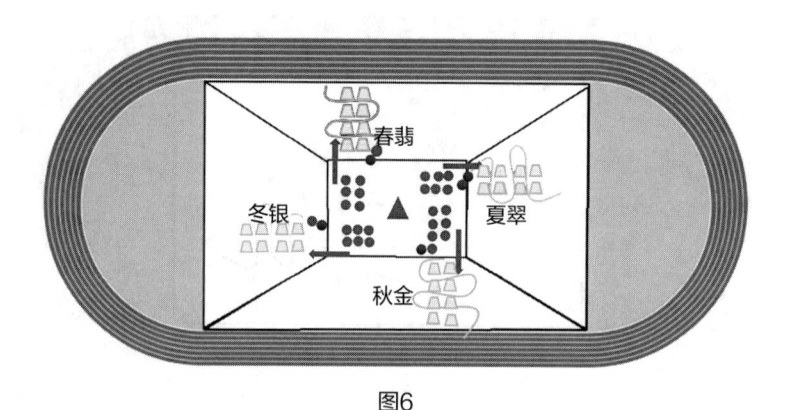

图6

注：⛰表示标志桶，●表示学生，▲表示老师。

夏季活动四：施肥——爬行运动

培土施肥，是农作物生长的重要条件，也是农事活动的重要组成部分。生物是土壤形成过程中最活跃的因素，是土壤有机物质的来源。蚯蚓的爬行活动能使土壤疏松，增加土壤肥力，还能改善土壤结构。

1. 组织

师：介绍"蚯蚓爬"的玩法，让学生代表示范，并纠正动作，让其他学生认真观察并在所在季节的场地内进行练习。

生：以教师口令"培土开始"为准，用俯卧姿势向前一步步有节奏地绕过农作物呈"S"形爬动。

2. 评价

在常规体育教学中，"爬"这项运动开展较少，所以在此设计"蚯蚓爬"

模仿蚯蚓的行动轨迹,手脚灵活配合,缓慢坚定前行,能够让学生变得更加强壮,有效增强手部、腿部和腹部肌肉力量,极具趣味性和挑战性。教师在规定时间内看哪组学生"蚯蚓爬"接力的次数最多。

3. 队形

"培土施肥"活动的队形组织见图7。

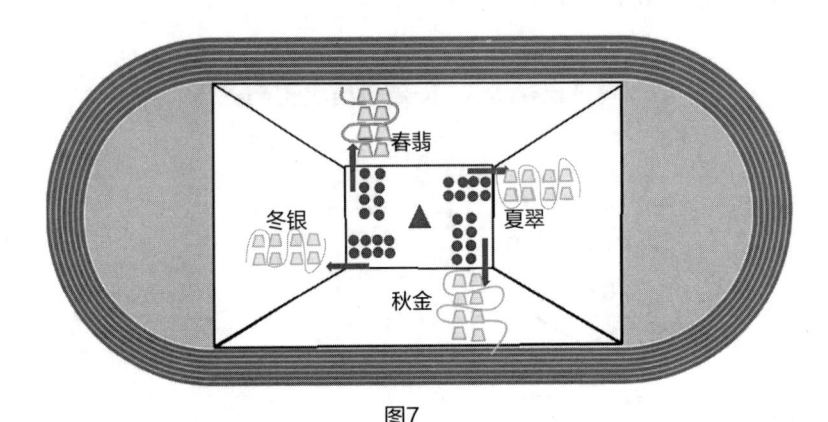

图7

注：▱表示标志桶，●表示学生，▲表示老师。

秋季活动五：收获——配合回收

"感秋感知自然,知秋收获秋实。"秋天是丰收的季节,本次练习不仅仅是模拟粮食丰收,还要实质性地让学生体会劳动的乐趣。"竹筐运粮"活动能够训练学生的力量和平衡能力,特别是在"装车"环节,需要学生发挥聪明才智。创设收获的劳动情境既能够增加体育教学的趣味性,也是在体验中落实劳动教育的重要途径。

1. 组织

师：春种一粒粟,秋收万颗子。秋天不仅是美丽的季节,也是丰收的季节。经过上面一系列的游戏大比拼,学生迎来了最后的大丰收,本次练习实质性地让学生体会劳动的乐趣。

生：将本节课所用到的所有器械进行统一的分类、清洁、整理、回收。每组8名学生再分为两人小组，4个两人小组分别负责收取粮食（标志盘）、土地深翻（标志桶）、粮食处理（用湿抹布擦干净教具）、粮食分类（将不同类型的教具分类放好）。这次任务需要结合每名学生的特点，小组之间做好配合，各司其职，完成最终的大丰收。

2. 评价

教师组织学生进行比赛，看哪组学生配合得又快又好，做好时间记录。

3. 队形

"收获"活动的队形组织见图8。

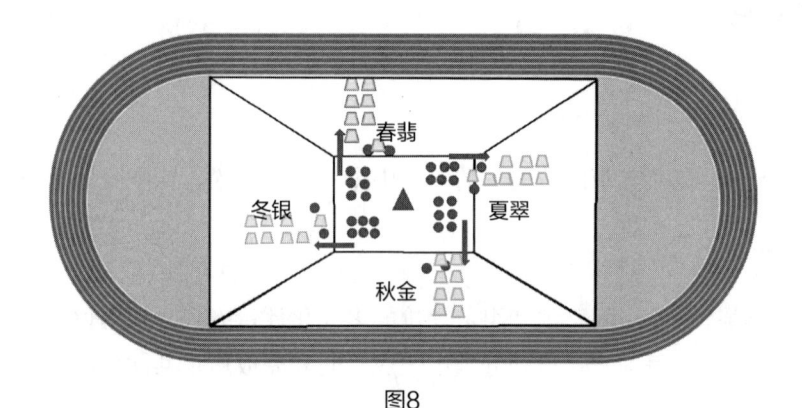

图8

注：▲表示标志桶，●表示学生，▲表示老师。

冬季活动六：收藏——器械整理

在体育教学中，学生会根据自己的喜好，选择合适的运动器材开展活动，结束后，器材会散落一地，给学生带来安全隐患，体育器材也容易丢失、损坏、生锈等，不利于体育教学的持续开展。这个问题一直困扰着一线的体育教师。借助二十四节气"冬藏"农事活动，教师言传身教，安排学生收集和整理，对学生进行劳动主题教育。如果每节课持续引导，能让学生在日常学习生活中明白物品分类的必要性和重要性，由被动到主动，明白自己的事情自己做，这对于学生劳动精神、责任意识的初步形成，以及提高生存和竞争能力非常有利。

1. 组织

师：结合本节课所用到的器械的特点，详细介绍每种器械的整理、保存方法。

生：对器械进行统一的分类、清洁、整理，并放至场地的中央。此活动旨在考察学生的耐心、细致程度。

2. 评价

教师组织学生回收器械，并按类别放回体育组，将传统的回收器械变成体育游戏模式，增加运动乐趣和实际劳动效果。

（三）结束部分

1. 拉伸放松

播放音乐，在"二十四节气"的歌声中进行拉伸放松，恢复身体状态。

2. 评价

采用教师评价、组间互评和组员评价的多元化评价方式，根据评分细则评定分数取平均值。每项农耕活动分数由完成时间和完成质量共同构成，评分细则如下：

（1）犁地	第一名12分，第二名9分，第三名6分，第四名3分
（2）播种	第一名12分，第二名9分，第三名6分，第四名3分
（3）浇水	第一名12分，第二名9分，第三名6分，第四名3分
（4）施肥	第一名12分，第二名9分，第三名6分，第四名3分
（5）收获	第一名12分，第二名9分，第三名6分，第四名3分
（6）收藏	第一名12分，第二名9分，第三名6分，第四名3分

根据学生农耕活动完成情况，教师结合不同层面评价进行分数合算，评选出劳动冠军组、劳动模范组、劳动标兵组和劳动小能手组，并发给各组不同的花卉种子作为活动奖励。之后各小组派代表进行活动总结发言。

	项目	完成时间	完成质量	分数
农耕活动	1. 犁地——蹲走行进			
	2. 播种——快速折返			
	3. 浇水——辅助爬行			
	4. 施肥——爬行运动			
	5. 收获——配合回收			
	6. 收藏——器械整理			
总分				

3. 小结与作业

学生按照节气完成不同的农事活动，增加了对农事劳作的感知。中国作为古老的农耕国家，我们世世代代都在这片土地上耕作、生活。学生在农事活动中学习了地理知识，了解了农耕文化，提升了运动技能，真正实现了德智体美劳的全面发展。

> 拓展作业
> 1. "二十四节气"与体育活动、养生和饮食的关系。
> 2. 将获得的花卉种子种植到家中或者是户外，洒下一片希望，收获一片未来！

课例点评

《义务教育体育与健康课程标准（2022年版）》明确提出，要设置有助于实现体育与德育、智育、美育、劳动教育和国防教育相结合的多学科交叉融合的学习主题。该课以"农事劳作"为主题，结合地理学科"二十四节气"知识设置农事活动情境，设计体能训练活动，让学生依据任务开展学习。这种将田径中的体能训练与地理知识、劳动教育在"农事劳作"情境中进行整合的方式，能帮助学生更好地理解"二十四节气"传统文化、劳动、农作和体育与健康之间的关系，深化学生对中国传统文化和非物质文化遗产的认知，提高文化修养，坚定"四个自信"。在主题学习活动中，利用课前小组筹备、课上自主和合作交流学习、多元化的评价方式，充分尊重学生的个体差异，因材施教，促进学生发现、思考并解决问题，学生在劳动中充分展现自我，提升能力，磨炼吃苦耐劳、坚韧不拔、永攀高峰等优良的意志品质。学生精诚团结，通力合作，充分发扬责任担当、友爱互助的优良品质和体育精神，这些都是课本中学不到的宝贵财富。在最后"冬藏"环节中，通过回收器材、清理教具这些真实的劳动场景，考察学生的知识迁移和实践创新能力，让学生"在学中做，在做中学"，帮助学生树立正确的劳动观，养成良好的劳动习惯，更好地发展学生核心素养，落实立德树人根本任务。

出 版 人　郑豪杰
策划编辑　池春燕　何　薇
项目统筹　何　薇　郑　莉　代周阳
责任编辑　杨建伟　闫　景
版式设计　锋尚设计　孙欢欢
责任校对　马明辉
责任印制　叶小峰

图书在版编目（CIP）数据

跨学科主题学习设计与实施．体育与健康／于素梅编著．—北京：教育科学出版社，2023.9（2024.8重印）
（跨学科主题学习设计与实施丛书）
ISBN 978-7-5191-3551-5

Ⅰ．①跨… Ⅱ．①于… Ⅲ．①体育课—教学设计—中小学②健康教育—教学设计—中小学 Ⅳ．①G633

中国国家版本馆CIP数据核字（2023）第151800号

跨学科主题学习设计与实施丛书
跨学科主题学习设计与实施　体育与健康
KUA XUEKE ZHUTI XUEXI SHEJI YU SHISHI　TIYU YU JIANKANG

出版发行	教育科学出版社		
社　　址	北京·朝阳区安慧北里安园甲9号	邮　　编	100101
总编室电话	010-64981290	编辑部电话	010-64981151
出版部电话	010-64989487	市场部电话	010-64989009
传　　真	010-64891796	网　　址	http://www.esph.com.cn
经　　销	各地新华书店		
制　　作	北京锋尚制版有限公司		
印　　刷	保定市中画美凯印刷有限公司		
开　　本	720毫米×1020毫米　1/16	版　　次	2023年9月第1版
印　　张	17	印　　次	2024年8月第3次印刷
字　　数	233千	定　　价	58.00元

图书出现印装质量问题，本社负责调换。